拓商先锋中国行

[英] T.T. 库珀◎著

魏孝稷　高照晶◎译

中国文史出版社

出版说明

1840 年，鸦片战争打开了中国闭关锁国的大门，大量外国人来华，或居住，或经商，或考察，或传教，或工作。他们中的很多人记录下了在华的经历和所见所闻所感。

翻阅这些浸染着岁月沧桑的文字，我们可以看到从一个别样的视角描述的中华辽阔的大地、壮美的山河、悠久的历史，当然，还有贫穷落后的社会和苦难深重的人民。我们选择其中"亲历、亲见、亲闻"性的文字及历史图片资料，比如裴丽珠女士的《北京纪胜》、利特尔先生的考察记《穿越扬子江峡谷》、乔斯林勋爵的《随军六月记》等等，编辑本丛书，以期为了解、研究近代中国提供助力。

这些异域的作者，由于不同的文化背景与生活背景，在给我们带来观察、审视近代中国别样角度的同时，也或多或少失之因缺乏对中国社会历史文化的深刻了解而产生误会与误读，甚至是偏见。虽然，本丛书重在采择"亲历、亲见、亲闻"的叙述性文字，对整章整节等大量议论、评价类文字进行了删节，但作者的观点和情感常常是渗透在文章的字里行间的，请读者在阅读过程中予以注意。

此外，有些作品中的地名、人名是作者根据当地百姓的口语发音记录下来的，时至今日已不可考，所以在翻译过程中只能根据语音翻译，特此说明。

编者

2018 年 8 月

前言

　　读者诸君可能会对本书有些不满，有人会认为作者说的太多了，也有人会认为作者说的远远不够。这都在作者的预料之中。糟糕的旅行环境绝对妨碍了作者进行科学的观察：温度计是考察所用的唯一工具，而且一开始就被摔烂了；乘着船筏和轿子行进也不利于细致的调查。但作者可以说，他认真记录了所经历、所观察以及所能了解的事实，并且也相信，此书可以抛砖引玉，使那些后来者获得更多的知识，取得更加丰硕的成果。

　　关于本书所采用的地理名称，这里还要做一个说明。作者一直希望尽可能准确地用英语中的概念来表述汉语名称。中国各省市正确的名称和地理名称经过葡萄牙人和法国人的转译，以讹传讹，以至于几乎难以辨认。比如，当提到"巴秦"（Pa–Chin）时，我还能认出是我们熟悉的"北京"（Pekin），但是，作者在地图上看到"重更"（Chung–King）的时候，便很难辨识出来这就是"重庆"（Chung – Ching）。可见，当前的地图误导极深。另外，翻译地名时采用中国方言的发音又加重了混乱。作者认为译取地名最好的办法应采取两个原则：第一，使用已经为我们的国民所熟知的名称；第二，直接根据英语发音译取地名。关于地图，虽然不能准确显示这个国家地理状况，但仍可以指导读者跟随作者的叙述思路，因此也是不可或缺的。对作者而言，他并不渴望被冠以卓越的、无所不知的旅行家称号，但他确实是一个纯粹而真诚的拓商先导者。

目录

第一章

引 言

迄今为止，这个伟大的亚洲帝国几乎仍呈现出很多未知的领域，因为很少有人能够深入其地，探明其身。宗教思想和东方保守主义的结合，共同抵制了闯入的西方陌生者。最近，我们开始大量获得关于这个东方民族和庞大帝国的知识。对西方文明侵略性力量的愤怒和忌惮，已经激起了中国人的敌视，而且，现在这个东方民族更不情愿接纳外国人，尽管他们已经感到再也不能拒斥外国人了。中国这个古老帝国的排外意识是非常典型的，它沉睡在自己古老的社会和政治体系之中，并且还引以为傲。确实，中国的社会与政治体制如此完善，竟没有任何一个邻国能与之比肩；也没有任何一个邻国像它一样顽固地抵制进步，敌视外来的入侵者。

在过去的 30 年里，中国和英国之间产生了大量的贸易往来，更不用说与美国和法国的交往了。但这些交往仅限于一些港口，广阔的内陆地区却很少接触，而且我们对中国千百万人的生活状况也了解得很肤浅。这种现状可能让那些读过大量关于中国书籍的人感到震惊，对那些刚开始了解中国的人来说，却不得不允许这种状况继续存在下去。人们了解中国的第一个障碍是中国政府和贵族阶层因猜忌而对西方产生的敌意；第二个障碍是语言不通，但现在得益于在开放港口长期居住的外国人拥有更多与当地人交流的机会。从事商业活动的人员无法花大量时间耐心地学习汉语，只能在交易中依赖译员和中间人。实际上，他们从未与庞大的中下阶层接触过，因此，也不能真正地了解这部分中国人的排外意识。如果可以结识这部分中国人，便可以增进彼此的好感，甚至比条约或炮舰更能防止因偏见而导致的战争。

对于那些富有热心和耐心的新教传教士来说，我们应感谢他们写下了不少有价值的关于中国的作品，但是，由于主要居住在领事保护区，限制了他们与劳动人民的接触，而且他们观察中国的角度还是来自遥远的外部。在中国传教的天主教传教士更多，早期的耶稣会士几乎把他们所知的地理知识全遗赠给了我们。他们的继承者法国传教士分散在全中国各地，但不被允许向这块土地上的人民传授他们积累的知识，多年之后，就泯然于中国人之中了。这令人深感遗憾。那么多有能力的人受过良好的教育，为了他们的工作，现在完全与中国人一样生活。他们深入地了解了这个国家，还有它的语言、文学，以及人民的习惯和思维模式。如果他们的知识能够传达到西方，中国将不再是一个未知的国度。

如果中国和中国人为更多的人所知，那对我们来说是好事。它留存于现在的大量的历史和哲学文献证明了其伟大的过去；它还保存了一些几乎已经绝迹的艺术和科学知识。它的帝国组织结构，从理论上说仍然令人钦佩和尊重，尽管它的实际效果已经过时并且可悲地受到了损害。

一个曾经和中国人一起生活过的英国人可能会冒险告诉他的同胞，中国的中间阶层和农民喜欢他们。中国人亲切、礼貌但又冲动，他们很容易将友谊变为暴怒。他们的缺点应该引起我们的同情而不是愤慨。我也经常想到，现在中国人对陌生人的最野蛮方式，比起不久前我们自己对待陌生人和外国人的方式，并没有更糟糕。如果中国和西方之间扩大商业和政治交往，将会极大地消除彼此的隔膜——这是偏见之根。外国商业资本沿着水路进入中国内地，它将成为西方文明的先驱。随之而来，西方文明的轮船、铁路和机械也会像朋友一样受到拥抱，而不是像敌人一样被打退。正像希望的那样，我们的进步很快将把这个大帝国从内部的衰败中拯救出来。因此，让英国人更好地了解中国，并开拓商业发展之路，无疑有助于实现这一目标。这也是我旅行的目的，相信我的付出一定能得到充分的回报。

以前从中国向西到西藏，再到印度和缅甸，有三条道路，但是现在只剩一条开放了。这就是从四川到拉萨的官路，特别是从打箭炉到巴塘。各种原因导致了其他路线被封闭了。从北京经甘肃到拉萨的这条路，古伯察曾经走过，并记下了它的艰难和凶险。山民的劫掠行为让这条路日益不堪，政府力量的衰弱使劫匪更加肆无忌惮。尽管沿途有劫匪横行，路上的商业活动并没有中断。但是最近几年，甘肃的叛乱完全关闭了贸易通道。另一条路线是中国南方与缅甸的交流通道，从云南大理到伊洛瓦底江畔的八莫，这条路也因 1854—1855 年的云南叛乱而突然中断了。因此，中华帝国西行只剩下一条路线，即从四川到拉萨。这条路每年向西藏输送近 600 万磅的砖茶，砖茶销售远至克什米尔边界。

由于政治、宗教和经济的各种原因，中国和印度的交流线路受到阻隔，我们发现这条线路是两国之间更短、更直接的沟通渠道，接下来就是我的探索之旅。

首次提出从中国到印度的陆路旅行计划是在 1862 年，当时，我在仰光有幸见到了刚刚从伊洛瓦底到八莫探险归来的克莱门特·威廉姆斯博士。从他那里，我第一次听说从八莫到大理交通线的历史，以及它未来对我们英国商业重要性的预测。人们越来越期待重新开放这条商路，也证实了威廉姆斯博士的预测。我也试图沿着威廉姆斯博士的路线从仰光到达中国，但沿途恶劣的环境让我放弃了。直到 1867 年底在上海居住几年之后，我发现难以抗拒对探索这条道路的痴迷。在这个时候，威廉姆斯博士倡导的八莫到大理线引起了相当多的关注，并且，为了满足感兴趣的商人的愿望，政府授权斯莱登少校作为政治代理人指挥探险，以调查贸易路线及可能的困难，并且了解大理少数民族政权的倾向。随之我又放弃了探索中国到印度交通线的想法，并将我的目光转向南美，一个充满前景的旅行领域。然而此时，我的朋友詹姆斯·豪格先生提到这件事，他是上海豪格兄弟公司的负责人。我被他说服，接受了一个长期的从中国到加尔各答的新旅行计划。他长期在中国经商的经历，使他对发展与中国的商业交往一直保持着相当大的兴趣。而且，豪格先生本人对布莱克斯顿船长的事业十分熟悉，布莱克斯顿船长1860年试图沿着长江经西藏到达印度。因此，他立刻向我提议，应该超越布莱克斯顿船长在长江航行的最远点（宜宾市屏山县），到达云南北部的丽江，然后，到达阿萨姆邦北部布拉马普特拉河上的苏迪亚，最后到加尔各答。我们翻阅了麦克唐纳·斯蒂芬森先生绘制的地图，地图标识着沿长江经大理到八莫的铁路计划，它显示了中缅贸易的重要性。一眼望去就能看出这条线路无助于加尔各答与中国建立商业关系，因为伊洛瓦底河将成为沟通云南和仰光之间贸易的天然高速通道。得出这个结论后，探索通往加尔各答的商路对我失去了吸引力。如果以后可能的话，这个东方大都市可以与仰光一起参与和中国的贸易。最终我决定继续探索布莱克斯顿计划的路线。

决定开始这段旅程后，我感觉到这是一项非常艰巨的任务。幸运的是，我有几个月的时间来打磨和完善我的计划。八月份到了，这个月也是我在中国旅行期间最热的一个月。因为担心到中国西部时已是冬天，那里的雪山会让我滞留几个月，所以不宜在今年年底出发。又过了一个多月，重新衡量了路途中的困难和危险，更精心的计划行程是必要的。可以想象一下可能会遇到的危险：路途会有官员们因猜忌外国人而产生敌意，老百姓也是这样；野人村落；恐怖的皑皑雪山；携带如此大笔资金旅行本身就非常危险，而走完这段旅程的时间不会少于一年；最后也是最重要的，我一个汉字都不认识。穿越野生村落和山区的困难，与携带一大笔资金带来的危险相比，显得无足轻重，而且在不懂当地语言的情况下穿越中国更使人绝望。由于这些苦恼，我求助于我尊敬的朋友传教士 M. 拉莫尼尔，他居住在上海。拉莫尼尔和所有天主教传教士一样办事计划周详，他很快就消除了我对携带大量物品前行的忧虑。因为他给了我 600 两银子的信用券，并分别寄到了云南、四川和藏东的天主教教会，这样我就不需要携带一大笔银子，除非超出了他们的传教网点。他还提出了一个克服语言困难的可行计划。一群年轻的传教士将在年底前从法国赶来，如果我陪他们到四川，可以在有传教教会的村庄里租一间房子，并且可以在传教士的帮助下开展工作，还能掌握足够的语言。这一安排将使我的旅程延长六个月，但是，只要语言的困难能得到克服，延迟是无关紧要的。因此，在离开拉莫尼尔之前，似乎暂时阻碍我旅程的两大困难被克服了。

许多对这个计划感兴趣的朋友看到我不通晓当地语言，以及筹措盘缠的困难，都认为这个计划是致命的。法国传教士答应援助立刻消除了这种观感，他们有六个人，其中有几个是专业人士，我们分担旅行的费用。

　　商人们可能对这个计划感兴趣，但是很遗憾，我发现他们中间普遍存在一个认识，即开通加尔各答到中国的商路将影响他们自己的贸易；因此，这段时间没能达成与这些人的合作。不过，在对探险计划感兴趣的朋友中，有几位是上海很有影响力的商人，他们的赞赏增加了我启动计划的乐趣。

　　按照《结伴航行》里的办法，在外表上我把自己变成名副其实的中国人。我仔细装扮了一番，扎起辫子，穿上长袍马褂，每天练习穿衣，勤学走步，这将使我在旅行过程中不显得别扭。一切熟练之后，我迫切地想在中国公众面前露面。

　　北京的驻华参赞威妥玛先生访问上海时，给了我一个请教的机会。他是研究中国的资深学者和外交家，博闻强识，加上他观察中国人性格的深邃洞察力，无疑是难以匹敌的权威。非常感谢他对这个被其他人视为冒进狂想的计划予以高度认可。他强烈建议我遵循计划中的路线，并像父亲一样忠告我，要避免惊醒当地人的偏见，尽可能地减少当地人特别是官员的注意。他还给出了另外两个被证明是无法估量的实用建议：第一个是不要携带任何工具，因为使用它们不可避免地会被注意到，并且一定会引起当地人的反对——那些在这些国家进行科学调查的人总会忽视这样的危险。第二个是不要在上海获取领事通关文书，因为这会引起当地官员的阻挠，可以在九江获取一个，并让我说成自己是一个英语教师或者学者。一般按照中国政府的规定，持照人可以从一个固定地方到另一个固定地方，但路线不能偏离。事后证明，威妥玛先生的建议非常有价。我几次换取当地通关文书，到长江尽头之后，可以寻求合适的路线。接着，拉莫尼尔来信说，从法国来的传教士团到了，我很快与六位年轻的神甫结识。他们刚从巴黎神学院毕业，穿着中国服装，是如此的得体。他们充满青春气息，极富热忱。我暗自庆幸，有他们陪伴去四川的旅程将会非常愉快。我们计划在 11 月 13 日启程前往最近开埠的港口——汉口，需要沿着长江航行约 700 英里，在汉口我们再安排去重庆的行程。

罗素公司和格洛弗公司分别提出了给我和几位神甫免费搭乘去汉口的机会，这两家公司各拥有一条巨型蒸汽船，往来于上海和汉口之间。我们接受了格洛弗公司的邀请，因为乘它们的船我们更方便。这里没必要向读者提供任何细节，总之，一路无话。第三天我们到了九江，这个城市离汉口大约八个小时的路程。我为了获得通关文书上岸，而几位神甫继续前往汉口。我会在适当的时候赶上他们，在内地某城市的教堂和他们重新相聚。可以想见，那些教堂除了一两个本地的基督徒之外，还会有不少未曾出租的房间，这将让我感到惊喜，而且这样的待遇过了武汉便可以享用了。一段时间以来，我发现一个难以置信的事实，即有一种被传教士们遗弃的感觉，因为他们已经成为了我的好朋友，并且对我们一起到重庆旅行的前景非常期待。一种失望情绪涌上心头，年轻神甫们的"无情的决定"乍一看上去无法理解，但是猜测他们的动机是没有用的，我要马上采取行动。如果不浪费时间的话，我会赶上那些传教士，因为他们尚未走远，而且逆流而上，也没有顺风助力。我从教会出来，向英国领事梅德赫斯特先生申请使用一艘小型炮艇，从欧洲定居点出发。遗憾的是，小炮艇的发动机没有修理好，梅德赫斯特先生给了我一封给法国领事达布里的介绍信，请求他让我使用刚刚抵达汉口的法国炮舰。法国官员非常礼貌地接待了我，但拒绝了我使用炮舰的请求。在这种情况下，我拜访了马西森公司的代表高尔先生，这位先生立即将他的快速游艇交给我使用。在我们尚未出发之前，一道惬意的微风吹来，我们扬起每一道风帆，很快就以七节的速度追赶我的朋友们了。六个小时后，微风继续吹拂，这让我们超越了很多朝着同样方向前进的中国帆船，它们看起来好像静止不动一样。晚上六点左右，我们来到离汉口 40 英里左右位于长江左岸的一处中国税关，这里会检查过去的每一艘船只。税关官员告诉我们，当天没有外国人通过。后来才知道，他们的小船走的是另一条捷径，我们掉头，回到了走过 10 英里的井口镇已经是晚上 11 点钟。

几位传教士可能会在那里过夜，但是当地税关人员告诉我们没有看到载有外国人的船只。我和高尔先生非常沮丧。第二天回到汉口，在汉口我们得知，法国领事达布里禁止他们与我结伴，并命令他们在我到达汉口之前离开。这令我陷入极其困难的境地，没有传教士的帮助，我估计我的计划失败了！我立刻去找达布里，发现这个所谓的绅士比我第一次见他时更粗鲁。我表明了自己的意图，并以个人名义恳求他改变决定。不幸的是，我当时还不知道是什么原因导致了这个狂躁的高卢人不择手段地阻挠一个英国人。后来得知，就在不久之前，有一群法国运动员在汉口附近打猎，其中一个人丢失了打的野兔，并因此打伤了一个当地的乡下人。于是，六个当地村民愤怒地攻击这群法国人，还将他们赶到了船上。为了报复对法国国旗的侮辱，达布里没有耐心等待中国政府处理此事，直接命令法国军队乘坐炮艇突袭这个村子，并把这六个可怜的村民带到汉口。英国《汉口时报》曾几天严厉批评这种霸道的行为，而英国领事并没有惩罚这家抨击法国人的出版物，所以达布里先生把对英文报纸编辑的愤怒撒在了我的头上。我对他说，他干涉我私人探索中国西部的计划会给我带来时间和金钱上的损失，并可能阻断我的行程。他回答说，"哦，是吗！你说你是一个私人旅行者？其实你是政府的秘密间谍，我对你的情况了如指掌"。我感到好笑，表示不同意他的看法。他于是开始大叫："什么？先生！我帮你？一个英国人！不可能！你们的英文报纸做了什么？他们侮辱了我，他们侮辱了法国；你们的英国领事也没有出于礼节对这件事表达不满。我会在你一路上设置障碍，我会让你们知道侮辱我而没有受到惩罚是不行的。"

他争论我一直保持这风度，我说英国媒体有自由批评的权利，我也没有看出报纸上的这篇文章有什么问题。一切的辩解都是徒劳的，他越发愤怒地吼道，"你们英国人认为自己可以想去哪里就去哪里，想做什么就做什么。好！你们自己去中国西部吧!"此刻我想到,没有传教士的帮助是不行的。他又说:"哦!对啦!你需要赶上法国传教士。你看!没有法国人的帮助,一个英国人就无法穿越中国。"我最终发现没有理由再与愤怒的领事争论下去,就离开回到了教会。见到德卡利神甫,我告诉他自己已经知道年轻传教士离我而去的原因,请求他给我建议,告诉我去四川途中住宿的最好办法是什么。然而,神甫明告我,他不能违背领事的意愿,但如果领事的决定取消了,他就会派一名翻译陪同我,并且请一名可以信赖的基督徒担任我去重庆的向导。由于达布里的干涉,沿途的天主教传教士可能不再同意我原来计划好的住宿安排。但是,我去四川的强烈愿望使我又回到了达布里处,恳请他抛开英国国民的错误,看在我个人的面子上,允许传教士施以援手。

由于我在这个法国官员面前卑躬屈膝,他终于放话。他非常傲慢地说,如果我能等到法国远征军到达汉口(当时法国军队正在从西贡到云南的路上),他将同意传教士帮助我。

这是不可能的,所以我回到了上海,告知英国驻华领事温彻斯特先生法国人在汉口的无理干涉,并照会了法国总领事蒙特莫德子爵。他的善意与达布里的表现形成了鲜明的对比。通过蒙特莫德的调解,达布里改变了决定;几天后,我到达汉口,德卡利神甫表示愿意为我提供两名土生土长的基督徒,一名翻译,一名向导。

耽搁的代价和增加随从的负担,是一个新的难题。然而幸运的是,达布里的刻薄行为,为我博得了上海商界的同情,在温彻斯特先生和豪格先生这两位热心朋友的主导下，上海商界发起了一场减轻我路途费用的活动，因此，法国领事的阻挠最终变成了上海商界的支持。

不可避免，又在汉口停留了一个多月，因为翻译和向导直到圣诞节后才能过来，所以，我和我的朋友坎宁安先生度过了非常愉快的一个月，并在汉口人的热情招待中享受了1867年的圣诞节。

与此同时，达布里根据他的上级布伦纳子爵的指示，给了我几份送给各教会的介绍信，要求他们尽可能地帮助我；并把信给德卡利神甫看了，使他能够更好地为我办事。两位基督徒很快到位了，但向导最多能跟我到重庆。两人都是值得信赖的人，非常称职。他们的动机主要是为了传教而非为了旅行。

乔治·菲利普斯是汉口本地人，祖上几代都是天主教徒，他本人曾在澳门神学院接受教育。他认为自己不适合承担牧师的义务，所以违背了家庭的意愿，拒绝了神圣使命，跑去经商了。良好的教育使他除了穿着打扮外，与普通的中国人十分不同。他摆脱了很多中国人骨子里的迷信和偏见，代之以欧洲哲学和神学的智慧。他同时通晓拉丁语、英语和中文，是一个货真价实的翻译。正如我所料，后来也证明，他是一位有用的随从和聪明的伴侣。

向导蒂莫西，或者叫老李，也是汉口人，是一个虔诚的基督徒。他也是离我远去的年轻传教士的向导。老李的性格非常温顺、诚实、真诚，德卡利神甫也这么认为。为了以防万一，

14

梅德赫斯特先生建议，应该从湖广总督那里获得一张通关文书。总督住在汉口对面的武昌，同时，我国领事还向在成都的四川总督递交了一份申请，授权一位英国学者沿着长江穿过中国西南地区旅行到印度。不久，一张两英尺见方的中国文件就到了。但是，上面有一个倒霉的疏忽，本来应该将我的身份写成教师或者学者，结果写成了商人，直到发现却为时已晚，后来证明这是个不幸的错误。

1868 年 1 月 2 日，乔治·菲利普斯（我称他菲利普）告诉我，他已经从汉口乘船到沙市，并提议我们应该从 4 号出发。我收拾好西装、几件法兰绒衬衫、牙刷、一本写日记用的 500 页的复写纸，还有一些纸和信封，把这些都放在一个容易肩背的小盒子里。3 号晚上，菲利普带来了一个理发师给我剃了头，然后把假发和真发混在一起扎成了一个辫子。这立刻把我变成一个看起来令人尊敬的老年中国人。我留起辫子，穿上长袍，在汉口度过了很不舒服的最后一夜。

第二章

湖北平原

终于一切都准备就绪了，1868 年 1 月 4 日，在受到了坎宁安先生的盛情款待后，我与之告别。几个朋友聚在他的餐桌旁，打算护送我上船，我不希望兴师动众，只想低调地离开。然而就在我进入轿子时，一群中国人已在商行前聚集，兴奋地围观打量着这个身着中国服装的外国人。而跟我一起帮我装扮的买办和家仆，看到我的中式打扮，大声称赞道："他就是个名副其实的中国人。"这成了我临行前的精神鼓励。轿夫们很清楚地知道他们抬着的是个外国人，一路急速小跑地穿过英租界，在到达汉口后，便一边唱着欢快的轿歌，一边用手肘推开前行的路，说笑着、打趣着，不慌不忙地穿过了拥挤的街道。

　　当被这样抬着走的时候，一种难以形容的孤独感让我感觉沉闷。我想这几千英里的旅途才刚刚起步，这段旅程可能要花上几个月甚至几年的时间才能完成。我为此次行程准备的资金高达 200 英镑。因为将要融入到这个民族中间，尽管在我看来他们一直带有一种仇外情绪，但是现在我也开始接受他们的风俗习惯了。更重要的是我似乎失去了自己的国籍甚至身份。剃光了头，穿着中国服饰的我，思想已发生巨变。在我接触几个久违的朋友时，这种感觉越发强烈。但是，如果有那么一刻，我从即将面临的风险中退缩了出来，那么下一刻，我就会重新打起精神，下定决心去实施我的计划。我必须继续下去，不让支持我的朋友们失望。记得一位法国官员曾跟我说，我不应该这样继续下去。而我却觉得，若是让一个法国领事阻止一个英国人到中国各地去旅行，那我宁愿选择去死。很快，诸如此类的回忆在我们抵达汉口南城门口后就烟消云散了。在一段延伸至河边的石阶尽头，菲利普和老李在那里等我，他们小心翼翼地领我上了船。

我很高兴能马上在船上的小木屋里安顿下来。很快就有一群中国人围了过来，他们被一个高大外国人的新奇形象所吸引。因为他们看见，外国人竟穿着同他们一样的服装。过了几分钟，船老大，也就是船长，宣布准备出发了，一接到他的命令，船便立即起航了。离开汉口，我们的船沿着长江岸边在数百只帆船间穿行。当我们继续前行时，船夫们一边划船，一边齐喊船号，那声音比我之前听过的任何声音都让人震耳欲聋。在我们的船沿着河岸行驶了大约三英里后，船老大出现在了舱门口，他的脸上带着狡黠的微笑，以表示对他来此请求的歉意。他对菲利普说了几句话，菲利普立即开始了一场激烈的争论，强烈反对这一提议。听到这里，一阵可怕的喧闹声响起来了，楼下的妻子和船员也加入了进来，最后似乎只是停止了叫喊，因为大家都喘不过气来。菲利普在此之前的激烈抗议中一直有尊严地保持着沉默，现在却被迫无奈地投入这场争论中，显然他在这蹚浑水里取得了成功。之后他告诉我船老大要求提前付双倍船费，因为他认为菲利普在之前租船时没有告知载的不是中国人，这是种欺诈。当他知道是一个外国人时，根据惯例，应付双倍租金。然而事情都已经安排好了，鉴于船老大先前已经收了 6000 文钱——我们同意去沙市也租他们的船，谈好了全额票价是 11500 文，约合 11.5 美元。我高兴地同意了这个安排，再次回到自己座位坐下来。船继续往上游行驶，我迫切希望船能在夜幕降临之前顺利离开汉口，而船老大却拒绝移动，并告知我他打算在此过夜。我的耐心劝导和 200 文的小费都不能让其所动。所以我只好抽起了烟斗来自我安慰，听着菲利普讲着船夫们的通病。他认为我们的船老大是个例外，因为他已经同意履行他最初的约定。

船快靠岸时，船老大和他的妻子还有一名船员把我们留下，说他们要返回汉口，并承诺他们一大早就会来和我们会合。他们还没走多久老李就告诉我，他也得回汉口，因为他忘了带换洗衣物。我没有反对，然后他开始准备晚餐。在等待晚餐的间隙，我才有机会环视一下船舱，很难想象我居然被关在这样一个让人不舒服的地方很长时间。这艘船大概只有 35 英尺长，形状像一个小帆船，却装有不成比例的两英尺长的高桅杆和小的帆布方帆。大约有三分之二的船体被用作客舱，在前部有一个开阔的空间，应该是给船员们聚集聊天的地方。我的房间在房屋的中部约 12 英尺。船尾是一个敞篷，舵手可以站在里面。在船舵上的隔间里，船员们都安静地睡着了，在那里面还有各种各样的炊具和厨具，而在船尾撑出来的一段平台则作为存储木材的仓库。在接下来的 12 天里，我都要窝在这样一个粗木结构的，宽约六英尺高约五英尺的狭小空间内。屋顶盖着的草毡完全防水，粗糙木板上没有窗户的那一面，有个几英寸宽的缝隙，明亮的光线和刺骨的冷风从中透了过来，很快地就把我们的中国蜡烛吹灭了。菲利普和我赶紧用泥和纸把洞口封上，这耗了我们几个小时时间。就在大功告成的时候，老李端着晚餐来了。晚饭有烤牛肉、鸡肉、炒蔬菜和米饭，在这顿中式食物上桌后，我大吃一番。菲利普和老李都为自己能成功地使用筷子而欣喜不已，而我却手指僵硬，迟迟不得要领。经过之后多次尝试，我也能灵活地使用它们了。

吃过晚饭，我沿着河岸向汉口的方向散步，不知不觉夜幕就降临了。数以百计的船只从岸边列队排开，每一艘都满载着盐，由此可见汉口和海岸之间存在着多么大的贸易啊。我从一个在散步时遇到的税关监察员那里打听到，每年有 15000 多艘满载盐的船只到达汉口，平均每艘携带 2300 担，约合 166 吨，这构成了 250 万吨的巨大总量。不过这是从他嘴中得知的，但我更倾向于认为实际数量要少得多。这种盐的成本价是每斤 8 文左右，而在汉口的售价为 80 文。由于盐的生产是由政府垄断的，过高的关税给汉口的运货商留下的利润空间相对较小。回到船上后，我让菲利普请税关官员喝杯白酒，他高兴地接受了，并在他离开的时候祝福我们到"世界另一端的"的旅途愉快。他不知道我们要去哪里，只是从我的只言片语中了解到我们去比中国更远的地方。直到听完我的话，他才相信中国人居住的地方是包含在整个世界之中的。菲利普因为老李不在，便起床清点我们的食物库存。因为感觉太疲倦了，我就上床睡了。腊鸭、熏肉、香肠、羊腿、牛排、羊排、野鸡、野禽和卷心菜都被他挂在了小屋的屋顶和两侧，这一切都充分证明了他的远见卓识。现在，已经有了不错的开端，我的内心终于慢慢趋于平静。我的目标非常伟大，这种想法帮我克服了很多困难。所以当被可恶的达布里先生扔在半路时，我的精神力量支撑着我渡过了种种难关。在和菲利普度过了一个的愉快夜晚后，我一觉睡到第二天早晨。清晨时分，老李、船老大还有另一个船员都回来了。早上八点半，我们的船乘着微风继续航行。没多久，便驶进了一条流经关口村的溪水中。这条小溪连接着自然湖和人工运河，这是船只驶入沙市镇的必经之路，这个地方与汉口之间河湾向南有 366 英里之长。

一股强大的流速达六节的水流冲下了小溪的入口，我们不得不雇了六个苦力陪同我们行驶两英里。在汉口上游的关口村，我们遇到了第一个税关检查站，在出示了梅德赫斯特先生给我的通关文书后，就被允许离开了。

早晨天空下起了毛毛雨，冻得人瑟瑟发抖，到了下午转成了暴风雨。下午四点的时候，我们决定在一个小村庄的上游抛锚过夜。河面上的船寥寥无几，这场景让人感到轻松。每年这个时候，河面上全是从湖南漂来的木筏队伍。我们经过其间时，发现有些木筏已经有裂缝了，有些还在建造中，它们将被运往荆江和沿海口岸。木筏在六到八个月的时间里随着水流漂流大约600英里的航程。人们看到这些很像大岛屿的木筏上建造了多达20个小木屋，几乎每个小木屋都有猪圈，还有许多孩子、狗和家禽在上面跑来跑去，一番陆上村庄的样子。

在我们停靠的寿泽湾村下游，有一片略微起伏的高地，上面坐落着大约40座砖砌成的房屋，这是通往附近小山的最佳途径。菲利普告诉我，这些房屋是当作粮仓使用，存储着周边低洼地区生产的农作物。在湖北境内其他地区，这类小山丘会被作为墓地使用。坟墓外表覆盖厚厚的泥土，像一个巨大的鼠丘。

第二天一早，我们就出发了。接下来三天，我们的旅程要穿过一个凄凉的村庄。我们偶尔会经过那些建在粗糙石堆上的村子，和装着大米和木柴的一艘艘小帆船。贩卖货物的做广告方式很新颖，捆在绳子上的木头或篮子吊在桅杆的上半部分，分别表示供出售的木柴或大米。

天气变得越来越糟糕，气温越发寒冷，我只得在船舱内生火取暖。屋漏偏逢连阴雨，狂风大作迫使我们的行程中断，我们不得不在岸边停靠滞留好几个小时。两岸的河边都长满了茂盛的芦苇，一些用芦苇建造的房屋就在小溪边散落着。被柳树环绕的芦苇都长有 30 英尺高，在洪水期间充当防浪堤。要不是有与房子屋檐持平的紧挨着树干的漂浮物证明，很难相信这些大约拥有 350 人的村庄，几乎是一年之中有四个月都被淹没。这些生活在芦苇丛中的居民有一种独特的生活方式，他们轮番住在房子和小船里，一年中有一段时间在耕地和割芦苇，另一段时间则在水域里捕鱼。洪水常年在庄稼快到收割之际突然来袭，如果一年里某一种作物能在这肥沃的土壤里被安全地收获，那就足够满足他们的需求了。然而在我们经过的时候，这里已经三年颗粒无收了。所以小麦和大米的价格高达每担一两五钱（相当于 10 先令 1.5 蒲式耳）。而在丰收年价格则会下跌至八钱，准确地讲是少于五先令每担。在旱季，村民们仔细地修补着他们的船，然后用芦苇盖住，以便随时可以使用。因为河水上涨的速度是如此之快，以至于汉江地区这些平原的主要排水沟，会在三到四小时内上升 18 到 20 英尺。在接下来的航线中，布莱基斯顿船长对这片国土表达了钦佩之情。

三天来，我们的遭遇极其悲惨。雨雪纷纷，寒风阵阵，我不得不留在船上。但当我们穿过一条小溪的一段狭窄通道，越来越靠近震滨湖时，一幅壮丽的景象展现在我们面前。

湖水一直向西延伸，无边无际。夕阳西下，波光粼粼的水面染成了一片金灿灿的颜色，夕阳在沉入西方地平线之前，在荒野丛中洒下了一抹离别的清辉。在南面，一望无垠的水面上，成片的芦苇因为严冬的到来而枯萎。无数的野鸟掠过湖面，那一同振翅的声音犹如海啸来临一般，与此同时，其他已经停留在水面上在此过夜的水鸟们也不停地发出着鸣叫声，好像彼此间在回应呼唤一般。我们的船继续向北行驶，在离湖入口大约三英里的地方有一个小岛，岛上有一两所房子，周围都是树。我们在船到达小岛后，便靠岸在岛上过了一夜。第二天我们穿过震滨湖，又驶入了另一个叫作阳泽的小湖。中午的时候我们的船停靠在了阳泽湖南岸的高莫森村，船夫在这里上岸去买大米和蔬菜，我们还没停靠一会儿，外国人到来的消息就传遍了整个村子。从每家每户过来的男人、女人和孩子们都涌上了船。我本想出去让他们好好看看我，但菲利普和老李强烈要求我不要露面。在汉口时神甫曾告诫我，要听老李的建议。在湖北旅行，当地人对外国人一般都无好感。因此，我保持安静地待在船里。但人群依旧不肯散去，他们蜂拥到船上，有的爬上船顶，透过船舱里的每一个缝隙窥视我。越来越多的村民爬上了船，菲利普和老李都很不安，于是把船推离岸边，很多村民因此掉到水里。我以为一场争吵是不可避免的，但中国百姓的有些思维习惯于我是不可理解的。岸上的人对那些掉到水里的人哄堂大笑，后者在他们爬上岸时匆忙去躲避人群的戏谑。我们的船夫听到骚乱声后赶紧上来船，船又回到了湖面上，我终于松了口气。

快到傍晚的时候，我们离开了这个湖，开进了一条湍急的运河，船夫不得不从桅顶上用一根绳子把船拖到岸边。菲利普和我正吃着晚饭，船突然颠簸起来，杯子和筷子掉落在了船板上。船老大开始叫喊，岸上的船夫大声回答着。我在甲板上还没站一会儿，就发现船正偏离轨迹沿着运河往下漂。船老大告诉我们，湍急的河流使我们无法到达湖边，而且船底还触碰到了地面，情况非常糟糕。我们费了一点劲才把船头摆弄到上游的方向，苦力把我们拖到急流边上。情况刚有些好转，牵引绳就断了，我们又往下游漂去了。整个场面非常慌乱，船老大对着船夫尖叫，其中一个船夫耳朵很聋，为了让船夫明白，船老大不断地做着徒劳的努力，一连串的哑语手势几乎把船老大逼疯了。当时我们完全是一种混乱的状态，船以每小时四英里的速度顺流而下，我想是时候干预了。于是，菲利普和我一起动手用杆子，成功地把船引到岸边。在将一根新的牵引绳拴在桅杆上后，船终于能在湍急的河流里自如地航行了。傍晚我们在离上游一段距离的地方停靠过夜。自从离开汉口后，我还是第一次上岸。在离抛锚地四分之一英里远的一个大池塘边，我们看到了许多野雁。于是我派人到船上去取我的步枪，在离它们不到300码的地方等待窥视着它们。它们的数量非常惊人，甚至比在澳大利亚东部与西部之间的潟湖和印度沼泽的猎鸟还要多，这些是公认的数量庞大的猎鸟之地。从一个湖的中心到三英里开外的范围，我听到的都是野雁们鼎沸的叫声，可以想象它们的数量是多么惊人。中国人似乎从不为捕捉野禽而烦恼，除非是在大城市附近。因此，这些鸟在冬季可以不受干扰地栖息在湖泊边，在春季再离开它们的繁殖地。中国人都坚持认为，它们离北方很远——不知道多远，但可以肯定的是，它们不会在中国中部或南部的湖泊里进行繁殖。

菲利普把我的步枪带来后，我悄悄潜到离鸟群 200 码射程以内的地方，这时有几只鸟儿飞了起来。为了能看到它们振翅高飞，我向天空开了一枪，然后鸟儿们像升起的云朵般盘旋在我周围，它们拍动翅膀发出的声音振聋发聩。我趁机在混乱中又开一枪，击落了一只大雁，并将其捆绑起来带回船上。然而接下来的这一整晚，我们都被折返的孤雁哀嚎声惊扰不已。

　　在中国流传一个关于大雁的凄美爱情故事。说雄鸟死后，雌鸟余生都不再交配，会一直思念失去的爱人。而雄鸟同样如此，它们会一直守在雌鸟死去的地方不肯离去。

　　第二天，我们经过了方沟村和蛇湾沙沟村，每一个村大约有 2000 名居民。老李告诉我在蛇湾沙沟村住着一个当地的天主教传教士，管理着 300 多名皈依者。但我们没有登陆，而是前往牛关村，在那里的税关官员要求我们出示通关文书。我把通关文书递给菲利普，他回来时带着一个低级别的官员。这个官员坐在船舱里，显得很好奇。我的刀子、梳子、刷子、手表和镜子都被他仔仔细细地检查。他想把一切都买下来，并且明显地希望我送给他一件让他满意的礼物。然而，在这一点上，我让他失望了。接着他又把注意力转向了我的衣服。我的法兰绒猎装衬衫引起了他极大的兴趣，他忍不住想要一件，也被我拒绝了。他似乎对我的拒绝感到非常惊讶，但他马上改变了话题，称赞我的外表，说我不像外国人，更像一个中国人。在他的要求下，我点燃了装有优质烟草的海泡石烟斗，然后递给了他，他迫不及待地抽起来。但是，唉！味道太强劲了，他很快就抱怨说不舒服，急忙带着随从离开了船，都没来得及跟我道别。白天我在运河岸边散步。上岸之前，我在腰上系了一条深红色的丝巾，菲利普看见了，赶紧叫我解下来，因为它是叛军的标志。这点很快就得到了验证，一个中国老头在经过我们的时候，看到围巾后冲我摇了摇头。在白天我还不小心犯了一个不吉利的错误。当我站在船舱前面的甲板上抽烟时，我碰巧在船头上吐了口痰，这时一个船夫和他的同伴边号叫边猛地把我拉住。我当时很想把那家伙扔到水里去，但菲利普向我解释说，根据中国的迷信，我冒犯了风神。于是我让他告诉船夫，上帝会原谅我的，因为我是出于无知才这么做的。然而，他们却非常生气，说我们明天就能知道上帝是否会发怒。如果他生气了，我们会遭遇逆风。为了平息风神的愤怒他们要求购买鞭炮来放，在菲利普的建议下，我给了他们 250 文。他们在一个村庄，买了点糕点和鞭炮，晚上选在吉时燃放，以安抚风神。

自然的溪流现在已被湖间一道道人工开挖的沟渠所取代，当我沿着河岸走的时候，看到了广阔的内陆冲积平原，它们被堤坝交错分割。我确信在以前，这些堤坝是被小心地维护着的，是防洪的重要屏障。但现在，这种堤坝已普遍衰败。它们在很多地方已经被取代，现在仅作为堤道和抵御洪水的部分屏障。在平原的附近，水流聚集形成了巨大的浅水湖，而在旁边的地方，小麦、大麦和水稻的幼苗看上去郁郁葱葱。运河两岸的堤坝高出水面有 30 英尺，并且非常宽厚。山顶上建有许多房子，山坡上，豌豆、大豆、烟草和卷心菜都长得很茂盛。每座房子的附近都有成堆成堆的小麦秆和稻草，它们被用来喂黄牛和水牛。还有棉花和豆秸，这些东西在这一带都当作燃料来用。沿着堤坝脚下靠近水边的地方，高大的柳树正在生长。这一段看上去仿佛一派荷兰式的景象。乌鸦和一种白胸寒鸦占据在这些枝头上，鸟鸣声不绝于耳。在这些堤坝上，人们非常重视柳树的种植和修剪，因为到了夏天，柳树在洪水泛滥时可以充当防波堤，它们发达的根系会紧紧地与堤坝上的土壤缠绕在一起。

这些运河在建造上有个显著特点，它们的路线是蜿蜒的，一英里内有三到四段大的弯道，再加上一些小的弯道。这种构造乍一看似乎不适应交通或排水的要求，而且还涉及额外的堤坝。但是当地人确定地告诉我，在湖北东南部平原上的这个系统，虽然一年中有四个月是被无数条堤坝分割的大湖，实际具有十分重要的意义，湖与湖间的运河被切断，在秋季到来时，运河中的水会冲向母河长江，这个系统可以防止航行的速度对堤坝造成巨大的冲击伤害。

走着走着，我来到了一个的大村庄，它沿着大约 200 码宽的堤顶建造。每家都有大量的猪被绳子穿过耳朵上的洞，然后拴在地上。没有任何地方遮挡，我也没有看到一头猪跑掉。这种粗暴饲养的结果就是显而易见地发育迟缓。

我沿着村里的主街走过去，发现这里有许多油坊，油从棉籽里压榨出来，然后进入检验工序，整个流程看上去很简单。首先棉籽会被直径约五英尺的大石磨磨成粉。具体过程是将一根杆子作为轴，套进石磨的孔里，轴绕着石磨中心的杆子转动，棉籽在槽里翻滚。在石磨往外延伸的杆子末端套上了一头公牛，利用牛拉动磨。磨碎的种子被放进粗麻袋里，在一个大蒸锅上蒸熟，然后放入圆形的模子里，很快油就被压出来了。

当地人都很有礼貌，正在给我演示压榨过程，这时进来一个汉口船夫，他立刻认出了我，喊道："哎哟！洋人！"这一下引起了一阵骚动，工人们都停下手里的活，围着我挤来挤去。因为他们之前一直以为我是从广东来的官吏，因为我白皙的肤色很像广东人。此时油坊外的人们都在大喊着："洋鬼子！""洋鬼子！"不久，全村的人都聚集在磨坊前。我听到"洋鬼子"的呐喊声时，感到非常紧张。但是离船还有一段距离，因此我们不得不面对人群往外走。在我走在街上时，听到的都是"洋鬼子"和愤怒的呼喊。此时奔跑也是无用的，因为我们已经被当地百姓围住了。忽然我在人群中看到一位正拿着装满烟草的长烟斗的老人。他表情淡定在旁边抽烟，我便很有礼貌地问他借个火。他答应了，菲利普立刻跟他攀谈起来。人群的注意力开始分散了——这正是我想要的。他变得很好奇，菲利普对他述说了我的故事，他感到非常高兴。在这段时间里，我们一直在悄悄地向船走去，可以看到船正等在村子的尽头。每当有人太靠近我们的时候，我们的新朋友就责备他们。当地百姓看到他对我很有礼貌，似乎马上又恢复了他们的好脾气，但他们还是跟着我们走到了船边。到达船边后，我请老人到船舱里坐一坐，并请他和我一起喝了一杯。他是个善良的老伙计，原来是我进的那家工厂的老板。他恳请我原谅村民的粗鲁行为，说他们不懂礼貌，非常害怕外国人。

喝了一杯烧酒之后，他便要求离开，我送他到客舱门口，在那里我们隆重地告别。当我们在客舱里面的时候，人群几乎都散去了，剩下的几个人和老人一起离开了，他们急于要听他讲"洋鬼子"的事情。

船一离开村庄，我感觉又可以自由地呼吸了。这是我第一次与怀有敌意的中国人发生冲突。我已经从中恢复过来，我远比想象的冷静。菲利普非常高兴，他和老李谈起我们的冒险经历时眉飞色舞。他反复告诉我，要不是我足够冷静——可能结果决然不同。菲利普反应灵敏，知道我与老人借火的目的，便立马跟他展开交谈，他做了很多。在遇到困难的情况下，还可以依靠他的翻译，我承认，这一路我感到的轻松和愉快要远多于冒险带给我的感受。

离开汉口后，我们在离村子几英里的地方经过了一座桥。这是由许多根长约10码的木棍支撑的木桥。溪流右岸大约30英尺的处，有个活门板式的天窗，可以让船上的桅杆通过。过了桥，从南边有条通往沔阳城的小路，离北边大约20英里的距离，宽度只能两匹马同时通过。

从此处开始，村庄的位置越来越高，我看到田地里有棉花的茎秆，还有小麦、大麦、中国卷心菜和蚕豆的幼苗。东北风吹得我们瑟瑟发抖，迫使我们用桨划船前行，偶尔的顺风也会让我们乘风而行，但行程依旧很慢。

这儿的堤坝附近一带经常被用作墓地，最近的山丘有 40 英里远，因而我们不得不常常快速靠岸，让送葬队伍通过，也因此我有机会目睹财主家的气派。送葬队伍非常庞大，悼念者、哀乐乐队和横幅数不胜数。遗体被放置在中国特有的大棺材里，然后被高架在用木板连接三艘船做成的灵柩台上，上面还插着六英尺高的旗子。死者的遗孀和母亲坐在棺木上，极度哀恸，许多穿着白色丧服的女佣们，挤满了跟随在棺木后面的六艘船上。每艘船都在慢慢前行，乐手们神情严肃地打着锣鼓、吹着铜管乐器，演奏着哀伤的曲调，哀乐淹没了女人们的哀号声。

葬礼将在距离我们遇见队伍之处很远的地方举行，到达那里可能要花上一星期时间。

我们正接近沙市，顺风本来可以在六小时内把我们带到那里，但由于现在风向水流都对我们不利，我们进程非常缓慢。

在 1 月 13 日的早晨，离开汉口九天之后，我们进入藏虎湖，在午夜停泊靠岸。我们撑了一整天的竿，湖里只有很少的水，最大深度不过四五英尺。

许多大渔船都在拖网捕鱼，它们巨大的船帆比船身大三倍。拖网非常大，杂草丛生的湖底大大阻碍了船只的前行，所以必须要靠巨大的帆来驱动前行。数不清的大小鱼类被这种方法捕获，简直令人不可思议。大型船只的船员用捕鱼作为职业，另有不少人用鸬鹚捕鱼。在我们停泊的地方，有两个人划着独木舟，带着 40 只左右的鸬鹚来捕鱼。在他们的独木舟的两侧绑着竹竿，为鸟儿搭起了栖木。当鸟儿浮到船边时，他们灵巧地把竹竿举到身上，每个人都拿着一根长长的竹竿，竹竿的末端有一个钝钩子。鸟儿在水里浮着的时候，他们把竹竿放低，鸟儿一跳，就落在了栖木上。有时鸬鹚会捕到一条和自己一样大的鱼，重达七到八磅，这就会引起巨大的骚动。附近所有的鸬鹚都会以嘶哑的叫声赶来帮助它，人们也会喊道："好好好，好哎！"直到他们能够靠近，用一张网把鱼捞起来。然后，会让鸟儿们栖息在栖木上，摘下它们脖子上的环，喂它们鱼吃。

第二天离开湖后，我们经过了几个小村庄，那里的人似乎主要以买卖桅杆为生。那些桅杆是在夏季顺着江水从湖南运下来的。

从藏虎湖出发的运河两岸有很多地方都是石头砌成的，当我们接近沙市的时候，可以看到宝塔。这时运河的河床变宽了，但水变浅了，对交通造成了很大的阻碍。数百艘船只满载着运往四川的棉花和棉布，还有船只满载着蔬菜和油运往汉口。航道几乎被堵塞了。位于税关上游的舟泽村停泊着许多船只，我们来到此处抛锚。通关文书被送去查看后，我们很快就被放行了。税关官员还派人送来一张字条，大意是说他很忙，不然就会来看望我了。

我们第一阶段的旅程已经完成了，接下来得在这里换一艘能渡过滚滚长江的船。现在的任务是在城里寻得住处，于是，我派菲利普上岸去租旅馆。

从我们所在的地方看，沙市的建筑并不壮观，有几座寺庙和木材场，还有一堆堆桅杆，构成了主要的景色。在郊区的时候，我注意到一些冷杉树，因为除了柳树，我们离开汉口后还没见过其他树。沙市位于长江左岸，从四川到汉口的转口贸易是沙市的主要经济来源。许多从重庆来的帆船选择在这里卸货，而不是长途跋涉再到汉口，再重新装上货物就返航了。

从我们沿途所见的自然环境看，到目前为止，适合大城镇的地点很少，因此也就没有什么重要的地方。位于汉口西北50英里处的沔阳是政府所在地，位于汉江和沙市之间的地区都在其管辖之下。在旅途中，我收集了一些有趣的见闻，无论是生活在堤坝上还是生活在芦苇丛地区的人们，他们唯一能接触到的政府官员是税关小吏，税吏按规定的季节在各个辖区内四处奔波收取地租。除此以外，人们很少见到官员，更别说麻烦他们了。哪里都见不到士兵，每个村靠着公共募捐雇用看守人。村民们的孤立无援让我很受触动，从我所见所感来看，他们的管理实际上属于一种自治。

所有民事纠纷均由争议双方家族中年龄最长的两名男性裁定，他们扮演着仲裁员的角色，他们的裁决实际上就算最终的判决。虽然村民可以向沔阳官员提起诉讼，但实际上这么做的人很少。除非当事人很富有，或者一方要把另一方置于死地。较轻的刑事案件同样由村庄的长老处理，但罪犯被指控犯有死罪，则必须送到沔阳城的官员那里审理。从人们的外表来看，他们看起来也算富裕，冬天穿着也算暖和。如果以此来判断，那么这种半自治模式算是成功的。这里的人们似乎经受着一些疾病,天生的眼疾和哮喘是最常见的病症。一般来说,他们是一个健康的种族,身材匀称,有明显的东方人的特征。

菲利普一回到船上就告诉我说,他在一家旅馆里租到一间房,明天早上我们就能去那儿住下。他满脑子都是刚才看见的奇怪景象,其中之一就是骆驼。一些北京的药商沿路带着一只骆驼,骆驼在中国的这个地区是罕见的,所以起到了非常好的广告效应。

晚上,我们的船夫们举行了一次宴会,临到睡觉的时候,他们请我到他们那里去,向我做离别前的自我介绍。在旅途中,他们表现良好,所以我与他们每个人喝了白酒,船老大还发表了长长的演说,并和船员们一起给我良好的祝愿,祝我旅途一帆风顺。之后,我高兴地给他们每人送了一件礼物。之前我曾无意中在船头上吐了口唾沫,这是我唯一一次抱怨这些人粗鲁无礼。值得注意的是,这表明他们确实是一个非常迷信的阶层。

第二天上午 10 点左右,由于我们的房间已经被预订,旅馆里的人给我拿了一把椅子,还找了几个搬行李的苦力。在我们从船上到旅馆的路上,经过了大约 1.5 英里的郊区,那里的每一块空地都铺满了垫子,垫子上撒着晒干的陈皮。当被干燥和粉碎后,中国人把它视为一种健胃药。沿着大街我们见到了串在一起的驴、小马和骡子,它们驮着当地的农产品去赶集。商店一般都是高档货,从卖烟斗的人的数量来看,人们可能会觉得当地居民们除了抽烟什么也不做。各种各样的销售食品琳琅满目，我在其中看到了羊肉、野鸡和土豆。

经过一个多小时的颠簸后，我来到了旅馆门前。走三四步，就进了大厅。跨过内门，一张很大的阿弥陀佛画像正对着我。在画的两边，墙上的壁龛里都是镀金的佛像和神像，前面还摆放着点燃的明灯。在外面的大厅里，许多客人聚集在一起，想在外国人到达时观看。然而，当他们看到我——一个光头，留着一条体面的辫子，穿着和他们一样的衣服，他们显得很失望。

房东把我带进我的房间，要求我按每日 300 文交房钱，而不是通常 150 文一天的价格。本来已经同意协定的菲利普听到后很生气，直到我威胁房东要到其他地方找住处，房东才肯恢复原来的价格。我们每天的费用包括两碗米饭、一盘盐水白菜和一碟带芯的棉籽油，这是用于我们的房间照明。

我们叫人把早餐端到房间里，我们的房间开着门。有十几个人一起来看外国人吃饭，然而当看到我吃饭的样子跟他们一样时，败兴而回。除了有三个妇女不肯罢休，急于打听着关于我的一切，不过她们很安静，丝毫没有对我无礼。好奇心是中国人的一个特点，满足好奇心对他们具有不可抗拒的魅力。现在我还羞愧地记得，我走在他们之前，站在他们面前的方式，也经常被视为无礼。其实这算是一种无害的好奇心，我的冒犯会伤害一群敏感的善良人。

吃过早餐后，我拜访了天主教传教会的代理朱先生，他是一位富有的商人，与四川有广泛的贸易往来。我们被带到隔壁会计室的一间小屋子里。在那里，我们看到几个从重庆来的基督徒商人在抽烟斗，每个人面前的小桌子上都放着一杯茶。我一坐下来，一个小男孩便把茶杯放到我的面前，并放入一撮香茶，然后拎来在房间中心炭火盆上烧着的大水壶。他帮我泡好茶后，又拿起我那根长长的中国烟斗，把烟叶倒在里面，点上火递给我，然后站在了我的椅子后面。没有谁能比得过这个为我服务的小家伙，他对我所表现出的安静、礼貌和敏捷更加突出了他的优秀。在这个房间里我对他们而言是一个完全的陌生人跟外国人，但谈起生意来，我同他们没有差别。其他几个小仆人跟四川商人都把注意力投向了我。我的存在没有造成谈话中断，在我进去的时候谈话一直持续进行。我就抽着烟，喝着茶，打发等待朱先生的闲暇时间。

等待大约半小时后，商人从账房出来很客气地跟我打了招呼，并抱歉让我久等，寒暄了几句关于作物和天气的话后，他开始询问我的生意。

当他得知我来访的目的后，显得非常高兴，并表示很高兴能为神甫的朋友做任何事。他领着我进了他的办公室，把我所需要的那笔钱付给了我，只是从我那儿拿了一张收据。然后我们回到了候车室，他向我介绍了几位重庆的商人，并向客人解释说我是一个外国商人，正在进行一个伟大的开辟贸易之旅，并称赞我能独自开始这段旅程的勇气。

我们都坐了将近两小时，一边抽烟，一边喝茶。我正起身打算离开，但主人说晚餐已经准备好了，如果我能和他的客人们一起品尝品尝他的家宴，他会很高兴。他说，如果事先知道我要来，一定准备一顿更像样的晚餐招待我。

我对这位中国绅士的风度非常着迷，因为他的举止得体。我接受了他的邀请，又坐了下来。几分钟后除了两个年轻人，其他商人都留了下来。然后一个仆人摆开了桌子，为我们每个人摆上了一双镶银的象牙筷子，接着端上了晚餐的菜。晚餐有鱼汤、水煮鱼、煎鱼、红烧鸭子、羊肉和鸡。主人上桌后，递给我们每个人一碗（大约有一个早餐用的大杯子那么大）米饭，在汤和鱼端上来之前的这段时间里，炒瓜子已经放在我们面前的小盘子里，我们慢慢地吃了几分钟，直到主人拿起筷子，伸进一盘鱼里，然后环视着桌子向我们鞠了个躬，晚餐就正式开动了。在晚宴上，我们就外国人及其奇妙发明进行了生动的交谈，我非常喜欢这个过程。吃完后，我们都站了起来，放下筷子，双手抱拳以示感谢，也表示对主人的尊敬。随后我们又坐下来，在上了一壶热酒后，开始互相敬酒。

两个年轻的商人很快在我的夸奖下变得健谈起来，他们说我和汉口的外国人很不一样，说我更像一个中国人。但我们很想知道我是不是和他们的宗教信仰相同，当被告知我是基督徒时，他们不断地拥抱我，称我为兄弟。我们坐着在一起喝酒、吸烟，不一会儿，我们之间变得亲密自然起来。主人的热情好客，让时间过得很快。这是我第一次进入这些人的私人生活。我觉得，从一个对大多数欧洲人，尤其是英国人来说都不了解的角度来看待中国的生活，我对他们的风俗习惯感到习惯。当我在这所房子里的时候，除了一个女仆，我没有见过别的女人。在这所房子里的大部分时间里，我也没有见到在这群体面的中国人中有一个是女人。

下午我六点多才起身走。本可以待更长时间，但白酒的后劲使我的记忆变得渐渐缩短，最后在主人诚意邀请我下次再来后，我被他带到房子的外院，轿夫们正在轿子边等我。

一个年轻的四川商人拥抱我多次，并邀请我去重庆拜访他的父亲。最后，我坐到抬椅上，向朱先生道了晚安。

在回旅店路上，我不禁回想刚刚离开的场景，发觉自己在各方面的想法都不同于从前，开始形成一种中国人的思维。尽管我在中国已经居住了好几年，但我不得不羞愧地承认，在这之前，我对中国一无所知。今天接待我的这个主人，对我这样一个完全陌生的外国人热情周到。与之相比，他如果收到我的邀请来上海拜访，按我们英国人的惯例，他将可能来到我的办公室，在谈判完生意之后就扫兴而归了。这大概是我们英国人的遗憾，作为一个伟大的商人，没有更多地把自己和我们贸易的人联系在一起。在中国，我们应该明智地记住那句古老的格言：“入乡随俗！”在平等的基础上与中国人打交道。事实上，要尽可能多地采用他们的方式，通过这种方式，就不会被买办的恶劣行径所摆布。我们应该维护我们的尊严，与他们建立更加互惠友好的贸易关系，他们比我们国家某些狭隘的国民更值得信任与结交。

到达旅店后，我高兴地回到自己房间，刚刚脱下外套和长外套，就有人敲门。是一个中国人，和他一起的还有三个女士。在介绍了他们都住在这个旅店后，他们询问是否可以进来看看。我不好拒绝，便请他们进来，并给他们摆了两把椅子。菲利普为我们摆上茶杯和茶壶，老李则充当仆人。

我们都很随便地攀谈起来，太太小姐们立刻就把她们这次来访的真正用意说了出来，那就是要看看外国人通常随身携带的稀奇古怪的东西。我的烟斗、刷子、梳子、镜子、步枪和手枪，都被仔细地查看。其中的一个女士，她的丈夫是一个汉口交易员，说我不像她看到的外国人，更像一个广东人。在这之前，我为了掩饰眼睛戴上了绿色眼镜。当我摘掉眼镜时，三个女士的话开始明显不同。从眼睛可以看出，我明显是个外国人。当被要求告知她们在我身上看到了什么奇特之处时，她们犹豫了很久之后，第一次说话的那位女士说看起来"像魔鬼般的眼睛"。听了这话，我并没有感到多大的荣幸，便又戴上了眼镜。这似乎消除了她们的胆怯，我们继续聊到很晚。在她们来访期间，我成功地结识了其中一位女士的朋友。她的孩子大约八个月大，我把她的孩子放在我怀里喂奶，最后孩子在我的膝盖上睡着了。当她从我怀里接过孩子时，她告诉菲利普，如果我需要洗衣服或做针线活，她愿意为我代劳。

大约在晚上 11 点的时候，来访的客人们都离开了，然后我上床准备睡觉。睡觉后不久，我突然感到身体的一些部位有不舒服的感觉，并伴随着极大的刺痛。我把这事告诉了菲利普，菲利普叫我起来，让他看看究竟是怎么回事。我们看了看，发现了无数的昆虫。这是我第一次体验中式床铺。第一次体验非常糟糕，我犹豫着是否要再爬上床。但是菲利普和老李都来帮我抓虫子，他们向我保证，中国的每一家旅馆都是一样的，如果因为这些小事就睡不着觉，会过得很糟糕。我尽量抑制住自己的恐惧，又去睡觉了，但在此之前，我把旅馆里经常用的草垫全扔进了院子。没过一会儿，我的痛苦又开始了，没法入睡，只能躺在硬木板上痛苦地呻吟着。最后，我的叫声，引起了隔壁的邻居和晚上来访的客人的注意。他们问我出了什么事，菲利普告诉他们事由后，他们都大笑起来。我实在睡不着觉，就起来穿好衣服，抽着烟寻找慰藉。我坐了几个小时，脑子里想着一天的事情，在房间里四处张望。房子由于多年的烟熏而变黑，闻起来像个养过白鼬的笼子。地板上的泥垢厚达几英寸，如果不是墙上的一个大洞作为窗户来通风的话，是无法住在这样一个地方的。四面墙有两面跺着垫子来划分我们的房间与其他两个房间。其中一间住着一位整夜咳嗽并哮喘的老人，另一间住着晚上来看过我的女士们跟她们的孩子。这些小天使会偶尔发出如同唱歌般的尖叫声。快到早晨的时候，我才在椅子上入睡。直到老李给我递来一杯茶和烟斗，我才睡醒过来。

大约十点离开房间时，我发现许多房客都在院子里梳洗打扮。男人在刷牙，女人在梳头。屋内的理发师正在等着我，问我是否要理发。我的头发和胡子确实又长起来了，我让他下午再来。然后厨师告诉我，早餐做好了。我坐下来吃了一顿饭，有米饭、咸鱼和烧鸭，老李在隔壁的一家饭馆里买的烧鸭。我们也有好吃的炸土豆和馒头，我在众多人面前吃了一顿丰盛的饭。然而，几乎没人注意几个孩子们跑来跑去，我们给他们一些橘子。他们毫不胆怯惧畏跑到我身边，他们的母亲也不害怕。总的来说不像在汉口时把我当洋鬼子。他们的这种信任使我非常高兴，特别是当我想起在汉口附近旅行时，孩子们看到我就会尖叫洋鬼子然后跑向他们的母亲，扑到妈妈的怀里，然后就像躲避恶魔一样迅速离开。

早餐后，许多妇女来到酒店假装拜访女房客，其实，她们是来满足对男洋鬼子的好奇心。我坐着抽烟，妇女和孩子们逐渐向我靠拢过来。有的坐在地上，有的坐在长凳上。她们用各式针头缝制着不同的衣服和丝绸绣花鞋子，边做针线活边跟我聊天。我跟她们很自在地聊了一个上午。我通过菲利普问了许多有关她们的举止和风俗习惯的问题。她们的孩子大多都是大胖子，脸上和手上都满是疮。问其原因，有个妇女告诉我，因为一般习惯在孩子两周岁前，除了母乳，不允许孩子品尝任何其他食物。在两岁时断奶，孩子的饮食突然从母乳奶变为大米、蔬菜、盐和猪肉，因为过敏，就会长疮。

看到几个小女孩脚上缠着绷带在蹒跚学步，我不禁问她们的母亲，为什么要这样虐待孩子。她们回答说这是中国的习俗，任何体面的女性都不可能有一双大脚。中国人却声称这种畸形是有原因的，他们说这种畸形能防止女人四处游荡做损害她们丈夫名誉的事儿，同时也增加了对男人的依赖。用我们欧洲的观念来说，中国人认为裹脚为女性增加了魅力。中国诗人把小脚女人的无助、蹒跚的步态比作百合花优雅地来回摆动。

一些作家说过，小脚在中国并不常见，可能这个相反的结论是来自广州和香港，那里的下层社会并不像其他地区一样遵循这种畸形的习俗。然而，这种习俗作为一种体面的标志，却存在任何大城市，但是在满族女性中从未见过这种畸形。这是中国的一种古老习俗，很久以前就流行起来了。

我倾向于认同卢公明的思想，他是研究中国社会生活最杰出的英国作家。他认为这种风俗与其说是出于中国人维护妇女贞洁的愿望，不如说是出于一时冲动。

与其他作家在这个问题上的看法不同，我倾向于相信这种行为并不会造成太大的疼痛。因为我注意到，在包扎的各个阶段，孩子们爬来爬去，没有明显的困难或疼痛。裹脚一般是在孩子三四岁时开始，整个过程非常缓慢，我确信这种疼痛比一般人想象的要少得多。和我交谈过的所有女性在这个问题上都跟我说，最痛苦的时间是大约十岁的时候，因为那时脚长得非常快。我从没有看到一双变形赤裸的脚，但是，看上去这么小的脚，以及我所了解的情况可以知道，脚一定是变形的，而且表皮覆盖着溃烂的伤口。

在中午时分，一群去往四川的散兵在旅馆里住了下来。他们是一群无法无天的流氓，一进来就占领了大厅，把所有体面的房客都赶进了房间。有几个人来到我的桌子旁，随便喝茶、抽烟，并问了老李几个关于我的问题。当被告知我是外国人时，他们告诉我，他们一直在和一些欧洲人一起对抗叛军。后来我才知道，他们是因为皇帝命令才解散的。这个命令是在人民的请愿下下达的，因为他们在对抗叛军的过程中抢劫了百姓。

吃完晚饭后，他们在我旁边坐了下来，开始用骰子和骨牌来赌博。他们让我加入，所以我就坐下来跟他们一起玩儿。他们是典型的中国士兵——吹牛、偷东西、吸鸦片、嗜赌成性。我们整个下午都在抽烟、喝酒，每个人轮流点酒。店主给他们上酒，因为知道如果拒绝上酒，他们自己会把酒直接拿走。至于付款，店主从来没有对此抱有期望。然而对我来说，他们很有礼貌，互相争着向我表示关注。

理发师一出现，就干起活来，那帮衣衫褴褛的人依次进去刮胡子。最后一个理完后，满腹牢骚的理发师抱怨只得到了10文钱，大约只是他应得报酬的二十分之一。我坐在他的凳子上，一切服从他的安排。一开始感觉不太适应，他对我也使用着跟那帮人同样的手法跟工具，感觉很不舒服。声名狼藉的散兵，他们中的一些人很肮脏，身上长满了疮。在我努力控制自己忍受磨难时，他们继续玩乐。

中国人刮胡子时不用肥皂，但头和脸都要用热水洗，直到头发变软，然后剃刀尽可能平滑地掠过头皮，不会造成任何伤害。令人惊讶的是，在整个过程中几乎没有痛苦。脸部、头部和颈部的每一部分都被剃光了，有一种类似于洗完澡后的快感。这无疑是在中国最大的享受了。

晚饭后，我收到了士兵和房客送给我的几个橘子。士兵们都出去过夜了，我又接待了几位新客人，其中有高木景船长，他于1860年带领布莱基斯顿船长和他的船队抵达了长江上游。有趣的是，从他嘴里得知我们这些外国人非常奇怪——凶狠、毛茸茸的、但都是有头有脸的大人物。他认为我和那些他在这条河上所见的外国人完全不同，他坐在我的房间里给我讲他们的奇妙故事。

晚上，菲利普告诉我，他租了一条去重庆的船，于是我们决定第二天早晨离开沙市。他与船老大达成协议，对方同意收取我们48000文的船费，首付28000文。等到达沙市和重庆之间的夔州市，再结尾款。这还不包括每个船夫每周都会收到的20文钱礼物，这种每周的付款是一种公认的习惯，所以在租用船只时，必须考虑到这一点。无论乘客还是乘客支付的费用都是不同的，在后一种情况下，必须在协议或租船合同中明确规定，没有双方签署的文件，任何船只都不能租用。

夜里，我在床上躺了一段时间后，被屋里可怕的躁动声惊醒了。我的士兵朋友们回来了，他们一回来氛围就变得嘈杂起来。他们闯入了几位女士的房间，尽管房东大声地抗议，他们依旧不理会，一半士兵几乎都光着膀子。女士们的房子就在我的隔壁，她们很快跑进我的屋子，后面紧跟着几个抓她们的士兵。当他们来到时我堵住了门口，对他们使了一个眼色。还好，他们并没有打算进去，而是转过身去对菲利普说了几句俏皮话，祝他主人好运之类。过了一会儿旅馆老板来找我，要求我去他们的房间，因为他们要在这里过夜。起初我拒绝了，但转念一想，如果我拒绝了，他们可能又会来找我麻烦。他们非常吵闹。我接受了他们的邀请，他们显得很满意，甚至很高兴。我不得不屈从于他们醉醺醺的拥抱，而他们则一再宣称我是一个好人，仗义的家伙。菲利普和我同他们坐了一会儿之后，我抱怨说累了，便让他们睡觉。回到房间后，我发现那些躲在我房间里的女人们都睡在我的床上。于是我就便靠着菲利普，很快就睡着了。

第二天一大早，士兵们就走了，他们首先来跟我告别，我还以为已经把他们打发走了。但他们很快又跟房东一起回来了。房东抱怨说，他们只付了一半的酒钱，想骗他。他们马上反驳并向我解释到，作为士兵，这已经是他们能给的最多的了。我告诉老板，我将支付另外 2800 文的费用。然而毫无疑问，我被他们看作待宰的鸽子肉，但感到庆幸的是，我不用再受他们的干扰。

因为我们中午才打算上船，所以点了早餐。在这顿饭期间，有很多病人来找我求药治病。他们一些人是哮喘患者，另一些人由于眼病几乎失明，还有不少人是长期吸食鸦片的瘾君子，他们要求药物治疗他们对鸦片的毒瘾。给他们开药方都是徒劳的，我不得不说我的药在船上。当我坐上轿子时，两个麻风病人伸出他们没有手指的手，恳求我治好他们。那场景触目惊心，很难过我没能帮助他们。

到了中午，我们的船已经装好了，虽然比我们从汉口到沙市的船要小，但还是很舒服，最重要的是安全。它有 30 英尺长，有四英尺长的横梁，船头和船首都是独木舟的形状。中心部分有 12 英尺的空间，防水的芦苇席子，在上面形成一个遮风挡雨的防护顶。在这个由横木隔开的小木屋的前部，保留着我们的陶制小火炉、炊具和行李。菲利普和老李在那里整理床铺，我的另一个隔间虽然能全身躺下，但还是不得不用我的手和膝盖上上下下。离船头 10 英尺的地方住着三个船夫，他们晚上躺在草席上，看起来很舒服。船尾差不多同样大的位置，是船老大的休息处。这种船设计得非常适合在激流中航行，因为它是由非常有韧性的木头建成，吃水非常少。由于这些木头是生长在长江左岸四川省一个叫万县的小城镇，因此在沿岸水域，万县船变得众所周知。它们由桨推动，用桅杆将方形帆固定在一对大剪刀上，这样就可以很容易地放下或升起。桅杆顶上系着一根拖绳，船夫用它把船拉上急滩。

一切准备就绪，我们正要离开海岸出发时，曾经运送布莱基斯顿船长的老船长向我们跑来，一副很兴奋的样子。他告诉我们，刚刚从另一个抵达此地的船老大那儿得知，六个年轻神甫中把我留在汉口的那一位，在船上遇到急流掉到水里淹死了。这并不是什么值得庆贺的消息，菲利普和老李听后沮丧地摇了摇头，为自己预言了各种各样的不幸。看到他们受到了如此多的影响，我假装不相信这个故事，说他只是为了吓唬我们才做的。然而，这两个人都恳求我等到第二天，到那时我们才能确定真相。我拒绝推迟，如果这个人的故事应该是正确的，它只会让他们变得更沮丧。于是我让菲利普告诉船老大必须起航，我们的船开始了在波浪滚滚的大江上艰难地前行。沿江的石堤，使沙市受到保护，免受来自长江的入侵。这是一项巨大的工程，堤坝超过一英里长，也非常宽。堤坝表面铺着花岗岩，比冬天的水位高出 40 英尺。有一位税关官员驻扎在离沙市七英里远的剑口城，他是由武昌那边特派过来管理这个堤坝的。堤坝的修缮资金由沙市居民提供。在夏季洪水来临时，小城的安全完全取决于堤坝的情况。整个小镇，除了这部分沿着堤坝建造，其他河段都低于夏季长江水位 20 英尺以下。根据中国人的观念，在一个大吉的日子，我们开始了一段旅程。我们旁边有十几艘船，像我们一样，都前往富饶的四川省。当我们在晚上抛锚靠岸的时候，几个船夫带着他们的晚饭来拜访我们。上床睡觉之前我被告知，船老大和船员们希望我跟他们喝一杯。为了旅途一帆风顺，我答应了他们的要求。他们爬进我的小屋前室，船老大给了我一小杯白酒，我们一起碰杯庆贺，每个船员也和我一样，一起喝了这杯酒，祝愿我们所有人航行顺利。

两天之后我们来到了左岸的屯子村。这里的税关官员要求我出示通关文书，我让菲利普把梅德赫斯特先生给我的通关文书交了上去。结果他很快就回来了，说官员还要收 350 文钱。由于这明显是一个"敲诈"，我拒绝付款。于是惹得这个官员直接来到我的船上，那家伙爬进我的小木屋，用一种威胁的方式向我挥舞拳头，要求我立即付款。当我表明我是一个外国人，不会屈服于这种"敲诈"时。他说让所有洋鬼子都去见鬼吧，并坚持要我付款。我把我的通关文书拿出来，他从我的手里抢了过来说："我不在乎那张纸，狗屁都不是。"他这样做了，把它扔在地上，朝它吐口水。看他这样，我就知道他是个鲁莽的恶棍，因为没有一个正派的中国人会对任何一个中国字这样的不尊重。这样的行为太可耻了。因此，我捡起这份文件，把它叠在一起放在我外衣的胸前。然后，我拿出了总督的通关文书递给他。当他读了通关文书后，立马给我们放行，并用他的衣袖擦了擦，再次折叠好恭敬地还给了我，同时哀求我原谅他的暴行。他没想到，这样一个微不足道的文件居然是英国领事的通关文书。最后他没有收350文钱，默默地离开了。随后，我们的船慢慢驶离岸边。这似乎是一个失误，我们在某种程度上没有尝试一些举措，通过注意中国官方的做事方式，在中国获得更多的尊重。众所周知，所有的中国通关文书都是大尺寸的文件。那些与我们的领事等级相对应的官员，其通关文书是大约18英寸的正方形，并印刷成大字体，看起来非常气派。而英国通关文书的大小和小的信纸一样大，还印成小字体——毫无疑问，这是一种节省纸张方法。但是，如果把它们印在中国纸上，放大六倍面积——它们的价格可能不会像英国报纸那么贵——却会成为中国人眼里的体面文件。但是，我们比中国人强大得多，所以很多人认为不值得去注意他们的偏见。他们认为，如果和平的新教传教士与中国的文人或官方阶层产生任何误解的话，英国炮艇的威力很快就会把这些小问题给解决掉。

离开沙市的第四天晚上，我们看到了宜昌附近的巴阳山。在内陆地区，江河的两岸都是石英跟花岗岩。就像分布在河床上的石灰岩一样。许多像斑点状的翠鸟在辛勤地扇动着翅膀。它们色彩斑斓的羽毛跟我在恒河上看到的翠鸟类似，这是我在中国第一次看到的大量的翠鸟。但我相信，在南方的省份它们是很常见的。当我们穿过一片美丽的景色时，我们的船夫像突然醒了过来，精神状态都像换了个人。左岸的高砂岩崖从河上升起，把他们欢乐的号子回声传到远方。从沙市一路辛苦劳作过来，已变得迟钝、困倦和无精打采的他们，已经被欢声笑语所取代。他们并齐心协力来对抗上涨的水流，似乎我们正穿过的山丘都变成了他们的老朋友。晚上，我们停靠在离巴阳村几英里的地方。午夜时分，我们被一场可怕的暴风雨惊醒了，这场暴风雨持续了好几个小时，在船员中引起了极大的恐慌。我们爬进菲利普和老李的住处，他俩在风暴中抽着烟，船老大说有一种会发生战争的预感。战争对这个国家来说会是一场可怕的灾难，他预感战争会在冬季爆发。他的话使谈话氛围变得很严肃。当刺眼的闪电照亮船舱的一瞬间，我听到了轰鸣的雷声，这让我心情沉闷。当菲利普向我解释船老大的预言时，我心里说，他真是一个典型的中国人。在他们实用而又理智的外表之下，潜伏着一个沉睡的魔鬼，那是一种盲目的迷信，只需要一点点的触碰就能把他们变成不理智的疯子。这种可怕的迷信，不仅在没有受过教育的人当中很普遍，而且在文人和统治阶级中也是如此。暴风雨还没完全消散，白天就已经到来了，冒着寒冷我们继续前往宜昌城。10 点钟左右，在离宜昌城大约七英里的地方，我们在船上已经能看到城内庞大的八角塔。在离宜昌约两英里的地方，河流忽然有一个拐弯，我们拐过去后，仿佛进入山中。在到达宜昌之前，我们还经过了白村，那里山丘的风景与我们曾经航行过的平原相比是那么的壮丽。在我们右边的水中，巨大粗糙的岩石从水面冒了出来，这迫使船夫们用桨把船划到了河中心。当船滑行的时候，他们开始喊起了号子，歌声在山谷中回荡。在我们的左边，山的余脉向远处延伸，直至消失在云雾中。山坡上，新鲜翠绿的小麦和大麦幼苗给荒芜的山坡增添了一种柔和的色彩。在这样的风景中，我们接近了宜昌。这时，我们经过了一大队向上游进发的帆船队伍，他们在等待中国年末最后一天的到来。因为惯例，他们在那天能免费通过税关。

下午两点左右，我们在离城不远的地方停泊靠岸。接下来的时间，我们的船员们都在忙着补给航行所需的物资，并用竹绳判断水势，为我们继续的艰苦航行做准备。

宜昌虽然是一个小城市，但规模却相当大，其重要性主要是由于它是位于平原边陲的城镇，以及它是四川进入湖北的第一个税关。在这里，许多重庆的帆船由此前往沙市和汉口。初来的船员们要在这里上船，以适应长江下游的航行。在返回航程中，又重新适应长江上游的急流。这些四川帆船中，有许多装载着约 120 吨的货物，在宜昌上游，逆流大约需要 40 到 60 个人，顺流大约需要 15 个人；而在宜昌下游，六到八名船员就已足够了，因为仅靠船帆就可以推动它们。

我们在市场上买了一只鸡，每只的价格是 120 文，非常贵，因为中国新年快到了，所有的东西都涨价了。木炭是一担 750 文；蔬菜，像卷心菜、土豆和韭菜，都是一斤 20 文；牛肉每斤 48 文，猪肉每斤 100 文；牛板油和猪板油每斤都是 160 文。

日落时分，我们完成了继续航行所必需的一切准备。到了晚上，我和菲利普在城墙外沿河岸的房子边散步。它们大多数都是临时性的，因为此时河水很低，而它们都建在水边。房子主要由饭店、酒馆和茶馆组成，看上去生意兴隆，里面坐满了船夫。还有很多理发店，吸引了很多顾客，船员们干完活拿到工钱后，就会去享受一次干净的剃须时光。

深夜，一位中国税关官员带着六名随从来拜访我。他很有礼貌，还给我带了茶叶。他们抽了将近一个小时的烟，在这段时间里，他问了我许多关于"大不列颠"的问题。他离开后，我很高兴地去睡了。

一想到要进入著名的三峡，我就精神为之一振。（关于如此壮丽险峻的风貌，船老大在跟我描述时，用尽了他的想象。）我渴望沿激流逆流而上，也渴望一览有天府之国美称的四川省。一幅截然不同的景色即将映入眼帘，而身后远去的是荒凉的湖北平原。

第三章

从宜昌到重庆

一场大雨打破了清晨的宁静，也迫使我们继续在宜昌逗留到中午。天放晴之后，我们和同行的几艘船再度出发。通过几个小时的划行，我们到了布莱基斯顿笔下的回民社区，穿过回民社区就进入了三峡。现场的景色无比壮观，河流是如此的波澜壮阔。之前我们辛苦徘徊了几天的地方，已经缩小到一个只有 900 英尺宽的通道。河水从漆黑的通道缓缓流下来，不时也有零星几艘四川到宜昌的帆船，或者突然闪现一群江豚在峡谷入口处嬉戏，显然它们害怕进入狭窄的通道，因此在峡谷上游并没有见过它们的踪迹。河的两岸是巨大的岩石墙壁，倒映在水面形成暗沉的倒影。一个像城堡一样形状特别的地方，是一个巨型炮塔要塞。与湖北平原的沉闷单调形成鲜明对比的是，这个峡谷庄严宏伟的景象令人着迷。当我们继续前进的时候，偶尔会有一道沟壑切断峡谷的侧壁，这让我们看到远处被雪覆盖着的山峰。

我原以为峡谷里的水流要比下游大得多，但事实并非如此。这条河在山里冲出了一条很深的沟渠，在峡谷口的测深为18英寻，再往前三英里，20英寻也探不到底。

下午四点半的时候，我们经过了布莱基斯顿船长提到的第一急流点。我们发现，由于水流的增加，河水没有断过。在这个点上方，船经过了一个江中的巨石岛，两边的河岸全是令人眼花缭乱的花岗岩。我们加速行驶，在夜晚来临前抵达右岸，在准备好晚餐后，我登陆了，艰难地爬上峡谷崎岖的一侧。太阳刚刚落在西边一片小山的后面，暮色把我面前的景物笼罩得越来越暗。没有一所房子、一棵树、一点人类耕作的痕迹，一切都是光秃秃的，寂静得可怕。

峡谷陡峭的边缘似乎是由破碎的山崖碎片组成的，巨大的岩石散落的到处都是。有些石头在我们数百尺之上，感觉好像随时会掉下来。在河中央也有很多石头与此类似，仿佛随时会从悬崖上滚下来。这种阵势是我见过的最不可思议的场景之一。当我凝视着它们的时候，被一种人类是那么渺小而造物主却那么伟大的感觉所震撼。

吃过晚饭后，我坐在船尾，更从容地察看那似乎把我们包围起来的裂口。在我们后面，是一个巨大的圆石岛，在它的后面，峡谷像墙一样从两侧将它包围在内。前方大约一英里的地方，河流急转弯处有一个突起遮挡住了远处的风景。看上去，我很难察觉到船已经行驶在急流的高处了。因为在如此漆黑又平静的夜里，山峦叠起难以辨认。

在我们上方 80 英尺的地方，悬崖上的水印显示出夏季洪水的高度。我可以很容易地看出，大石岛周围的水流在春洪暴发时一定十分湍急。随着夏天雨季的到来，汉江、洞庭湖和鄱阳湖湖水泛滥，这会导致长江下游的低洼平原被淹没。8 月中旬，这里的水位将达到最高水平。那时，这个岛和其他的许多障碍物都会被洪水深深地淹没，航行会变得畅通无阻。

今天，我又有机会目睹迷信对船夫的影响。在穿越峡谷狭窄的地方时，峡谷两侧全是耸立的山峰。大约有 800 到 900 英尺高，我用澳大利亚的方式大叫了一声"喂……"，重复一次或两次后，很快峡谷里就传来上千次回声。突然，一大块几吨重的岩石，落在离我们的船不到 30 英尺的地方。泛起的波浪，差点把我们的船掀翻。我发现掉落碎石时听到一声巨响，就像是离我们 200 到 300 英尺远的峭壁上的一声响雷，随后巨石便掉进水里。短暂的一瞥让我浑身战栗，庆幸自己幸免于难。当我转过头去看船夫时，他们正跪在船后，一动也不动，直到所有的回声都在远处的山岭间消失。然后，他们小心翼翼地站了起来，因为仍然害怕即将到来的危险，迅速地把船划到对岸。沿着河岸划了一个多小时，谁也没说一句话。与此同时，我在船舱里睡着了，但菲利普却把我吵醒了。菲利普告诉我，楼下船员都急着跟我说话。看到他们极其严肃的表情，我对此感到很不舒服，就询问发生了什么事。老李告诉我，说我惹怒了山神，他想杀我们所以扔一块石头下来。在这种情况下，如果我不反对的话，他们就会停船不走，并点几支蜡烛来平息山神的怒气。听了菲利普和老李的劝告，我反对这样做，就告诉他们，他们可以在晚上结束一天的工作后做这些事情。于是我们继续赶路，但那伙人显然很不自在。晚饭一吃完，他们就点起蜡烛，燃放鞭炮，弄得我难以入睡。

第二天早上，天还没亮我们就出发了。大约在上午九点到达了布莱基斯顿所说的大同滩。这是一个危险的地带，中间的岩石把河流分成两股，两边的河水速度变得极快，冲击形成的漩涡洪流超过 900 多英尺，直到在下一个汇合点才慢慢平静下来。

这个地方景色不佳，岸边两艘破船的残骸表明，我们现在真正进入了扬子江峡谷。在船老大的建议下，我登陆了，沿着崎岖不平的河岸走到了急流的源头。

我们的船很小，想加速很不容易。附近的村民，他们中的许多人是靠着拉纤赚钱。他们抓住了我们的拖绳，很快就把我们的船拖了上来。我对整个过程担惊受怕，因为我所有家当都在船上。翻滚的水超过船舷有两三英尺高，船似乎随时都能被水淹没，但是船最终还是没有沉没，被拉了过去。

接着，一艘巨大的帆船躺在急流的脚下，等待河水上升时被拉过去。但是，由于它是一艘载重大约 80 吨货物的船，而且牵引绳超过了五英尺，所以这项任务对它来说并不容易。100 多人从许多相邻的村庄聚集而来，他们用一根用竹子编织成的长绳套住船头，一寸一寸地移动船。船员们稳稳地转动着方向，使船体避开岩石和河岸。有时纤夫要根据船上人的指令，突然放开绳索让船停下来。指令是靠一个男人在甲板上击鼓发出声音，根据节奏变化作为信号传达给拉绳的人们。

帆船上一些船员中，被称作"水鬼"，他们的任务是把卡住的拖绳从岩石中解开。可以想象。这是一项非常艰巨和危险的工作，因为绳子经常是卡在急流中凹陷的岩石间。他们在游泳和潜水方面很在行，在最猛烈的急流中也显得很自在，但偶尔也会发生意外，他们会被绳子卡在岩石里丢掉性命。

毫无疑义，我认为四川人是我所见过的最勤奋的人，从早到晚都在抢着干活。他们的工资从100到150钱不等，外加每天六碗米饭。他们总是很快乐，船一套上绳子，他们就沿着岸边，边拉边喊号子，从右向左有节奏地摆动着手臂。他们也喜欢玩闹，每一艘船上都有一个或多个喜欢捉弄别人的家伙。这些家伙，喜欢手持一根长长的绳子，抽打拖船的人们，边打边手舞足蹈大喊大叫，敦促他们拼命拉船。不幸的是，偷懒被抓住的人还会被他们取外号取笑，而且整个队伍都会加入对偷懒者的嘲弄中去。这些人是工头，有50个船员的船需要五个工头。船老大雇用五个工头，每个工头则必须再找10个船员，人数凑齐才能开船。在航行中，工头会做一些"好事"，因此船员总是会欠工头一堆债务，从而不得不继续下一次航行来偿还债务。

我们在右岸的急流中爬升，左岸是为了让帆船减速用的。经过大约三个小时的拖拉，我们来到了河中同样布满岩石的峪岭峡。我们向芦柑峡谷全速前进。从这个地方可以看到很不错的景色，峡谷的入口像一个巨大的山间裂缝，山顶上覆盖着白雪。一小时后我们到达了峡谷。我们仿佛要进入一条地下通道，漆黑一片。这条河大约 100 英尺宽，两边的悬崖有几百英尺高，倾斜的角度大约有 80 度，沿岸山脉延伸的山峰，至少有 2000 英尺高。这是长江三峡最引人注目的雄伟壮观，值得你千里迢迢来此一看。

穿过峡谷，我们来到了大小青铜村。风景如画的村庄横跨河岸的左右两边。不远处有同名的几条小河，这是我们经历的最危险的激流之一。由于我们必须在再次出发前把所有东西都从船上卸下来，就把大青铜村作为过夜的停靠点。我在岸上转了一圈。

许多帆船正在卸货，一捆捆的棉花被骡子和苦力抬到急流的顶端。两只骡子被套在两根长杆子之间，中间有木鞍，这就形成了一副担架，货包就放在担架上。整串的骡子连同几百个苦力都扛着棉花包，在月光下一直忙碌到深夜。

小村庄也呈现出热闹的景象，这条街上挤满了购买蔬菜和大米的船夫，而待售的家禽和鞭炮数量则预示着中国新年的到来。

夜幕降临，天气变得很冷。在我们对岸，2000 英尺高的山几乎直接河边耸起，山顶上覆盖着雪，一阵刺骨的冷风从山顶刮下来，几乎把我们冻僵了。周围的乡村非常荒凉，附近的几块农田是村民的产业。这些村庄以盛产桃子而闻名，桃子生长在周围群山的隐蔽角落里。

一大早我就被同伴叫醒了，他们开始卸船，我则走到急流的尽头。从这个地方可以把米坛峡尽收眼底，三条激流相互交错着，最后也是最危险的一条激流距离峡谷口大约200或300英尺。通畅的河流突然被一块大石头阻断，这使下游的河流在冬季水流量下降了五英尺。秋天到冬天的几个月里，所有的船都要遵从指令，在官吏的指挥下航行。在进入如此迅猛的激流之前，都必须卸下一半的货物，这样才不会发生事故。

水流的速度是如此之快，所以帆船总是向一侧倾斜，以防止他们在下游发生倾覆。当我站在那里等着我们的船的时候，有几个人下来了，似乎有一秒钟左右的时间已经沉下去了，但他们很快又出现了，以惊人的速度从急流中冲下来。

我们的船也排好了顺序，直到将近下午三点钟，才重新装上货物，进入了米坛峡。在峡谷上行驶约两英里后，我们在一个小山涧的入口处停靠下来，这个入口的河流是从长江左岸顺势下来的。船老大和船员来找我，请求允许他们在这里待到明天，因为这是他们的新年第一天。我同意了他们的请求。因为在船舱里我不能站立起来，只能翻来覆去地躺着。本想靠写写画画来打发时间，但权衡了一下，发现是不可能的。任何改变一下姿势都会导致我的身体疼痛，我突然意识到不幸的俘虏路易十一被关在笼子里是多么痛苦。

在我们的日常旅程中，因为停靠休息，除了船员和船老大的日工资，我需要每天额外多支付500文的船费。但是现在，我很庆幸这次不需要缴纳任何费用的停靠。

那天晚上天气很好，我和菲利普上岸去活动了一下。我们登上了一座大约600英尺高的小山。它非常陡峭，几乎没有植被，很难站稳脚跟。菲利普爬到半山腰，仰面躺下说自己头晕目眩。我费了好大劲才爬上山顶，从山顶上可以看到一座座山峰拔地而起，高耸入云。我发现陡峭的山坡上全是小石子，脚踩在上面非常滑，因此我只好采用一种很不雅的方式蹲下来，慢慢向下滑。但我很快发现根本停不下来，而且越来越快，最后使劲拽住绳索也无济于事。很快我就从山上滚了下来，被石子深深划了一道大口子。最后，我停在了菲利普仰面躺着的下方，在确定受的伤并不严重之后，我试图说服菲利普跟着我一道下去。但他不敢动，说自己非常头晕。然而，我们还是坚持下去到了船上。我倒在床上，觉得散步的时候感觉很好，心情轻松，于是就期待着第二天早上的另一次漫步。另外两艘船也在我们附近停泊。到了晚上，船员们还在不停地打着鼓，我们的同伴们也加入了他们的宴会，和谐的气氛持续到凌晨一点。他们回来时，脸上洋溢着笑容，毫无疑问他们度过了一个愉快的夜晚。

第二天早上我穿好衣服后不久，船老大和船员们端来一盘水煮家禽和米饭、烧酒、蜜饯放在我面前，并祝我新年快乐。我和他们一起喝了一杯，还给他们送上了节日的祝福，并打赏给他们500文用来买糕点，然后开始和菲利普一起去山上漫步。

在停靠的地方，其他船上的老大，陆续来祝我新年快乐。用中国人传统的敬礼方式，他们握着双手在胸前抱拳向我弯腰作揖表示友好。我也以同样的方式回礼，并致以衷心美好的祝愿。

离开这条河流，我们沿着岸边的小溪继续向上走，很快我们就来到小山的上面。从那里我们看到山间的瀑布绕着峡谷咆哮而下，我们在数百英尺高的山中前行，一路看着环绕耸立的山峰，瀑布一泻千里的壮阔水声在山涧中低沉回荡。巨大的黑色山脉一侧隐隐浮现像白雪覆盖的房屋，看上去像珍宝一样藏匿在最原始的自然环境中。

我沿着街道漫步，享受着自由和新鲜的空气，偶尔路过被豆花围绕的小屋，清香的空气令人感到愉悦。快到中午的时候我进入了一个小村庄。人们正聚精会神地为节日做着准备，男人、女人和孩子们都穿着最好的衣服，一群老人和年轻人站在那里谈论着新年的愿景。起初，人们注意到我的出现，只是对我行礼致意，顺便问候了几句。但是，当人们知道我是外国人的时候，村里的一些长老就来到我的身边，并以村里的名义邀请我一起喝茶抽烟。我感觉有点疲惫，于是在村长家门前的长椅上坐了下来。而他的妻子和其他一些女性家庭成员，拿出一张桌子放在我面前，把甜美的蛋糕、核桃、蜂蜜摆在上面，边上还放了茶叶和烟草。我很快就和这位老人交谈起来。全村的人都围在我们的周围。我觉得有足够的时间来回答他们关于西洋人的所有问题，这个词是用来形容外国人的。在这里，我一次也没听到过洋鬼子这个贬义词。我受到了盛情的款待，作为回报，我给孩子们画了几幅肖像，这使他们非常高兴。画像被传看，受到了极大的赞赏。几位女性受村长之托，带给我一些烟草和胡桃做礼物。当与这些善良的村民待了两个多小时后，我站起来准备离开，并向他们所有人表达我美好的祝愿。村长与村里的老人，送了我近一英里的路，最后我与他们正式拜别。我们每个人都弯曲左膝，双手抱拳行礼。他临别的话是，一名外国学者在新年的第一天来访，对他们的村庄来说是一个好兆头。

　　我从当地人那里了解到，这里的小麦、大麦、豌豆和黄豆都长得很茂盛，水果如橙子、柚子和核桃，也生长得不错。在这条河的岸边，有着少量的丝蚕，但是在河的南岸，丝蚕特别多，而且质量上乘。我买了几个蚕茧，寄给了上海豪格兄弟公司的詹姆斯·豪格先生。他们说这是一个不错的样品，但并不像四川产的那样好。走着走着，我看到山坡上有无数的野玫瑰丛，还有我认为是桃金娘科的花。不仅如此，山上还生长着繁茂的各种蕨类植物。

　　这里有好多种动物，像野鸡、狐狸、野山羊和野猪，甚至还有 20 到 30 英尺长的蛇，但我听说没有一种是有害的。在离船大约两英里的地方我们与船老大和船员们相遇了，他们担心我们出什么意外，都来找我们。他们显然也保持着新年习俗，在看到我们时，都给我们一个大大的拥抱，发誓因为我们的走失让他们的心感到十分担忧。因为我真的很累，也没多想就回到了船上，在那里老李正在焦急地等待。这位好心的老伙计对我的归来表示了极大的高兴，因为他也害怕发生意外。他按我的口味准备了一只烤家禽做晚餐。就这样，我像个传统中国人一样结束了中国的新年第一天。

在宜昌，我们曾收留了一名乘客，他和船老大一起住在船后，由于他非常安静，所以我没有注意到他。吃过晚饭后，我把他叫到船舱里聊天。原来他是一个从江西到四川旅行的书商，曾去过自己国家的很多地方。从他那里我了解到，江西造纸用的木头，比其他任何一个地方都要便宜。书商说出版规定限制他们出版词典和神鬼类作品，但他在船上有几箱这样的作品和雕版。他告诉我，他将在重庆和成都找一个现成的市场。他会在成都制作存放大量的小说和历史作品，然后在湖北、江西和邻近省份以高额的利润卖掉这些作品。我问他为什么小说和历史作品在四川卖的比其他省份更便宜一些，他说这个省多年来一直未受战争（除了一些小的外袭），城市比较富裕和繁荣，人民一般受过良好教育，而且尤其喜欢读小说。成都拥有一所著名的大学，它的毕业生甚至比广州还多。因此，对历史作品的再版有着不断的需求。

在中国各地，图书交易是稳定的，回报虽小但肯定有利可图，而且是少数几个免税的行业之一。

我给他看了一本布莱基斯顿的作品，这令他非常高兴。书中的插图似乎让他感到吃惊，他非常敬佩推崇大师的风格。在离开我的小屋时，他请求把这本书带上，以借鉴改良他的工艺水平。

第二天天亮后，我们起锚逆流而上，沿着左岸走了相当长的一段路。大约中午时分，经过了归州。虽然中途颇费周折，但那并不重要。乡村更加开阔，群山从河边退去，许多地方都覆盖着一种低矮的灌木，有点像黄杨。

在归州的上游，我们来到了一条很长的难以航行的河段。从水面垂直上升的砂岩堤表面非常光滑，在较高的水印上方，即便有成百上千的小洞，也没法给船钩提供丝毫的助力。

为了能使船只通过，开拓者从岩石的表面切出一条小路，高处有木质轮盘固定在岩石上，以便使用拖缆。

快到下午的时候，我们到达了丁坦河。在冬天这条激流相当气势恢宏，但是在夏天，它就不存在了。在这里，我第一次受到粗鲁对待。就在船停泊的上方，一艘来自汉口的中国炮艇抛锚停泊。上面的官员看到我坐在岸上，派他的手下问我是谁。他们一看我是外国人，就回去了，不久就和其他几个人一起回来了。他们开始朝我扔石头，很快就聚集了一群拉船的工人。他们看到士兵们在一个中国官吏的眼皮底下这样对待我，也开始朝我扔石头。看到我这样被围攻，菲利普和老李惊慌失措地冲上去，在一阵乱石之中匆匆把我带到旁边的炮艇上。我看见官员躺在船尾，显然很高兴看见我被围攻。我坐到他旁边，把左轮手枪放在我的膝盖上。菲利普问他，怎么能让手下骚扰一个拿着总督通关文书的外国人。他看了看通关文书，立刻变得很有礼貌。他把船上的船员叫来，严厉地呵斥他们，然后命令人群散开。他恳求我原谅他的人，并向我保证，如果他们知道我是谁，就不会那么做了。不过，我说要向成都总督告他，并坚持要他的船员护送我上船。他立刻吩咐六个家伙保护我，同时我的船飞速赶了过来。他们为我清理了岸上拥挤的人群，直到我安全上船才离开。他们下船后，气呼呼地站在人群中望着我。

这些炮艇是用来执行预防任务的，其中一艘是驻扎在税关附近，随时准备扣住不缴纳关税的船只。在中国所有通航的河流上都会遇到这类税关船只。他们通常会携带两把枪，分别放在船首和船尾，有30到40个船员，一个低级军官。像陆地上的士兵一样，这些家伙肆无忌惮。水上的商人和旅行者都讨厌他们，因为他们不仅敲诈勒索，还抢劫手无寸铁的平民，而这样做却几乎受不到惩罚。

当再次上路的时候，我感到如释重负，菲利普和老李则开始祈祷并念念有词。这段时间，这些可怜的家伙一直被恐惧包围。我毫不怀疑，要不是菲利普心平气和地把通关文书带过去，我一定会被这些匪徒般的炮艇水手粗暴对待。

天黑之前，我们进入了水流湍急的牛口河，并在河面抛锚过夜。沿途经过了大量布莱基斯顿提到的光滑砂岩，它们看起来就像大块的黑色铅块儿，破碎后就成了常见的黑色砂岩，跟布拉马波特拉河岸上的砂岩一样。

第二天经过巴东，这是我们在湖北省经过的最后一个重要城镇。它建在一座小山脚下的河右岸，主要出产煤炭，当地的土豆在汉口也有很好的销路。从这个地方一直到巫峡，沿途都很空旷，山坡上精心种植着豌豆、大豆、小麦、玉米和土豆，山丘渐渐消退在我们身后。

中午，我们经过了位于巫峡入口处的官渡口村。在村子下面将近一英里的地方，我们遭遇了一股非常强劲的激流，一直持续到谷口。虽然峡谷入口处的景色并没有芦柑峡那么引人入胜，但像城墙一般高高耸立的黑色石灰岩也别有一番壮丽景象。这些岩石非常坚硬，我费了很大的劲才敲下一小块来。因为它坚硬无比，附近的居民称它为铁石。碰巧遇到一阵顺风，帮我们进入了峡谷，这使我们得以快速航行几英里。到达蓝明源村后，我们在那里停泊过夜。

第二天，我们乘风继续航行。越过湖北边界后，在河的左岸有一个很深的裂口，右岸有一个小山涧，从河上游几百英尺处汇入河中。从这里开始，风向变成了强烈的逆风，这迫使我们在下午两点抛锚停靠在岸边。

就在我们停靠点下方，我们曾从一艘非常大的四川帆船的残骸下经过。这艘船露出水面十英尺高，船头已经沉没在水里，显然是在夏季的洪水中撞上了突出的岩石。

傍晚时分，菲利普因为吃了太多的梨和咸萝卜，一整天消化不良。晚上一阵剧烈的绞痛袭来，然而他拒绝吃药。直到他痛苦地尖叫时，我把一些止痛药塞进了他的喉咙里。老李对"西药"非常排斥，像一个传统的中国人一样，坐在那里双手捂着脸呻吟着，然而毫无用处。我把他推了起来，用威胁的手势指着水壶，他终于明白要把水烧开。在这段时间里，菲利普不停地哭喊着自己快要死了，他时而呼唤圣母和圣人饶恕他，时而又呼唤亲爱的唐先生来救他（唐是我的中国姓）。

我强迫菲利普穿上了在沸水中消毒过的法兰绒衣服。过了一会儿疼痛减轻了，他先吻了我的手，然后感谢我的照顾，接着便睡着了。这是我第一次感到非常担心，一直到午夜我都在考虑可能会出现的状况，他可能无法再为我服务了。我强烈意识到，迄今为止他都全力在帮我，避免因语言不通导致的各种障碍。这一路如果没有他陪伴，我将寸步难行。他终于醒了过来，要了更多的黑色药丸。我给他喝了 30 滴安眠药，他又睡着了。菲利普的好转也使老李恢复了精神，现在他表示能够看护菲利普，我对此感激不尽。

第二天早上我发现菲利普的身体好了很多，但是精神仍然很低迷。他说他的姐夫曾警告他，这次旅行将是他的死亡之旅。我希望他服用奎宁，因为他发烧得厉害，但他却拒绝服用，老李也支持他说外国药物会"害死他"。我突然想到，老李对这件事的恐惧和菲利普的病有很大关系，所以我坚决不再让老李插手。菲利普勉强咽下了一片奎宁，为此他一天闷闷不乐，不过身体显然好多了。我不愿由此怀疑他打算退出这次旅行，但现在我想起来，过去的两天里他一直和老李在一起，而不是像以前那样和我在一起。

我确信他们两人正在商量什么事，我很焦虑，害怕我的翻译会随时抛下我。如果发生这样的情况，我就没法继续下面的旅程了；也不能指望在重庆的传教士那里住上一段时间，使自己能掌握汉语从而摆脱翻译的帮助。

中午时分，我们到达了巫山城，这是一座被城墙包围的城市，坐落在巫峡西口的上方。由于船老大的家就在这里，他请求在此停留一天。菲利普在老李的陪同下上岸去理发，大约过了一个钟头就回来了。但是，现在我的神经变得敏感起来。我看得出来他很不自在，似乎急于和我说话。于是我提议去河边散步。我们上了岸，漫步出了城，在离城墙外几十米的地方坐下来抽烟。这个可怜的家伙非常严肃，对我欲言又止。最后他忍不住说，我待他很好，但他还是担心接下来的旅行会十分危险。他说人们都说穿过云南很危险，那里的野蛮人肯定会抓住我们，然后砍掉我们的脑袋。此外，在四川的西边，也有许多野蛮人的村落，据说他们会杀死所有落入他们手中的汉人。我让他把所担忧的事儿全说出来后，简明扼要地对他说，不要听信无知的船夫们讲的故事，要相信我们可以克服路上可能遇到的危险，因为重庆的主教已告诉我们可能存在的风险了。听了这话，他终于有所释怀。

我们返回城镇时，遇到了一个非常漂亮的姑娘正和她的哥哥一道朝我们走过来。正当我们经过她身边时，我的小狗泽拉———只全身褐色的短毛犬——跑到她面前，用后腿站立，做着各种滑稽的动作吸引她的注意力。女孩一看到它，就对她的哥哥叫道，那是一只"洋狗"，然后弯下腰来，把泽拉抱在怀里。我停了下来，在她旁边坐了下来，通过菲利普问了她许多问题。她大大方方地回答问题，还露出一副令人愉快的谦虚表情。小狗引起了她的极大兴趣，她不停抚摸着躺在我腿上的小狗。她和哥哥一起从城里回来，正准备上山回家。她的自信给我留下了深刻的印象，甚至在得知我是一个外国人的时候，也没有表现出害怕。我忍不住问她，为啥她不害怕洋人。她回答说："像你这样的老洋人有什么可怕的？"还补充说，如果我是一个年轻外国人，按家里的规矩，未婚女性是不能跟我说话的。在跟她告别时，我让菲利普转述，祝她能早日找到如意郎君。她也祝我旅途愉快。我又一次被当成了一个老人——用菲利普的话说"一个老爷爷"。我的头发和胡子再怎么刮得厉害，都无法抵挡青春的消逝，不得不戴的眼镜让我看上去更加老态龙钟。在沙市的时候，几位拜访我的女士都把我当成了菲利普的老师父。在我上岸散步的时候，好几次有人问我在四川有没有儿子。从那时起，只要我在中国旅行，我的形象就变成了一个老人。我突然间从青年步入老年，是这次旅行中意想不到的事。后来，在整个中国之旅中，我一直保持这种状态，没有丝毫的改变。

我们上午 10 点才离开巫山。第二天下午一点，到达东坎子。每年的这个时候，这里都是一个危险的航行地点，但在夏天却没有任何麻烦。我们穿过一连串的小急流继续前进，一直到下午六点。当我们在左岸停泊过夜时，距夔州府还有大约 20 英里。河岸两边地势开阔，到处都种植着小麦、大麦、豌豆、豆子和罂粟，罂粟现在高出地面约有两英寸。河堤的很多地方都是由大块结实的黏土构成，坚硬无比，而其他地方尽管也是使用黏土，却非常脆弱，用手指就可以轻而易举地弄碎。

我们的船一整天都在艰难前行，船身一会儿被卡在岩石中，一会儿又被石头猛烈撞击。我有点担心，而船老大却满不在乎。他告诉我万县的木头船能承受这种打击。我必须承认，尽管船一路受尽各种折腾，但确实没有受损。

今天晚上，菲利普显然好多了，他兴高采烈地谈论着我们到达加尔各答的前景。我们一边啜着茶，一边听他跟我讲关于五棵茶树的精彩故事。他说这五颗茶树生长在洞庭湖的君山岛，其奇特之处在于用一片叶子就能泡出十杯浓茶。所有制成的茶都被进贡给北京的皇帝，那座岛也被作为皇帝的私有领地，并由重兵守卫。据说茶树生长在一个喷泉附近，每年都会长出大量的叶子。一旦被移植到别的地方，这些茶树很快就会死掉。人们认为，是喷泉的水质影响着茶树的生长。

第二天早上，我们进入了凤祥峡（又称风箱峡），它以在悬崖下挖出巨大的洞穴而著称。渔民们可以安全地站在洞里，用捞网捕鱼。从峡谷出来的时候，我们的视线停留在夔州府左岸边。这里一个临时建起的村庄，呈现出一片繁忙景象。男男女女都在煮盐，在低于水位线的河岸附近有几个盐井，它们只能在冬季的 11 月到来年的 3 月使用，在夏季水位上升时这里就会被淹没。

这些井大约有 12 英尺深，井旁边立着两块板，相当于轴毂的作用。井底四个光着膀子的家伙将装好的盐水，通过轴杆传给站在井外的人，然后由这个人再传递到河岸边。这样盐水就被运到小泥灶上煮起来。煮盐使用的燃料都是非常精细的煤，因为周边煤矿资源很丰富。这些盐都属于官盐，为当地的官员带来了大量收入。这个灶的平均产量为每天 1000 担，每斤 32 文。我花了半个多小时的时间仔细观察他们的工作，然后开始找我的船，但发现它已经向前走了。在我赶上之前，它已经在襄州府的税关大楼下抛锚了。我发现菲利普很愤怒地在跟六七个税关官员交涉，因为他们要求我们交 750 文才肯放行。他们看了我的英国领事出具的通关文书，依旧一副蔑视的样子。在我到达后，他们表示一个半小时后再来拿这笔钱。于是，我让老李带着总督的通关文书去找他们的长官。这位长官和他们一起回来，并要求我立马付钱。我的箱子被撬开了。我就命令菲利普数钱，然后把钱放在我面前的一个盒子里，并要求这位官员出示一张盖着税关公章的收据。他不肯给，还得意扬扬地把手放在盒子上。我把他的手移开并告诉他，没有收据我不会付钱。那家伙非常生气，命令我们打开箱子。我说箱子已经准备好了，他可以自己打开箱子。与此同时，我拿出笔记本问他的名字，并拒绝进一步交谈。他马上就罢手了，笑着说是开玩笑。不过，他又说旅客给税关官员送礼是惯例，如果我给他 360 文，就一切都没问题。我拒绝了他的请求，要求他继续搜查。几分钟后他又带着另一个更高等级的官员回来了。这个官员首先请求看总督的通关文书。读了通关文书之后，他说我必须有个说法，因为按照惯例是要送件礼物的，随便送什么东西都行。于是我付了一笔钱给中间人，并对他说："如果当初是被有礼貌地要求送礼物，我就会送。"然后这个官员叫另一个官员陪我到炮台那里，让我们通行了。我之所以提到这个经历，是想表明在中国内陆旅行的种种困难。我在想，这一路以来，我除了一张通关文书以外，其他什么文件也没有。假如我的通关文书丢了，那将是多么可怕的事情，所以接下来的行程，无论如何我也要保护好通关文书。

夔州府是进入四川省后在长江上的第一个税关。它坐落在河的左岸，景色宜人，有许多气派的庙宇。四周的土壤非常肥沃，生产大量的鸦片和蔗糖。省内最好的煤炭也主要产自这里。

我很高兴能够一睹夔州府的风貌，不过我们没有在此过夜，而是在天黑前到达了一个离这里几公里的地方。

第二天我们到达了东堰河，人们都认为，东堰河在这个季节是最危险的，以至于这里也是官方监督货船卸载货物，以及来往船只乘客上下船的事情。就在我们到达之前，一艘装着棉花的大帆船撞上了一块水底的岩石，在离站点不到 10 英尺的地方沉没了。它被四艘大船拖着浮在水面上，船员正忙着把水舀出来。船身受到了很大的损伤，就在船员们正忙着修补船的时候，一群打捞船的人哄抢了船上的货物。而船主人，一个四川商人，则只能无助地坐在一旁。不过，我知道在这里有一种风俗，人们都认为所有打捞上的沉船上的货物，都有一部分是属于他们的。

为了改善这条险流人们想了很多办法。左岸的大型河堤正在修建中，露出水面的大量岩石正在通过炸开的方式以加深河床。这项工作已经进行了好几年，其费用是通过向来往的帆船征收款项来支付。这种征款将一直到工作完成为止。但我认为，当完工的时候就很难说了。因为几位督造的官员从这项工程获得了巨大的财富，据说，每年为这项工程筹集的资金有三分之二进入了他们的口袋。

靠着早上的顺风，我们走了40多英里了。在东堰河与杨堰河之间有一里多的河岸，无数大约300英尺高的锥形小山丘，一起呈现出一个统一的斜坡。迄今为止，这是我在长江上看到的最令人惊叹不已的景色。我很想给它取名为"金字塔峡谷"，但我很难理解中国的地名，也不知道怎么用英文替代，而且这条河的每一部分都已经被船夫们起了名字。

经过两天的旅行，我们经过了一个美丽的村庄，在那里有一望无际的豌豆、蚕豆和罂粟田。接着我们来到了万州，从河边看，这座城市因其风景如画而引人注目，它的东郊和西郊有两座非常漂亮的寺庙，占据了河堤的很大一部分。

万州的重要性主要在于它是一个鸦片市场，大量的毒品被运往重庆。我们到达时，碰巧正值一年一度的新年游行。游行队伍沿着河岸行进，数百人穿着节日服装参加游行。

游行队伍主要由舞龙队构成，一条巨大的长龙，大约50英尺长。龙下面是一群奇怪打扮的男人，他们通过移动竹竿来模仿蛇的起伏运动。一大帮乐队也紧随其后，演奏的音乐结合欢呼的人群，产生了震耳欲聋的噪声。

这样的场景让我们的船员们兴高采烈，他们都不愿回去了，我只好拿出200文打赏他们。于是我们进行了一些采买，又雇用了一个船夫后，就继续上船前行。

快到日落时分，我们到达了小壶滩。虽然还有点日光，航行也不容易。渐渐地天快黑了，上游又吹来一阵飓风。我们不敢靠近岸边，因为现在这条河简直就是一个沸腾的大锅。我们的人不得不从船上跳到岩石上，结果掉进了水里，虽然没有受到任何伤害，还是被波浪把全身都打湿了。船员一上岸，就拖着船上的绳子把船往前拉，我感到我们的处境越来越危险了。天很黑了，风在大声嚎叫，所以船夫在船上听不到岸上人的呼叫声。我还没来得及脱掉厚衣服，船就狠狠地撞到了一块水下的岩石。船的侧面裂开了一条大口子，河水开始漫进来。我不知道我们是怎么从船上逃出来的，因为等我脱下长外套时，我们已经安全了。但是船的一半已经进水了，而且还在急流的中央。随着它重量的增加，我们的船员再也拉不动了。不得不等了将近一刻钟，直到六个村民来帮助我们。夜幕渐渐降临，每一刻都是在煎熬。终于我们脱离了急流，进入了平静的水面。幸运的是，我们的船还很坚固。如果把它晾干的话，就能继续前行了。船老大低估了水流的力量，以为我们的人可以在没有帮助的情况下把船拉上来，结果他估算错了。但是他，还有船员们，证明了他们都是坚强的人，因为他们在整个事故过程中都很沉着冷静。

由于我的床和所有的东西都是湿的，所以只能上岸了。在河岸上一个船夫经常光顾的小茶馆里吃了晚饭，到了半夜，我的毯子已经基本上干透了。

　　第二天一早，我们经过了几个村庄。村庄里白色小房子看起来非常干净漂亮，许多独立的住宅被花园和果园包围着，看上去非常有特色。无论在什么地方，这条河床只要暴露在长而宽的河滩上，就都变成了金色的水花。许多人都忙着在河里寻找金子，据我所知，似乎赚不了多少钱，淘金的人看上去都很老很穷。

　　傍晚时分，我们经过石坡寨，那里有著名的七层宝塔，看上去像建在一块巨大方石上的楼梯，塔顶与寺庙的其他建筑相通。而村庄就隐匿在四周环绕的梯田里。

　　从石坡寨往我们停船的地方看，景色美不胜收。沿岸的山上种满了各种各样的果树，桃树和梨树围绕着一旁的白色小房子。望着这片树林，我想起了自己孩提时代在威尔士的时光。河流在石坡寨上方向外流去，在夏季，河水会上涨，河宽也会增加一里多。第二天早晨，我们离开，进入了一条很宽的河段。这条河被平坦的岩石堤岸分割成许多条河道，堤岸高出水面约有六英尺。由于暗礁的存在，这部分河段在夏季非常危险。

　　下午我们到达了忠县，这是沿长江最漂亮的城镇之一。它有许多宝塔、庙宇、三层楼的房子和衙门。从河上望去，这些建筑在茂密的树丛中隐约可见，构成了一幅令人赏心悦目的画面。

我们在船上停泊还不到半小时，就有几个中国基督徒上船，其中有一个是教会学校的学生。这个年轻人很有礼貌地邀请我和他一起去看那个住在城里的中国牧师。

我和这个学生一起去了城里的教会学校看望牧师，牧师显然受过良好的教育，他热情地接待了我。牧师年纪很大，留有白色的长胡子，外表庄重，待人礼貌。

和他交谈了一会儿，我得知他在罗马受过教育。他给我点了一些葡萄酒和蛋糕。酒很好，我很喜欢，他也很高兴。当我们交谈的时候，几个商人走了过来。他们听说有个外国人来了，便断定我一定是个神甫。一走进房间，他们就上前双膝跪下，请求我的祝福。当被告知我不是神甫时，他们显得很惊讶，但丝毫没有改变他们的尊敬行为。在学校待了一两个小时后，我向神甫告别，带着年轻的学生和菲利普在城里闲逛。这个城镇非常干净。庙宇是非常精美的建筑，华丽地装饰着雕刻艺术品，看上去金碧辉煌，色彩斑斓。年轻的导游带我们去了衙门，打算带我去看县令。他说这里的县令是传教士的好朋友，但我没有去。因为按照习俗需要送礼物，所以，这样的访问通常是昂贵的。

在许多商店里，我都发现大量的棉织品在出售，还有大量的鸦片。我在忠县第一次注意到一个习俗，尽管我认为这在中国应该很普遍，但以前从未听说过或注意过。在街道的拐角，房子尽头的壁龛里，有长长的白色箱子，我知道那是棺材。当我问他们为什么被安置在那里时，他们告诉我，那是由各个城区提供的，目的是埋葬穷人。这座城镇建得很好，周围的城墙也得到了彻底的修复。总而言之，我对这个地方的繁华景象感到惊讶，即便更深入地了解，也不会辜负你由河上看到的壮观外表所带来的期望。

在这里我遗憾地得知，关于年轻教父溺水的故事是真的。似乎是在急流行驶中，船的后坐力把他甩到了水中。他抓住一根绳子，船员把他拖上来的时候绳子断了，他就沉下去了，再也没有人看见他。他的一个同伴在他身后也跳了下去，差点淹死在救他的努力中。这条消息似乎影响到了菲利普和老李，回到船上，菲利普再次抱怨了他生病的事情。中国神甫送我给两只鸡和一篮子美味的小海绵蛋糕作为礼物。我回送他一个常见的棕色肥皂和半打蜡烛，这在本地基督徒眼中是很罕见的。外国肥皂对所有中国人来说都是非常珍贵的奢侈品，我每次上岸都被要去一些。中国的肥皂是一种很粗糙的物品，用牛油和石灰混合制成，也有用皂角制成的，但非常昂贵。在四川的贫穷阶层主要使用皂角来洗衣服，可以用皂角洗任何东西，但他们从来不用它来洗澡。

第二天早上，我们离开忠县，又穿过一片富饶的土地，豆花的香味令人心旷神怡。几天的旅行使我们完全进入了另一种气候。不同于从雪山上吹来的刺骨寒风，我们感受到了令人愉快的和煦微风，还带着沁人心脾的香气。而群山披满植被，郁郁葱葱地微笑着，直达它们的顶峰。

离开忠县后的第二天，我们经过了丰都。在那里，河边有许多采石场，很多采石工在辛苦地工作。有的在修整石块，有的用铁楔和大铁锤把大块的砂岩劈成方形，石块重达二三十磅。我观察劈石头的人的工作，他们表现出了极大的灵巧，每个人都挑选一块没有裂缝的巨大砂岩，挖出大约 3 英寸深，相距 18 英寸的小洞，标出所需的方形石块的轮廓。然后，把一块楔形的铁钎插进每个洞里，旋转着击打，直到石头裂开，留下一块大的方形石块，接着用锤和凿子进行修整。锤子的使用需要非常专业的技术，因为手柄是由柔韧的藤条制成的，大约有一个手指那么厚，四英尺长。

晚上，我们在城墙包围的涪州停泊，这里位于龚滩河河口上方。龚滩河是一条由右岸流入长江的小河。这条河一年四季都能通航。从它河口的大帆船数量来看，这条河是一条相当大的贸易高速通道。后来，我们买了一些日用品就离开了涪州。离开时发生了一场火灾，把在河岸边建造木质的房子全部烧着了，然后火势沿着城墙蔓延，把超过岸边 200 英尺的房屋都烧光了。

第二天，我们打算在重庆过夜。但是，当我们在停船的时候撞上了另一只船，给对方造成了相当大的损害。不可避免，两个船的船员之间发生了可怕的争吵。受损船的船老大要求100 两的赔偿金。经过长时间的谈判，我们同意支付 25 两，其中 5 两先预付给了他，第二天早上付清余款。安排好了以后，另一个船老大就回到了他的船上，一切又恢复了平静。然而，就在我正要进船舱的时候，我听见我们的人在小船上悄悄地挪动着，不久我就感到我们的船动了起来。把菲利普叫醒后，我强烈反对在黑暗中行进。但是，船老大已经下定了决心要逃避早晨约定的付款。于是我们继续往前走，在黑暗中摸索着前进。走了大约两英里后，我们来到了一个小急流，我们的伙伴们跳上岸用拖绳开始拖船，但半路上船被卡住了。船老大恳求菲利普和老李一起帮助，我和他们一起出去了。结果我们所有的努力都白费了。水流太急，河岸又太陡，在黑暗中无法站稳脚跟。我们不敢再冒险下陡坡，因为有无数的岩石。没有别的办法，只好在原地待着。我们整夜只能躺在船舱里，一边听着风呼啸的声音，一边听着河水猛烈地拍打着我们的船。每隔几分钟，我们的船就像陀螺一样被激流拍得转圈。在船头和船首保留两个人看着，才使船免于被彻底粉碎。处境变得越来越危险，我只能坐在岩石上抽烟直到天亮。我们都勇敢地对抗激流，终于成功地冲过了急流。这条河弯得很厉害，当船在拐弯的时候，我想要享受这个美丽的早晨。穿过一条小路，我见到了一座风景迷人的村庄。我经过一片八九尺高的甘蔗田，然后穿过一片开满豆花的田地，它们为无数蜜蜂提供了丰盛的大餐。小麦和大麦都有一英尺高，长势非常茂盛。事实上，现在整个村庄——在二月——都是春天的打扮，就像五月的上海一样。大片大片的罂粟花，有半英尺多高，绿得出众，而大量的白色小农舍更给这片风景增添了额外的魅力。

我走进农舍里，想向当地居民讨要一点茶，借上一盏灯。结果一进屋就发现里面极其肮脏，和洁白的外表形成了鲜明的对比。猪躺在桌子底下和房间的角落里，孩子们、狗、家禽也在肮脏的地面上乱跑。这种爱尔兰式的特点在中国农村很具代表性，但在四川人中无疑更加显著。中午，我们经过左岸的落石村。在邻近的山上，我看到了许多炼铁炉，据说这个村庄的铁矿非常丰富。

大约下午六点我们在湖东村停泊过夜，离重庆只有不到一天的路程。晚饭后，菲利普和我就像往常一样——我们每天晚上都要聊上几句——这是在我上汉语口语课之后进行的。他特别健谈，想到明天就能到重庆，暂时忘记了病痛，精神也好了。我们的话题转到了中国巫师身上，从这个话题开始我们又聊到了超自然现象。他对我说，在中国有人能与灵魂交流：在新月升起的第 13 天，巫婆把自己关在一个房间里，一个竹篮——像我们的衣服篮子一样——被倒置放置在桌子上，底部放着一根筷子，两个女人用右手抓住篮子的下边，而第三个女人把脸弯到地上问："你来了吗?"过了一段时间，筷子会在篮子上的敲击，这说明了灵魂的存在。然后巫婆会被询问在场的人的年龄，她都会以说唱的方式正确地说出这些年龄。接着又会提出其他问题，通常是关于未来的丈夫或孩子。在非常仔细地询问了他之后，我毫不怀疑他跟我说的都是真的。他向我保证从未听说过外国人沉溺于这种事。他告诉我，一些中国沉迷于此，因为他们害怕面对现实。许多男人也可以灵魂附体，灵魂会在其身上显示超自然的力量。比如灵魂附体后可以打破厚块铁，吞食大量的金属、陶器，不碰纸就能在纸上写出字来。显然这些花招都是骗术。

第二天一大早，我们开始穿过丘陵地带，中午进入布莱基斯顿所说的"铁峡谷"，缕缕青烟仿佛一派熔炉炼铁的场景。下午两点时，我们看到了重庆的宝塔和帆船桅杆的顶部，在三点一刻我们到达那里，停泊在重庆内部的一条河里。这条河从左岸流入长江，把黎明镇和重庆市隔开了。

一到岸我就派遣菲利普和老李带着我的介绍信去见在此居住的天主教主教。过了两小时，菲利普带着主教的口信回来了，说他的房子可以由我使用。但由于他必须接待许多客人，如果我能等到第二天早上，他可以给我提供一套官员的房间居住。菲利普进一步告诉我，他的上司收到了一封来自达布里先生的信，信中我被形容为一个政府密使，正在开辟一条通往缅甸的贸易路线。因此，这位好心的主教认为我是一个很重要的人，需要在重庆有一幢非常大的住宅，他打算明天来看我。然而对我来说幸运的是，老李整夜都待在教堂，毫无疑问他会向主教充分解释我的情况。第二天一早，他又回到船上，带来了主教的轿子和轿夫，还有一个消息，已经在城里的一家旅馆为我准备好了房间。我表示愿意接受新住处，很高兴终于可以逃离船了。我们从沙市到重庆，一共花了 25 天的时间，从汉口到重庆总共花了 29 天的时间。在离开重庆继续我的行程前，我想就这条大河再说几句。

从其巨大的长度、深度和贸易来看，长江在世界大河中占有突出的地位。它发源于西藏拉萨北部边界，向东流淌至金沙江，然后急剧回转，朝正南方流经 300 多英里，直到到达云南省，再向东流，汇入雅砻江，然后转弯，奔腾 1800 英里流向大海。它又被称作扬子江、大江或大河。

由于叙州府几乎被视为河流贸易的终点站，很少有船再进一步向上航行，也没有船只能够上到北渣。我们会想到河流从这儿流向大海，沿途将山川与平原分开，这里形成了长江的上下游。河流蜿蜒在在四川的山川之间，通过无数急流和峡谷，从叙州府到宜昌大约 600 英里。

从宜昌穿过湖北平原、湖南和江西到大海，长度跨越 1000 英里。

长江上有几条可通航的支流，右边是龚滩河，左边是嘉陵江，而岷江也流经叙州府。

五英尺宽的帆船可以在龚滩河和嘉陵江全年通航，第一条流向贵州大约 60 英里的地方，第二条到达重庆。在夏季的几个月里，普通四川帆船都要沿岷江逆流航行至成都，其他季节则主要到嘉定府周边航行，大约等于成都到重庆之间距离的三分之二。重庆是中国西部所有贸易的最后一站。所有来自云南、贵州、四川等主要市场的大商号，都必须带着自己的商品来重庆建立市场，通过交易获得银两，再购买外部的商品。因此四川最负盛名的产品，如丝绸、糖和鸦片，都找到了通往重庆的出路。

在长江上行驶的方式前面已经描述过，就是依靠普通的平底帆船，有时靠划桨前行，但通常靠拖拽。在遇到危险的急流时，需要船员具备相当的技巧和毅力，因为当遭遇这些困境时，船会在水面上下来回晃动得十分厉害，阻挡船继续前行。

对我来说最糟糕的是，我在二月这样一个非常干燥的季节里乘船，而河水只有六英尺深。我认为，只需要少量的资金投入和工程支持，改进航行模式，水位低时就不会影响到航行。建造一些合适的蒸汽轮船，绝对可以安全到达长江上游。以它的现状，我认为没有什么障碍能阻止这样一艘轮船到达重庆。我敢表达这样的观点，即使道森先生会反对。如果船只装载120吨靠人拉动可以前行，那么一艘蒸汽船也可以做到。尽管它在遇到急流时也需要额外拖拽，但有几百英里路程是完全不受限制的。帆船被船桨推动，有时靠着岸上的船工拉拽，但拖船的人累了会走得比较慢，而一个强大的蒸汽船很容易每小时行驶六英里。不过值得注意的是，在实际操作中，急流确实会给蒸汽船航行带来严重的阻力。但是我坚信，经过一番航行经验，蒸汽船是最适合在这种危险水域航行的交通工具。蒸汽船驶入长江上游的尝试，将会在未来被证明是可行的，这将为英国企业开辟一条新的贸易渠道。

为了发展四川的贸易，并确保在汉口和上海进行贸易往来的商人安全，轮船运输是非常重要的。从重庆输送到汉口的商品，沿长江向下航行只需8到10天，而不再需要去缅甸寻找市场。至于四川和贵州两省的产品，我们的中国商人再也不必害怕英国商人在缅甸的竞争，这样就免去了一场海战的风险。

目前，中国的招商局在长江上引进轮船，算是为确保中国东部、中部和西部（不包括云南）的贸易安全迈进了一大步。在四川大量开采和未开采的煤炭资源，可以为航行提供着必要的燃料供应，夔州府在宜昌和重庆之间，在此建一个煤场是再合适不过了。结束这个问题之前，我不希望被认为是为船运当局说话。我更希望我的读者能够通过领事史温侯在皇家地理学会杂志上发表的长篇无删减文章，去了解在长江上游的探险成果。他们对航行见闻的描述，肯定比我个人进行的简单中国旅行更准确、更科学。

第四章

重　庆

我现在到了重庆，把这座城称作中国西部的利物浦比较合适。这是个四面有城墙环绕的一流城市，城郊很大，人口约25万，人们依山而居。此处也是嘉陵江和长江的交汇处。虽然成都是四川省第一大城市，总督府邸和省政府也在成都，但从政治上来说重庆也非常重要，因为它是中华帝国的一个国库，四川省的税收收缴到重庆，并在这里储存。负责整个西部边境军队军需的粮台也在重庆设府，它不受四川总督管辖，而是由北京直接派官员管理。

　　四通八达的道路网使重庆成为一个大都会，这也得益于它与云南、贵州和四川各个城市间便捷的水上交通。过完中国新年，夏季洪水退去了。一年有两个季节，成百上千艘船会堵满重庆的大小河道。我们刚到就碰上了这种繁荣的景况，因此对这个巨大的内陆贸易市场产生了非常深刻的印象。在港口航行的第一天，就遇到一百多艘船。这是新年过后第一批满载货物的商船，他们将顺流而下。这个时期被认为非常吉利，船主可以在夏季洪水来临之前从汉口返回，两趟都能装满各种物品。洪水来时，运费会上涨，所需劳动力也会增加，航行危险也会加大，所以航船很少。洪水过后，第二次航运开始，并在年前结束。这样一年之内可以顺利往返两趟。

在中国，重庆商人以富有著称，他们的信用在帝国的西南边陲很高。纹银是重庆的地方标志，重庆的纹银是纯银，不掺杂其他金属，拥有很高的溢价。在其他省份，重庆纹银被戏称"重庆鞋"，又因为体积比其他省份铸造的银锭小，所以很容易区别开来。旅店老板收到主教信使的嘱咐，已经准备妥当，厨子很快送来美味的早餐。我的住宿条件比在沙市第一次住宿好很多，房间宽敞整洁。这些房子都是为中国官员留着的，当时有一两间房子还住着官员的家眷。

安顿下来之后，我才有时间盘算一下接下来的旅行计划。菲利普显然在摇摆不定，我知道，他的决定主要受到范若瑟神甫的影响。老李已经表示他不会再往前走了，作为向导他的约定到头了。

不断有报道说云南的叛乱活动猖獗，这让我意识到，去丽江府的线路现在行不通了。我不得不放弃当初从丽江沿着布拉马布特拉河到达印度萨地雅的计划。现在看来，去往印度的唯一机会就是北上至成都，这条线是安全的。在成都把通关文书交给四川总督，然后经过西藏到达尼泊尔。现在手上的经费还够，我也不用为此多操心，但其他注定难以克服的困难肯定会让我费尽周折。对我而言，时间和距离都不是问题。事实上，路线的改变无疑增加一些无法预料的费用，这引起了我的担忧。然而，我没有因此而产生半途而废的想法，对成功的渴望消除了顾虑。到了下午，德尚神甫到了，邀请我去参观大教堂。我们见面后相谈甚欢，我给他说了确切的行程安排。善良的神甫拍着我的肩膀说："你们英国人真的很勇敢，不在乎任何困难，之前很多英国人也这样。"

随后，我们乘坐轿子穿过这座城市。到大教堂有点远，路上正好有机会观察老百姓生活的各个方面，尤其是商业状况。街道上商店林立，售卖各种品牌的商品，外面挂着汉字写的广告牌，里面都是中国人，这种场景与伦敦的商店没有什么两样。有几个街道是专卖进口布匹的商店，有的街道是钟表店，钟表店的窗台上展示着一些便宜的钟表和美国钟。我们沿着玩具市场到了珠宝街，又穿过服装街进入屠宰场，然后经过禽市，见到活鸡、野鸭、野鹅和各种鸣禽被装在竹笼里面，随后转入鞋店街，向上经过做各种面食的餐馆后，途经了一排水果店。沿着中国官员的园林，最终到了主教的大教堂。这是一个纯粹的中国式建筑，建造非常精美，被各式雕刻和镀金装饰得富丽堂皇。穿行堂内宽阔的走廊，又经过两个外部的大厅，进入一个内部小门后，我们停了下来。范若瑟神甫以高级职员的身份住在这里，他非常殷勤地接待了我，我也由此得以窥见中国式的繁文缛节。神甫穿着一身绿色的袍子，比他地位低的主教没人这么穿。

里间准备了一些点心，我们马上开始讨论我的计划。首先我向他明确解释，英国政府对我的计划没有任何兴趣；然后求教他去印度的最佳路线。他回答说，如果我决定走丽江线，他很乐意给我介绍叙州府的主教，但同时提醒我当地的叛乱可能会使我失败。然后他规划了其他三条路线。第一，经云南大理府，到伊洛瓦底江畔的八莫，这条路线因为同样的原因也可能行不通。第二，从成都到东部藏区的打箭炉、理塘、巴塘，到达布拉马布特拉河上的萨地雅市。第三，同样的路线到巴塘，向西北方向进入中部藏区，然后到达印度的大吉岭。他承诺到巴塘一路的教会会全力地支持我，但执意拒绝推荐其他的路线。他还告诉我说，四川总督发放的通关文书可以让我到巴塘。我向他求证达布里是不是把我当成英国政府派来的特工。他回答说，达布里是个很好的绅士，你误会他了。第二天，他邀请我享用午餐，也向我表达未能在教堂安排住宿的歉意，而且提出包管在重庆的一切费用，还安排了几个值得信赖的随从。

要离开这个好心的主教了，他的善良给我留下极深的印象。到了旅店，菲利普抱怨说身体有恙，我给他服用了研碎的海扇壳制成的药丸。第二天早上，他好了起来，证明这剂药是管用的。我们到了范若瑟神甫那里，就餐期间他给我说，四川总督多次问询我到了没有。我给他说，我们决定走藏东线。他答应与打箭炉的丁盛荣主教联系。菲利普对我们的行程很担心，主教就找菲利普谈了谈。回到旅店，很高兴听到菲利普说，他愿意跟我到打箭炉，范大人（范若瑟）也希望他这么做。

第二天，主教出于照顾我，安排了一个商人陪我围着重庆转了一圈。商人姓范，他很在意我的外表——我的外套他还比较满意，只是眼镜有些破损。他从兜里拿出一副自己生产的眼镜给我换上，神情得意。中国青年的时尚，就是戴一副饰以角质和银边的橘皮纹眼镜。这种青年人的爱好影响了有教养的人。他们也喜欢戴眼镜，留长指甲。很快，我穿好了符合他口味的行头。路上他一再叮嘱我不要泄露外国人的身份，他装出十分搞笑的样子，我反而感到有些压抑。出了旅店，我走在他前面，他突然叫住我，指出我走得不够优雅，然后教导我要昂首挺胸。我每走一步他就向我点头，并说着中文"就这样！就这样！"我通过了他的训练，然后我们出发了，很快就到了大街上。范饶有兴致跟我谈论，好像我们有很多共同的话题。我疑惑地看着他，他给我一个意涵丰富的眼神，我读懂了他的暗示，马上"哦"了一声，他又给我另一个赞赏的微笑。我们穿街越巷，拜访了一两个范的朋友，都是大富商。我们一起抽烟，喝茶。我注意到有大量商店只卖外国商品，这让我感到非常惊讶。另外，玻璃、陶瓷、火柴、香皂、仿制的雕刻、露骨的法国图画、钟表、折叠掉、外国布匹等商品随处可见。

在城里兜了一圈之后，我们朝河边走去，坐船渡河到了城对面。对面是个山坡，有石阶通向河岸。我们雇了两台轿子，走了几英里之后，到了一家茶馆。因为我堂而皇之地出场吸引了很多体面人，范觉得很有面子。他给这些人解释说，我是从广东来的大学者，为了介绍得更明白，他还在我的笔记本上画了一个草图，使他们对我这个陌生人更有印象。反正我和他们也不认识，范可以在他们面前夸耀我们是老朋友。随后，我们离开茶馆，参观一座著名的九层宝塔——报恩塔。这座塔建造得非常精美。沿着一条小溪，我们穿过了一个华丽的石门，进入一个别致的花园。花园里面有常青树、山茶花、灌木丛，还有一个池塘。我们登上宝塔，从塔的顶层可以看到周边的壮丽景色。虽然重庆市的大部分公共建筑都因为或多或少遭到忽视而变得荒废，这座宝塔以及寺院里的其他建筑物，却被保护了起来。

寺庙里的和尚在僧房外面挂了很多桶状的蜂房。蜂房是用柳条编成，外面糊了一层泥，密密麻麻爬满了蜜蜂。在一个大池塘前，范找和尚叫来一个小孩，小孩敲打木头吸引鱼过来，很快成群的鱼浮出水面。小孩将米饭投入鱼群，立刻被吃光了。和尚认为保护动物是一种功德，因此他们养了很多山羊、狗和牛。

当我们打算离开古塔时，范请我给古塔画一张素描，他还从旁边的小房子里给我搬了一把椅子。有几个人驻足看我画画，出于好奇，周围的人都围了过来，结果越聚越多，不一会儿就围得水泄不通。外面的人很兴奋地往里挤，连我也被挤倒了，差一点酿成踩踏事故。可怜的范受到了惊吓，赶紧把我拽进了屋内，从另一个出口出去雇了轿子，逃往周边的乡村。

　　我们走了几英里，乡下的路起伏不平。路上的山丘不高，从山脚到山顶都种上了庄稼。农田都不大，都是一小片，却被深耕细作。多种农作物交错分布在梯田上，地里种有大麦、小麦、大豆、豌豆、甘蔗和罂粟。田间长满了一种茜草类的黄花，十分鲜艳。我还发现有几处好像是煤一样的东西。山间谷地种的是水稻，稻田里灌满了水。到处可见农民住的小房子，房子周围种的是果树，不远处是另外的村子。数不清的小鸟在树上，羽毛艳丽，一点也不惧怕我们。最后，我们来到了一个满是松树的小山丘。拾级而上登上山顶，然后我们从小山的另一侧沿着石阶往下走。刚往下走几步，看到一个道观坐落在一片阶地上。迈过道观大门，看见很多建筑错落有致，其中一些完全由石块构成。到处都是山茶花，加上周边的灌木林和几个荷塘点缀，宛如一幅美丽的风景画。我们的轿子停在了一间石头房子前，房子的石门有十英尺高，两旁竖着石柱，挂着一副楹联。屋内侧刻有道教人物和各种神话故事的浮雕，浮雕上面还镀了金。到处都是神秘的"太极"符号——表示"阳"与"阴"的统一——不仅代表着永恒，还代表着"生"与"灭"。

　　打开镀金的屋门，进入大厅。大厅的面积大概有40平方英尺，高20英尺。厅内光线较暗，只有几个小煤油灯照明。抬头望去，有三座巨型塑像大约有15英尺高，这是道家三圣或者说三清，圣像前面围了镀金的栅栏。厅里两侧各一排道教人物雕像，高10英尺，代表了各路重要的神灵和保护神。这些人物雕像与房屋不同，大部分是用灰色岩石雕刻而成的，外表的镀金显得无比灿烂。有些雕像还没有完成，两名雕塑家正忙于雕琢神像的下肢部分。这里没有信徒祭拜，也没有祭品，整个厅内非常洁净。借着煤油灯的微弱灯光，我们向左进入一条狭窄的过道，来到一个小房间。房中间摆了一张石桌和三把大石椅，房间最里面是个长石椅，所有这些都是用石头砍削而成。从这房间出来后，我们进入另一个有着雕饰的大门，继续在园子里漫步。不时能看见一两个洞穴式建筑，里面都配有石桌石椅。许多像我们一样的游客，也在院子里参观，像我们一样，主要为了满足好奇心。但我注意到，有些人很虔诚地在向神灵祷告，范则做出轻蔑的表情。这些庙宇都是最近才建起来的。费用米源于重庆及周边的有钱人捐献，没钱的穷人可以自愿出力。

我们在一间背靠石头而建的庙宇前停下来，休息了一会儿。这时，一个道士非常礼貌地向我打招呼，问我要不要吃点点心。范替我答应了教士的热情招待。很快，他端来一个托盘，上面有蜜饯、糖果、冰糖和茶水。范趁他没在的时候指着我嘴巴，然后用手捂住自己的嘴巴，示意我不要说话。这位道士回来果然开始问我一些问题，我的保护人范在他耳边窃窃私语了些什么，还向我使眼色。这位道士突然睁大了眼睛，向我深深地鞠了一躬，开始和范促膝长谈。他显然彻底被范迷住了，而范也很享受整个过程。我们坐了一会儿，在那儿喝茶吃糖果。然后，道士请我们留下来与他共餐。有个低级别的道士端来了几样漂亮的碟子，有蒸鱼、烧肉和鸡鸭肉，又给每人盛了一份米饭。我和范饱餐了一顿，还喝了别有风味的烧酒。据道士所言，这种酒叫广东珠，是以其产地广东命名。道士只吃了一点饭和鱼，我们请他一起喝点酒，但戒规不准他喝酒。因为这个道士，我改变了对中国教徒的看法。我曾经认为中国教徒都是一群地位低下的恶棍。到目前为止，我还没有遇到过如此热情的招待，所以自然而然地认为我们必须支付参观寺庙的费用。然而，我们的主人却拒绝了几百文的礼金，范悄悄地放在了一张小餐桌上。道士对我的戒指很感兴趣，我就摘了下来送给了他。

他的衣服有些怪异，穿一件宽松的黑色长袍，与佛教和尚穿的黄色长袍类似，戴了一顶黑丝小圆帽，帽子下面露出一缕头发。我推断，他是特殊的和尚。当离开庙宇后我问了范，才知道他是一个道人，是一种不同于佛教的宗教。这反映了中国多种宗教共存的特点。道教由孔子时代的老子通过改革中国的原始宗教而成。最后我们离开那里返回河边，过河回到了对岸。非常遗憾的是，在此我不能叙述太多关于道教的庙宇及周边的美景。在我小时候的想象中，中国风景应该是令人惊叹的美丽。在我到中国各地参观后发现，完全跟我的期望相符。看到熟悉的青花瓷及漆雕茶叶盒上的图案，我完全能想象到中国的富足和繁华。最近，我研究了中国的瓷瓶、玉雕及其他艺术品，它们给我留下了深刻的印象。在这里我也希望，中国能把如此众多的美好事物更好地展示给外国旅行者。虽然在我看来，这很难。中国艺术和装饰的品位似乎已经成为了过去式。叛乱者及帝国军队的贪婪，摧毁了很多著名的东部城市。我参观过苏州，这是一座非常美丽的城市，很过中国诗词的主题也源于苏州。如今，苏州之美只能通过一句谚语保留在记忆深处了。这则谚语的大意是"美若姑苏女"。唯一体现园林艺术伟大成就的苏州园林只剩下断壁残垣，还被荒草埋没了。北京是一个暮气沉沉的城市，而在某种程度上，成都、重庆和广州这些地方却仍然鼓励艺术作品的创造。这在其他地方已经比较稀少了，精美瓷器及珍贵珐琅的制作秘诀也正在逐渐丢失殆尽。如今江西工匠生产出来的瓷器非常普通，景德镇古代陶瓷工艺技巧在今天越来越罕见了。中国官员和贵族曾经追捧的审美已经衰退了，似乎只在四川的这个神庙里才能看到遗存。

下午，我们很晚才回到旅店，但总算可以歇歇了。我的朋友范在回程的路上性情无常，对广州一会儿褒扬一会儿贬低。我太累了，没有气力再装成一个官员的样子保持优雅的步态。在回来的船上，我按照英国人的戴帽方法重新戴上帽子。这让范很不高兴。他用肘子狠狠地戳了我几下，面容红赤，冲我皱了皱眉，暗示我这样做是不对的。我再次整理了一下，按照中国人的戴法把帽子戴到头后面，但他还是不满意。最后，他偷偷瞟了一眼四周，发现没人注意后，摘下我的帽子按照他认为正确的方式帮我戴上，然后继续走路。我感觉他就像完成了一项正义的事情一样，沾沾自喜。

我们同住一家旅店，但是隔了几个房间。还没来得及换衣服，范就过来拉我去他的房间。在他的房间有很多令人尊敬的基督徒商人，他们问了我很多关于我和我国家的问题。他们还询问了一些有关保险公司的问题，这说明他们对保险制度并不陌生。他们普遍认为，对寿险和火险而言，被保险人的生命不会绝对安全，木船也不是金刚不坏之身，房子烧了反而对房主有利，这样下来保险公司不会长久。他们都认为在现行条件下，保险公司在中国是行不通的。当谈到蒸汽船时，他们认为外国的蒸汽船都非常有力，异常期待外国蒸汽船能够早日到来。

第二天，一个神甫奉主教之命来找我来谈论费用的事情。旅店突然一片喧嚣，是皇家的驿卒路过此处，他携带着四川总督送往北京的公文。有人说是因为尼泊尔的使臣被扣留在成都后又回到了加德满都。

驿卒从疲惫不堪的马上下来，大声嚷叫着要吃的，还要求准备一匹马。他卸下装着信函的袋子放在一把椅子上，然后坐下来辱骂所有的人，特别是店老板，骂他们干活不麻利，没能满足他这个皇家驿卒的要求。这家伙身穿深红长裤和短上衣，头戴了一顶官帽，脚蹬一双长筒靴，皮腰带上挂着一柄笨重的长剑，肩上还背了一杆火绳枪。他很累，而且鸦片烟瘾也犯了。很快，他的一个随从在我对面的房间里为他准备好了鸦片烟，然后就退下了。他小心地把那个装信函的袋子压到了枕头底下。他在旅店里一共待了两个小时，至少有一个半小时在抽大烟，剩下的时间就是吃饭和刮胡子。最后，他要的马给带来了，并装上了马鞍，接着放上了信函袋子还有一个大水瓶。驿卒告诉我们，到首都北京需要日夜兼程 20 天时间。他身手敏捷飞身上马，避过拥挤的人群，朝着一个僻静的小路骑行而去。

这一天，我房里来了很多访客，都是重庆城里的富商。他们问了我很多问题，主要问我来中国旅行的目的是什么。他们很晚才走，我终于成功地摆脱了他们，因为非常疲倦了，就直接上床睡觉。这一觉睡得很好，第二天早上我被范先生叫醒了。这天是周日，他说要去教堂做礼拜，唐大人也陪他一起去。由于范先生太善良，我不忍心拒绝他。所以我尊重他的意愿，默默穿上了做礼拜的衣服。我的装扮令他满意，他竖起了大拇指。我跟着他去了一位信基督的商人住所，那里有一个很大的庭院，里面有一个醒目的圣餐台，台前的长凳上坐满了人，他们都默不作声，非常虔诚。男人和男孩子坐在前几排，女人和女孩子坐在后几排，中间隔着一个临时搭设的围栏。

圣餐台上铺了一块红色的天鹅绒布，上面摆了一些天主教常用的饰品。我们刚进来，一个中国神甫由两个年轻教士陪着也从侧门进来了，聚会就开始了。当然，会众嘴里念的是拉丁语，但后来他们好像用中文唱了两遍赞美诗。主持聚会的神甫还用中文发表了一段布道讲话，这种方式让人印象深刻。

在整个仪式过程中，会众们都表现得很虔诚和专注。我看着四周，注视着规模不大的基督信众，发现他们祭仪之纯正即使是欧洲的教会也未必能超越。

聚会结束以后，我继续跟在范先生的后面，他向几个基督徒和神甫介绍了我，他们很真诚地感谢我来参加这样的小规模礼拜活动，但一听说我是新教教徒，就劝我改宗天主教。

晚上八点左右菲利普回来了，今天他请假和几个信徒朋友玩了一天。他还带了几个商人回来，这些商人前一天还来找过我。他们坐下来惬意地吸食鸦片，又聊到了保险公司的话题。我尽可能地向他们解释欧洲保险公司的制度和运行情况。其中有一个人对此十分上心，这让我感到震惊。他和同伴聊了很久，最后他们说要拿出 30000 两银子在重庆开办一家保险公司，条件是以我的名义来运营，目的是为了免于中国官员的压榨，因为他们说中国官员不敢压榨外国人。为了证明可能经历类似的遭遇，他们讲述了一个地方政府引起公愤的例子。

两年前，128 个商人找地方当局协商，希望批准他们生产并向外地销售食盐。为了能得到地方政府的同意，他们保证在两年内分期向政府支付大批款项。然而在最后一次分期付款完成之后，地方官却说取消了之前同意的准许权，仍保有食盐的专营权。造访者催我接受他们的提议，当然，没有达到目的。他们情绪有些失落地走了。中国存在的一个问题，政府的干预严重阻碍了贸易。中国政府本来可以依赖的商人力量，被它的巧取豪夺摧毁了。大量资本不能进入流通，反而被藏了起来。地方官员杀鸡取卵式榨取财富，使富人们都深受其苦。我没有夸大其词，这将妨碍中华帝国的进步。它的大量资源仍然没有得到开发，它进步的潜力也被地方政府的恶政所抵消。

我在重庆已经度过了五天，迫不及待地想向西出发，所以第二天——应主教的请求——德尚神甫造访我的时候，我提出了下周三离开重庆的想法。

谈话过程中，我得知他已经在四川生活了30多年，亲眼目睹了鸦片烟从进入四川到无处不在的过程。当他青年时期第一次到四川时，很少有人知道鸦片。与古伯察相比，德尚神甫关于四川鸦片烟的叙述更加翔实。

德尚神甫离开后范先生过来了，他告诉我一定要去看一看中国的戏剧。去往剧院的途中，在没有他的指导的情况下，我整理了自己的衣服。他走得很快，上气不接下气。他对我的穿着一直比较挑剔，我的丝围巾没有系好，他摇了摇头，发出了喉鸣声——像垂死的动物发出的哀鸣——算作对我的警告。我马上整理了下丝巾，他勉强认可了，可还是摇头，长咳了几声。

我们还参观了几座非常精美的佛教寺庙，里面的佛像活灵活现，佛像镀了金，还涂了颜料。剧院与寺庙挨着，这个剧院也是由观众捐资筹建的。舞台坐落在一个空旷的院子后面，院子长宽各五十码，舞台前也装饰了一些镀金的雕像。台下是木头做的座椅，装饰得很精致。座椅前还配有桌子，男女观众可以坐在那儿喝茶，茶水都是免费的。

一堆铜簧乐器摆在舞台的角落里，这些乐器叮咣响个不停非常吵闹。演员中有女性，这是我第一次在中国舞台上看到女演员。她们的戏服都是用丝绸做的，上面刺有刺绣，非常漂亮也非常昂贵。演出超过两个小时，没有看到任何下流的行为——比如有的演出会遇到的侮辱演员的事情。很多和尚在戏院里巡视，好像戏院的主人，显得比其他人更优越。剧院在整个院子里处在中心位置，在这个夏天的夜晚，观众坐在观众席上惬意地喝着茶。

这一天仍然很累，回到旅店我非常高兴，享受了片刻的安宁，大量访问者再次挤满了我的房间。我不得不招待他们直到深夜。当我躺到床上时，感到非常疲倦，好像感冒了。

到了第二天早上，我病得很严重，吃了利眠宁后，就去参加范若瑟神甫安排的践行宴。他收到了成都主教的信函，信上说，尼泊尔领事馆的人员已经被送回国内，建议我到了成都也要尽量减少和英国领事来往，以免地方官员找他麻烦。我去往西藏的通关文书获批了。结束了这位成熟老练绅士的践行宴后，我回来开始准备第二天一早出发，终于可以摆脱中国造访者源源不断的提问了。

马上要出发了，老李向我辞别，这位老兄摇了摇头，看上去非常忧伤。他祈祷圣母玛利亚保佑我，因为我去的地方非常危险，随时有可能掉脑袋。我给他 2000 文钱作为感谢，也委托他保管我的信件还有一盒标本，还请他把我的小狗泽拉带回汉口照顾。泽拉是我的宠物也是我的小伙伴，在重庆它引起了很多的注意和惊讶，我担心带来更多麻烦，只好离开这个给我带来很多乐趣的小家伙。就此，我结束了第一次重庆之旅，下一站将到达中国最富庶的省份，接下来我会详细描述。

第五章

从重庆到成都

2 月 19 日一早，就来了两台轿子，我们也醒了。我和菲利普各乘一台轿子。共有八名轿夫，他们马上开始为分配各自的任务而争吵。我虽然仍感觉身体不舒服，但拒绝推迟行程。借着几粒利眠宁的药劲儿，我穿好衣服检查我们的交通工具。轿子是用竹条简单编成的，上面盖了一块油布做顶棚，就像超大号的女帽商的篮子。轿子空间很小，乘客仅能坐着，没有一点儿多余的空间。每台轿子有三个人抬。轿子两侧绑着两根长竹竿，竹竿两头由横竿相连。由于一个货币兑换商的迟到，我们无法及时出发。兑换商要我们携带一万文钱上路，这样可以避免不同型制的银两交易带来的损失。当他来的时候，一场新的纠纷爆发了，轿夫反对携带沉重的铜钱。最后争论结束了，我只携带一半的铜钱，把钱放在轿椅下面。这种安排进一步挤压了轿椅本来就很狭小的空间。坐在轿子上，我的膝盖和下巴离得很近，非常不舒服。就在我们要出发的时候，德尚神甫来给我送行，同时也带来了主教的美好祝愿。轿夫们打断了我们的告别，他们迅速抬起轿椅，匆匆地上路了，以每小时六英里的速度带我穿过了这座城市。

我们从西门出城，经过拥挤的郊区，到达了空旷的乡村。沿着一条六英尺宽的路，我们走了大概25英里。路面是用花岗岩铺成，保持得很完好。每走一程，我们就能看到一座高高的牌坊，当靠近村子时牌坊更多。牌坊上有很多常见的雕刻和镀金装饰，这些建筑类似于我们的凯旋门，是为了缅怀令人尊敬的逝者。比如，为深爱自己丈夫的寡妇立牌坊门以表彰其美德。村民也会为他们的恩人和长者修建牌坊，并刻上他们的名字和功德以表达纪念。一路上看到很多乞丐，大部分是妇女和儿童，我感到很震惊，他们和两边繁荣的乡村景象很不协调。连绵不绝的山丘和河谷呈现出令人惊叹的秀丽风光。到处都可以看到粉墙黛瓦的农家小院掩映在果树之间若隐若现，果树开着白花迎风飘舞。放眼望去，一望无际的农田种着玉米、甘蔗、罂粟以及其他农作物。这些成熟的庄家加上周围令人惬意的气温，让人感觉现在不像是二月，反倒像是五月。很多低洼地都灌了水，准备种植水稻，在阳光的照耀下，这些迷你的湖泊一时间波光粼粼。

穿过许多村子，路边的房子被甩在了身后。村口有几间房屋建造得比较简陋，屋顶铺的是稻草。各色小贩在这叫里卖商品，一群游手好闲的人在此处闲逛，盘查路过的外地人。

开阔的街道和集市有许多露天商店，为了防止日晒雨淋，老板用竹子搭了一个像帐篷大小的伞，伞上还画着自家的广告，伞的高度大概有 15 英尺。它们在繁忙的景象中形成了一幅独特的风景画，就我在中国的经验而言，我可以判断，这是四川特有的。

轿夫的耐力非凡，虽然路不好走，但是他们边走边愉快地喊着号子，一天仅休息了六次。路上有两次在路边的客栈停下来简单吃饭，客栈能提供大米、蔬菜、猪肉和烧酒。我在其中一家客栈吃了一顿饭，另一顿饭吃的是从重庆的旅店带来的烧鹅，还有米饭和冷咸菜。我是在轿子上吃的。轿夫狼吞虎咽地吃完了，我对他们是否有力量继续前进感到担心；但是，他们吃完饭后，又抽了一根烟，就抬起我沿着大路前行了。后面跟着一群穷苦的小苦力，他们刚吸食了鸦片烟，乞求我们的轿夫给他们抬轿的机会。轿夫和这些苦力讨价还价，最后答应让他们三个人抬三英里，每人每英里三文钱。这些穷人急忙和轿夫换了位置，可以看出来，他们的贫穷是多么可怕。

我曾以为，四川的船夫是中国所有阶层中收入最低的，但与他们相比，"苦力"只能算是奴隶而已。我们在重庆已经和轿夫的老板谈好了价钱，从重庆到成都按人付给老板四两银子，轿子的费用包括在内。其中，轿夫每人的佣钱是 2.5 两，或者说每人每天 250 文钱。为了这点钱，这帮可怜的家伙每天抬我们走路将近六个小时。自己花销 180 文，他们每天抽鸦片还要花费 50 文。他们穿着破烂，看起来很憔悴，辛苦的工作和鸦片让他们变成了这个样子。长期抬轿，肩膀和背部肌肉变得畸形，皮肤也像兽皮一样粗糙褶皱。他们看上去无法长期辛苦工作，鸦片烟也会在他们30岁之前摧毁他们的身体。

大概下午六点，我们结束了离开重庆的第一天行程，在一个小村的旅店住了下来。我的行李被放在肮脏的房间里，里面唯一的家具是两张床，上面铺着稻草床垫。这个房间，就像所有其他的客房一样面向中心的大厅。当一切都安排妥当之后，店家的伙计给了我一个木盆，盛了热水，还有一片抹布用来洗手洗脸。在穿过大厅的时候，我看到一个非常脏的苦力用同样的抹布和同样的盆洗手洗脸。我想要一些干净的水，但是侍者告诉我不行，热水几乎已经用完了。因此，我不得不使用自己盆里的水。洗了手脸，感觉清爽多了。吃过晚饭，又抽了根烟。虽然我感觉这个地方空气异常新鲜，但坐了一天的轿子，浑身骨头疼痛难忍。我赶紧把床上令人生疑的被褥枕头换成自己的，然后躺到床上。

第二天大约8点钟，不知道是厨子还是店里的雇工，跳上大厅的桌子对着苦力们说："各位房客，如果你们没有吃饱，请赶快给我讲，如果想洗热水澡，赶快说，想喝茶现在就告诉我们，半个小时之后火就停了，就什么也干不成了。"说完，他退到了角落里的柜台后面，所有的房客从他那儿领了一块棉布的床单，然后回到自己的房间里抽起鸦片烟，顿时屋子里全是烟的气味。

大约一个小时之后，我们正打算睡觉，店老板拿着吃饭和住宿的费用清单来了。我们住宿支付了 400 文，吃饭每人 200 文，包括一杯茶和两个荷包蛋，他答应第二天一早送过来。在老板离开后厨子来了，也向我们索要费用。我给了他 100 文，比他索要少一点。然而，这个家伙掂量掂量这些钱后想要更多，菲利普变得激动起来，问他这是什么意思，他冷静地回答说："哦，这是惯例，我们总是说多要一点，别生气。其实我已经很满意了，因为通常住在这间房子里的士绅或官员给我的钱不会超过 20 文。那帮苦力从来没有给我任何东西，我只能从旅客身上搞点油水。"他礼貌地向我们道了晚安。这件事让我懂得了四川旅店的门道。

第二天大约八点钟，厨子端了一盆水进入了我的房间，抹布还在里面。我坚持说要用别人没有用过的水，一番争论后，他重新给我端了热水，还说我这个人真怪。他在一家旅馆里干了这么多年，从来没有见过一个大人物拒绝使用店里的抹布。我穿好衣服，荷包蛋和茶送了过来。轿子被抬到卧室门口，我再次窝着坐了上去，天还未亮，就又开始了一天的行程。还有像我们一样起早的旅行者。村里的街道上没有任何人，房子里的灯光和锤子的打击声表明村民已经开始劳动了。走了一段路程，到达了山顶，我们可以看到太阳从巍峨的群山中在东方升起的美丽景色。又走了一段时间，我们看到一群水牛，腿上绑着稻草被赶往温桥镇的集市上。到了下午，我们又登上了一座山丘，山丘是东北—西南走向，对向的山坡非常陡峭，好像被刀斩断一样。在那里建有坚固的防御工事，道路上有巨大的牌坊。这些坚固的防御工事在四川是很重要的，毫无疑问，它们为阻止西南方向的叛军进攻重庆和其他城市提供了一道屏障。在这些防御工事里没有一个士兵，这些防御工事或多或少已经破旧不堪，这是中国大多数公共工程存在的情况。

现在已经进入了四川的中心地带，我注意到本地人都是中等身材，体格健壮，但并不是我所期望的那样。他们穿得都很整洁，头上裹着的白色棉头巾代替了东部省份常见的帽子。这里的女人都很漂亮，很耐看，头上也裹着兜帽型的头巾，这种装束非常适合年轻的女人。大多数女性的脚都是自然生长，大约有十分之一的女性裹小脚，不像在其他地方那样常见。我一整天都因干渴而饱受折磨，沿途客栈供应的茶叶发霉，水浑浊不堪，里面飘着腐烂的蔬菜叶，所以我只能用甘蔗和橙子来提神，这些在村子里就有出售。

在周围的山上，木炭非常丰富。我们赶上了一群拉炭的苦力，他们也是去温桥镇的。我们在下午 5 点 30 分到达那里。找了一家旅馆住下，在某种程度上比我们昨晚的住处要好。

中国人习惯烧炭火取暖。到了冬天，每家房子里都放一个火盆。有些人随身带着穿小孔的小铜炉，这种小铜炉就像托斯卡纳人珍爱的斯卡蒂诺，里面装着红彤彤的木炭。取暖的小火炉有时甚至会被挂在腰间，用衣服盖着。因此，木炭在任何地方都是一种非常必要的物品，树木稀少的地区木炭是非常昂贵的。在温桥镇，木炭是用大量的荆棘条烧制而成，这个地方到处种的都是荆棘。

第二天我们又上路了，经过了一个非常富裕的村庄，那里种有大面积的鸦片、茜草和甘蔗。成群的大黑猪、旅行穿的稻草鞋被送往温桥镇的市场，成百上千只鸭子在一片沼百泽的稻田里游来游去，由上了年纪的老人和儿童照管着，经常可以听到他们喊叫离群的鸭子归队。掉了队的鸭子好像受过良好的训练一样，听到声音很快归队。

到了晚上，我们到了一个叫文昌镇的地方。小镇不大，四面有围墙，我们在一家公馆住下了。这一路上越靠近成都，经济条件越好，街道要宽得多，墙壁和公共建筑似乎保持得稍微好一点。离开文昌镇，穿过一座漂亮的石桥，桥面有 30 英尺宽，横跨在长江的支流沱江上。满载着木炭的小船在河上穿梭，有些开往重庆，有些开往成都。

晚上，我们入住了另一家著名的公馆，也就是隆昌市的公务招待所。这座建筑最初是一个官员的住宅，后来由政府购买被改造成现在的用途。在四川这家公馆是很有名的，为隆昌市带来不少荣誉。它上下两层共有 50 个房间，中间是一个宽敞的大厅，长宽各有 100 码，上面盖着一个装饰精美的屋顶。大厅的中心挂着一个巨大的黄铜枝形吊灯，上面有 100 根蜡烛。当然，只有高级官员到来时才被点燃。起初，公馆的看守拒绝我们进入，理由是我不是政府官员，还愤怒地说，像我这样可怜的人还敢入住公馆。

一群游民听到他对我的训斥，一起上来轰我离开。在这个关键时刻，菲利普走了过来。他从轿子上下来，挤过人群——

他们已经紧紧地围在我的周围——趾高气扬地大声叫看守，看守显然被菲利普的行为给镇住了。菲利普向前走了一步，然后拿出了四川总督的通关文书向他喝道："看这个。"我们的看守，把目光投向文书后，急忙跑到我的轿子前打开轿门，乞求我下轿。当我走出去的时候，他单膝跪在我面前，然后站起来向里面大声喊道："给唐大人准备一个房间"。那些游民也消失了，看守护送我到一个房间，又跪了下来请求我原谅他的无礼，否则不肯站起来。我向他保证不介意他的鲁莽行为，并挥手示意他退下。过了一会儿，他送来一顿丰盛的晚餐，并坚持亲自为我服务。事实上，他的殷勤甚至让我感到压抑，当他离开我们的时候，我反而变得轻松了。

第二天早上，他又为我准备了早餐，再次恳请我原谅他，我给了他一份礼物，让他放心，还安慰了他。他说了很多祝福的话。星星还挂在天上，我们就已经赶路了。大约在中午，我们在一个小客栈停了下来。一进门，我就看到挂在房间墙上的一幅外国轮船的草图。客栈老板告诉我，这是他在几周前从一名中国画师那里买来的。说是中国人画的一点儿也没有错，画中的轮船只有外壳和轮子，巨大的烟囱冒出浓烟。我问他这幅画代表什么，他回答说："汉口人使用的一艘救火船。"我还问他这是不是外国人使用的船。他说不知道汉口人的情况，他从来没有去过那里。只知道这是汉口人用的救火船，其他的什么也不知道。

当我问客栈老板的时候，有一大群人围了上来，有几个人问我"洋人"的事情，问我是否见过洋人？他们是黄头发的人吗？看起来像魔鬼吗？看到这群人脾气比较温和，我摘下眼镜礼貌地鞠躬，问道："我看起来像个魔鬼吗？"

马上他们大笑起来，认为我给他们开玩笑。但我也听到一两人再议论，"看他的眼睛！"突然安静了下来，我趁这个空当向老板要酒喝，也让这群人用酒祝福我。周围的人包括十几个上了年纪的人举杯祝我身体健康，小客栈很快就挤满了人，每一张桌子都坐满了人，他们都想看洋人什么样子。早餐一过要动身了，我从座位上站起来，向他们鞠了一躬。他们都站起来，也向我鞠躬，这是对我最大的敬意。

白天我们经过了一座奇形怪状的石桥，它的形状是一条龙的，两条腿构成了直径 30 英尺的拱门，龙脊是桥面，而两翼则是两边的栏杆。晚上，我们在沱江右岸的宁昌府停了下来。这个城市交通繁忙，大量来自重庆的商船停泊在河中，船上装着糖和盐，盐来自河两岸的盐井。这座城市遍布大型的漂亮商店，煤场数量众多。它也是姜和胶的重要产地，出口到了帝国的每一个角落。胶被制作成三四英尺长、几英寸宽的条状，几乎在附近每一个商店都有销售。

在宁昌府我们花铜钱比较困难，当地人拒绝接受铜钱，除非扣除25%的折扣，我们被迫以这样的折扣交换成银子，否则寸步难行。

晚上我打算好好洗个澡，然而，旅店老板的态度让我感到吃惊。当我提出洗澡的要求时，他苦笑着说这是一个笑话。但是我坚持要求提供洗澡水，他回答说不能在房间里洗澡，要洗去外面洗。苦力正在外面洗澡，当然像我这样身份的人不可能光着身子在外面洗，而且，我也没有干体力活，本不该提出洗澡的要求。既然下定决心，就必须把这事儿办了。最终，凭借屡试不爽的贿赂，还是如了愿，我的坚持让店老板感到很意外。人们很快就习惯了中国人的卫生习惯，但对于那些住在旅馆里的旅客来说，害虫是一种绝对的折磨。中国人的生气使睡前的时光变得痛苦不堪。不管是富贵人家还是穷苦之人，在害虫面前人人平等。唯一不同的是，苦力在路边脱去外套与人类的敌人做斗争，而中国的绅士像基督徒在室内祷告一样躲在房间忍受害虫的侵扰。

第二天早上，我们沿着沱江行走几英里后，经过一个非常美丽的乡村。甘蔗都收割了，大麦和小麦也出穗了。路边的蒲公英和报春花已经怒放，像在英格兰一样。又过了一两个村子，我惊讶地看到成群的疣鼻栖鸭，它们都很温顺。傍晚时分，我们快到资州了，这是最后一个被重庆官员管辖的地方，周围的乡村同样非常迷人。

在离城市大约一英里的地方我下了轿，决定徒步进城。马上要进城门了，我摘下眼镜擦拭尘土，这时一个小女孩叫道："洋人！洋人！"这立刻引起了许多士兵的注意。他们立刻包围了我大声喊叫，其中一个人一说话就酒气熏天，他一把抓住了我的衣领，几乎把我拽倒了。人群迅速聚集起来，事情开始变得有些窘迫。我突然有了一个好主意，我向这个骄横的士兵深深地鞠了一躬，装腔作势地喊道："您真是个非常了不起的英雄！"同时向旁观者眨眼睛示好。

这个人驼背，相貌非常丑陋，而且跟英雄也扯不上边，我的恭维引起人群的嘲笑声。那个英雄非常羞愧，立刻放开我的衣服后退了，我越过他往前走了。苦力们跟上来了，让我坐上轿子，祝贺我逃脱了"英雄"的骚扰，狂笑不已。

没有什么比通过好奇心来吸引中国观众更容易的了。他们喜欢开玩笑，而且不会引起对方拳打脚踢。我现在在中国练成了自我克制的功夫，任何场合都不会流露出丝毫的愤怒。如果我遇事愤怒，他们也会向我发泄愤怒。相反，我把这一切都当成了玩笑，让他们不由自主地笑起来，因此避免了更多的干扰。在中国旅行遇到很多这样的琐事，与其酿成流血冲突，不如让这帮人笑着离开。

我们刚住进旅店，许多镇民来到这里看"外国人"长什么模样。我说等我吃完晚饭让他们瞧个痛快。店老板很紧张，有一两次进来乞求我快点吃，因为他的房子里挤满了人，挡道碍事。吃完饭，我调整了一下眼镜，点燃我的长烟斗，悠闲地漫步走进大厅坐在一张桌子旁，座位上有三个受人尊敬的老人。菲利普随后一块儿坐下了，我与他们交谈起来，问了许多关于农作物的问题。我发现老头儿很健谈，我们的友好氛围似乎给其他人留下了深刻印象，渐渐消除了隔膜，或者说看到真的洋人后大失所望，因为我和他们一样。我是如此喜欢自己，我的新朋友笑着告诉我，我的外表让他们觉得自己很愚蠢。当他们离去的时候，我听到了几个人说："唐和我们一样嘛。"

从资州出发，下一站是简州，也是一个位于沱江河畔四面围墙的城市。在途中遇到了一件令人厌恶的事情。刚离开资州不远，我们碰上一位高级军官的出行队伍。两列士兵举着旗帜，旗帜上写着官员的姓氏和官衔，苦力尾随在后面抬着行李。我们双方都有足够的空间让对方通过，我的轿夫也给让了路靠到了路边。路旁是稻田，刚放满了水。士兵们命令我的轿夫离开这条路到田里去，他们自然不愿意。其中一名士兵飞快过来踢我的轿子，把我的轿夫踹到了稻田里，我也被甩到了田里。稻田里面全是泥，很软，大概有两英尺深，幸运的是，我们除了身上湿了，没有什么大碍。我的靴子也陷在了淤泥里，挣扎着爬回路上。刚回到路上，一名士兵继续辱骂我们，极其不逊。我很气愤，向他扑去，试图把他拖下马。还没到他跟前，鼻子里流血了，我马上冷静下来，让苦力给我弄点水，继续往前走。我听到了后面士兵的大笑声。幸运的是，我及时制止了一场来自恶棍的鞭打。两个小时后，我们遇到了这位官员本人，由无数的下人陪护。我们停了下来，他经过时，狠狠地对我怒目而视，命令他的下人来问我是谁。下人强行把我从轿子里拽了下来问我的情况，他看完我的通关文书说了句"哦，洋鬼子啊。"说完朝他的主子走去。

这事刚完，我们又遇到了另一支队伍，结果是新娘出嫁。唢呐乐队走在前面，紧跟着两个苦力抬着一个大箱子，后面还有人抬着四箱衣服；然后有两个小男孩用竹竿举着一条刺绣的桌布，桌子上系着十二条手帕；接下来迎亲的人们抬的依次是一个洗衣盆和木桶；再接下来是一只宠物狗、一只猫、一只鸭子和一只家禽，每个苦力拿一样；在这之后，是新娘的轿子，由新娘的两个弟弟分别乘坐轿子护送，轿子非常华丽。新娘的轿子后面，八个苦力各自拿着枕头之类的物品，后面跟着另一支乐队。最后出场的是新郎新娘的介绍人——媒人，根据习俗，婚姻都是媒人来安排。

虽然中国人知道墨守成规会带来许多痛苦，但中国人对"习俗"异常执着，这也阻止了他们移风易俗。婚姻和丧葬习俗更具代表性。这两种方式都是用最奢侈的形式来庆祝，如果是后者，通常会把死者的家属弄到赤贫的境地。婚姻仪式虽然代价高昂，却也没有产生太多的危害。丈夫和妻子直到结婚当天才能见面，在某些特殊情况下，他们也许可以偷偷地见几面。所有的一切都是由中间人或媒人安排的，他们通常是双方父母共同的朋友，具体是哪个媒人由提亲的父母做主。女儿到了出嫁年龄，父母就会为她找个合适的单身青年嫁了，一般不会在熟人里面寻找，然后，双方会请一个受人尊敬的共同朋友来操办此事。

媒人先见女方熟悉情况，包括家产、嫁妆、女孩的容貌和能力等，然后去男方那里，告诉男方父母某某家道殷实，有个女儿漂亮能干孝顺有气质，与他们的儿子很匹配。媒人会根据他能获得报酬的多少夸耀女孩的条件。如果双方对对方的条件表示满意，他会在两个家庭之间传递更多的信息，直到婚礼的日子定下来。良辰吉日已定，新郎要带着聘礼去见新娘的父母，礼单上写着双方的生日、年龄以及新婚日期。一切妥当，媒人就会受到两家的热情款待。

大喜的日子到来时——这通常是在订婚几年以后——新娘由迎亲队伍接回新郎家，婆婆和其他婆家的女性在门口迎接，护送她到一个屋子里，新娘仍然盖着红盖头，新郎跪地迎她。然后，新郎向祖先告慰。新郎新娘一起喝交杯酒后，新郎才能揭开新娘的红盖头。这是新人第一次看到对方的脸，如果新娘相貌端庄，没有残疾，那么媒人就会得到丈夫家的丰厚回报；如果新娘貌丑，媒人会把新娘交给她的丈夫后尽快逃离。通常情况下，媒人受女方父母的恩惠，会夸张描述女孩的容貌，这也会造成很多痛苦，因为新郎即使对新娘不满意，婚礼已经举行了，也不能拒绝接纳她。

我曾经和一个老军官一起吃饭，他给我讲了一个发生在首都的结婚故事，媒人在中间做了不少坏事。北京市住着一个富商，他有一个儿子，他打算把生意交给儿子管理，也好安度晚年。正如人们所猜想的那样，这样一个富商的儿子受到了许多家有待嫁女儿的父母的青睐，很多人前去提亲。但在很长一段时间里，没有一个人成功。郊外住着一位退休的官员，但还保留着官衔，象征着皇帝恩赐的荣耀，因此他必须保持家族的荣光，但是他常常入不敷出。这位老绅士有一天听到这位富商有一个儿子，碰巧自己有一个独生女，他想到把女儿嫁给那个年轻的继承人，这样就可以弥补自己的债务。然而，他遇到两个巨大的困难。首先，他高贵的身份与低贱的商人不相配；然而，债主们日益紧逼，他也顾不了那么多了。其次，他的女儿虽然很能干，却没有鼻子；而且，这位年轻的商界公子哥不太可能娶一个如此严重毁容的女人。然而，这位老官员借助他的邻居合谋了一桩不劳而获的生意。他邻居是个破落的举人，很得老官员的信任，他自信满满地愿意做他们的媒人，并保证让年轻的商人成为他的乘龙快婿。

老富商迫切希望他的儿子在负责他的家族生意之前结婚，也接待不少其他商人派来的媒人，但举人的拜访令他非常高兴。举人非常谦逊地告诉老富商，一位有名的官员想和他结为亲家。老商人不能拒绝这样的荣誉，他的儿子也很高兴，尤其是当他听说那位年轻的小姐多才多艺的时候。他胆怯地问她是不是很漂亮？在这一点上，媒人毫不犹豫地回答了这个问题。她的脚很小，手很娇嫩，指甲也很长，头发又黑又密像乌鸦的翅膀，眼睛像星星一样光彩夺目，步伐像起伏的百合花一样优雅。但是，尽管她的父亲出身显赫，但并不富有，她没有嫁妆，而且，新娘结婚的物品都要由男方置办，女孩只有几件丝绸衣服，还没有"针石"。在富商看来，这些问题不重要，富商可以轻易地给他们。

年轻人和他的父亲很高兴能和一个官员的女儿结婚。因此，事情很快就安排好了。订婚以后，媒人得到双方家庭非常丰厚的报酬。大喜的日子到了，心急的新郎揭开了新娘的红盖头，看到了一张没有鼻子的脸。他颤抖地把女孩推开，从房间里冲了出来，向聚集在外的客人们宣布了这个可怕的消息，大家一致谴责媒人的欺诈行为。媒人平静地回答："我早就给你们说了，我朋友的女儿没有'针石'。你们为什么指责我骗人呢？"可怜的新郎记得媒人说过他的新娘没有"针石"，只能为自己不幸的遭遇伤心。

必须解释一下，中国女性要擅长针黹，富人家都有一块针石，是像磨剃刀的皮带一样的东西。针石的一面磨尖他们的针，另一面则是一块涂了油的布，针经常在上面蹭油，使其不生锈。这个东西是所有女性应该都有的。然而，贫穷的妇女买不起，所以她们只能在自己的鼻子上蹭油，因此"针石"也指女性的鼻子。

婚姻都是媒人安排的，双方都不能撤销婚约。如果男方选择悔婚，他将失去订婚的财物。如果女方选择悔婚，男方才能收回大部分损失。

当寡妇表示再嫁的时候，夫家会选择聘礼最多的一家。这往往造成大麻烦，因为寡妇可能更乐意自己选择丈夫，不得已会私奔，这将会引起一场纠纷。因为，寡妇有一种特权，不能违背她自己的意愿强迫她再嫁。

在中国，妇女没有任何法律地位。她们不能在法庭上作证，简直就是男人的奴隶。父亲可以卖女儿，丈夫可以卖妻。不过，卖妻的做法是可耻的，即便在底层社会也很少发生。中国人可以纳妾，妾和妻子住在一起。妻子的儿子地位高于妾的儿子，但一般都以相同的比例继承家庭遗产。妾可以在没有任何手续的情况下出售，并且往往是变卖家财的第一个牺牲品。

离成都还有一天的路程，我们到了同样四面围墙城市的简州，这座城市建在沱江的右岸，是靠近四川省会的一个区域性中心城市。

在城外不远处，我们遇到了被押往官府判决的四名囚犯。他们穿着鲜艳的红色外套，腰部有一条小的链子。他们的头发不像普通中国人那样辫成辫子，而是简单用黑绳挽起来。与这四名囚犯一起的是一个老人，他因在简州附近的村子里杀人而被判谋杀罪。老人也穿着猩红色囚服，腰间缠着很粗的铁链。总督已下过命令，在他犯罪的地方执行死刑。

从简州走了一小段路，我们到了省府，经过宽阔的郊区，从东门进入了这座城市，然后沿着城市的主要街道走下去。宽敞的街道、漂亮的商店门面还有硕大的招牌，这一切都让我感到十分惊奇。

我们碰巧赶上一年一度文武乡试，省府挤满了兴奋的学生。菲利普和我都感到忧心，轿夫也不知道在哪里可以找到传教会，他们不敢问任何一个人，以免基督徒的名字引起民众的攻击。我们一直在城里转悠。菲利普建议我应该待在街道的角落里，坐在轿子里别下来——由他一个人寻找成都的传教会——耐心等他回来。

我坐在轿子里等了两个小时，漫长而疲惫。每隔一段时间，就有一群乱逛的学生从我身边走过，我独自一人在轿子里恐惧地颤抖。菲利普离开了，苦力们在附近的酒馆醉饮，把我一个人留在了大街上，就像一捆被丢弃的货物。我从来没有感觉到是那么的无助。我想，即使不使用暴力，这群人也会嘲笑我不懂当地语言。苦力们去了酒馆后，我的恐惧马上又增加了。学生们彼此大声说话，抱怨考试等待的时间太长了。我从他们的口中经常听到一个词"洋人"，一群好奇的人很快聚集起来，看来一场严重的骚乱似乎不可避免。然而幸运的是，菲利普回来了，他掀起轿帘给苦力指出区传教会的方向。我们走了，周边的人群尾随了一段距离也散开了。

穿过无数街道，我们终于在一个安静的角落里停了下来。这时菲利普告诉我，主教和神甫都因学生考试离开了成都，当地传教会的基督徒拒绝接收我，他们担心窝藏一个不是传教士的陌生外国人会引起注意。菲利普想在旅馆里找一间房，但也是徒劳。他感到惊慌失措，问我该怎么做，我立刻决定去找下一个传教会。当我们找到的时候，当地一个叫彼得的基督徒出来要求我离开。我从轿子上下来，和他一起走进院子。这个可怜的人非常警惕，但却很客气地端上了茶和蛋糕。这正是我需要的，因为我饿得快昏过去了。彼得往我的茶杯里加了水，我请他帮我在旅馆找个房间，否则我无处可去只能留在这里。于是他派人去找，不到半个小时派的人回来了，说在一家大旅店找到了房间。到了旅店，老板正在等我们。在看了房间之后，我拿着通关文书送到了衙门。

给轿夫付了钱，我才吃饭。饭后感到特别累，就上床睡觉了。第二天早上，彼得先生替我交了吃住的费用。在谈话过程中，他告诉我尼泊尔的大使正要离开成都，我最好和他一起离开，否则政府不会让我继续往西走。他还告诉我，去年重庆主教教堂被一群激昂的举子围攻了；因此，他害怕昨天接纳我会引起类似的骚乱。我们正在聊天，一名士兵带着我的通关文书从衙门来了，还警告我说，城里考生非常多，上街很不安全。

我现在最焦虑的是总督是否会授权我经西藏到印度的新通关文书，因此我让菲利普把我的旧通关文书送到衙门时，顺便给尼泊尔大使送了一张便条，上面写道：我刚刚抵达成都，请允许我向您表达我的敬意。

菲利普很快从衙门里回来，并带来总督的话，说可以给我去云南的通关文书，但不会给我去西藏的。我就猜到会遭到官府的拒绝，对它们的决定感到非常不安。官府给我发放去云南的通行证是变相地拒绝我西行，因为云南的叛乱阻碍了西南的交通。下午来了衙门的密探，他们自我介绍假装是商人，并问了许多问题，还问我打算怎么去云南，因为他们听说我有去云南的通行证。我回答说，我根本不打算去云南，因为我不能穿越叛乱地区，即便官员们不给我通关文书，我也会继续走下去，政府要对我的安全负责。这些人离开了。黄昏时候，彼得传来一个衙门的消息，让我给政府写信请求允准西行，官府会考虑我的请求。

我还收到了尼泊尔大使的回信，他说明天早上会来看我。这个消息使彼得先生对我产生了敬意。我了解到，第一次办理通关文书的时候，汉口公使梅德赫斯特先生在通关文书上说我的身份是"商人"，这导致政府官员都不愿接近我。

第二天，尼泊尔大使沙雷·朱格特阁下来了。他是个彬彬有礼的年轻人，看上去似乎病了。他告诉我，不仅身体不好精神也很沮丧。他的情形一点也不令人愉快。他向我吐露了尼泊尔大使向北京朝贡的经历。大约两年前，他离开了加德满都，经过一段漫长的旅程过了西藏，没有遇到任何困难到达了打箭炉。在这里，他遭到了第一次挫败。北京来命令，要求尼泊尔国君巴哈叨·荣格送给皇帝的礼物放到打箭炉就可以了，然后必须折回尼泊尔，因为捻军叛乱导致去北京的路途不安全。这位年轻的大使请示国君，国君却命令他亲自把礼物送到北京。当局决心执行皇帝的命令，而沙雷·朱格特同样决定继续向北京进发。因此，他不得不再次向皇帝请示，为此在打箭炉等待了几个月。皇帝的新命令终于来了，允许他继续到达成都。朱格特此来的目的是在中国销售几百箱鸦片，然后回国。他很快就到达了成都，希望能继续向东走；但当局坚决阻止。他既不能雇苦力，也不能雇船，更糟的是没有人会买他的鸦片；尼泊尔鸦片口味太重了，人们更喜欢本土鸦片。

在我到达成都的时候，他已经在成都待了几个月，徒劳地请求去北京。官府已经怠慢了他，希望以此迫使他回国，并把他安置在城外一个肮脏的茅草屋里。他说自己住的地方非常肮脏，羞于让我去拜访他。

沙雷·朱格特和我一起度过了几个小时，这让我对中国官员的评价有所上升。在接下来的两三天里，有几个低级官员来找过我，并告知我，总督会给我通关文书，但必须等上几天。因此，我有了几天闲暇在城市里漫步，但首先得用大墨镜谨慎地伪装自己。

　　菲利普和我很快就找到了一条通往主街的路，那里有大量的中药店，弥漫着麝香的气味。大量的麝香和鹿角由商人从西藏运到成都售卖，然后再销售到重庆。成都堪称中国的巴黎。它的商店里收藏着最丰富的艺术品，这些艺术品受到长期居住在成都的中国官员的青睐。成都带有一种我在中国其他地方没有注意到的贵族气息。丝绸、纺织品和书店的数量惊人，有很多穿着考究、时尚的人在书店进进出出，很明显，文学作品非常受人欢迎。成都位于一个广阔肥沃平原的中心，四周的教区也很辽阔，城墙有 20 英尺厚，坚如铁桶。从东门到西门的主要街道大概有一英里半长。所有的街道和建筑都有一个现代化的外观，与我去过的其他大城市形成了鲜明的对比。这可能是因为 19 世纪一场大火几乎摧毁了这座古老的城市，之后被重建的缘故。成都的公共建筑，如衙门、寺庙和大城门，都保护得极好，它们的建筑式样和精美装饰引人注目。行走过程中，我进入了一座孔庙。穿过一个漂亮的石门，我们置身于一个巨大的露天庭院里。有一个将近 150 平方英尺的广场铺满了花岗岩，上面覆盖着一种滑溜溜的苔藓，显示出儒家信仰者很少来这里。在孔庙的另一侧是一排石阶，通向前面的一个大厅，大厅的装饰呈现涡卷风格。

　　大厅里空荡荡的，后面靠墙有一个低矮的讲坛，左右两边挂着这位伟大圣人的画像。整座建筑看起来庄严肃穆，比我们后来参观的佛寺更威严。然后，我们穿过一扇门，通往雅致的后花园。花园里面有许多池沼和假山。

整个院子只看到一个孤独的看守在屋子里吸鸦片。他告诉我，这座寺庙是当今皇帝的父亲下令建造的。除了一年一度的祭祀仪式，这座寺庙从未有人参观。

在我漫步回来的时候，旅店的厨子说，按照高档旅店的惯例，他要为我准备盛大的晚餐。他说，这是为了让我这样的外国人在遥远的国家也念他的好，实际上是勒索外国人。这顿晚餐确实很好，有烧鸽子、炖鸡、煮牛肉、红烧鱼和嫩竹笋。但吃完后，我不得不付出高昂的费用。我给了他五两银子，这够我吃三顿晚餐的了，走之前还留给他一些小费。但是这个流氓把钱装进口袋后，很无情地要我再付给他三两银子。咆哮是没有用的，这是当地的"规矩"，强龙不压地头蛇，我不得不付钱给他。

这些旅馆的厨师是我在中国遇到的最大的蛀虫，他们像吸血虫一样，永远不会满足。旅店不给他们任何报酬，相反，他们还要支付大笔的钱给旅店。就像我们国家的酒店服务员一样，他们依靠勒索不幸的旅行者为生。无论你付出多少，他们都会要得更多，而且几乎不约而同会谩骂你。

在我到达成都的第六天，主教返回了他的教堂。他的上级主教来了，直到又过了一天才收到他一起吃饭的邀请。我答应了他的邀请。从他那里获知，通关文书第二天就能给我。于是我回到旅店后，立刻找到一个苦力老板。他同意给我提供两台轿子和九个苦力去边境上的打箭炉，报酬是68000文。当天晚上我非常兴奋，请来了当地的艺人乐队演出，并邀请隔壁的武官一家与我共度美好的夜晚。武官一家是从云南赶往北京。

我们的音乐艺人应该是成都市最好的艺术家。在长达六小时的演出中，我的客人和菲利普都非常兴奋。其中一个盲人表演者，演奏了一种非常悦耳的弦乐器，另一人演奏了三弦乐器。

他们随身带着一箱子书，每一本书都写着戏剧的歌词，在开始之前，演员给我们看曲谱，我的武官朋友挑选了几折最喜欢的作品。我付给每个表演者二两银子，还安排了晚餐。他们是为总督演奏的，我能请来是很大的荣幸。

第二天又受主教邀请共餐，我有幸见到了一名天主教的高级主教和两名法国神甫。我们吃了一顿美味的晚餐。晚餐主要吃了鱼，还有葡萄酒，就像星期五一样。对于一个来中国两个月的人来说，这种款待相当不错。

回到旅店后发现，通关文书送了过来，上面还有总督的留言。留言祝我旅途愉快。

我现在没有什么可做的，只是等待出发。四川总督发放的通关文书会送到拉萨的朝廷官员手中，并指示所有的西藏官员和朝廷官员给予我帮助。通关文书上还说，到拉萨后我把它交给驻藏大臣，他再授权我去往尼泊尔或者大吉岭。

得到证书后，我长时间陶醉于能到达印度的喜悦之中。我赶紧收拾行李，准备明天一早就出发。马上要出发了，我心情非常愉悦。

第六章

从成都到汉源街

3 月 7 日上午，我们离开成都的旅店，沿着小街道走，走的是西门。在这里，守门官员检查了我的通关文书，登记了我的姓名、目的地、出发日期以及我们的人数，也记录了我包裹的数量。然后，经过又肮脏又杂乱的郊区，我们走向肥沃的成都平原。

　　当我们第一次在一家客栈停下来时，一群面黄肌瘦的苦力争着请求协助轿夫。轿夫同意雇用四名，每英里三文钱。轿子立刻就被四双手牢牢抓住，其他大约 50 名苦力为了得到工作争夺起来。我们的苦力前来解围，用竹竿敲打争夺者的头，结果打起架来。棍子石头在头上乱飞，最后轿子也翻了，轿顶也坏了，里面的人也滚到了路上。我爬起来，以英国式风格击打他们。结果我硕大的身驱吓到了这拨人，他们嘴里喊着"大人"，以为闯了祸，冒犯了微服私访的官员，赶紧下跪请求原谅。

客栈里的人前来向我道歉，一些德高望重的村民抓住了他们的头头，把他们绑在我的轿子上。不到十分钟，慑于"大人"的愤怒，暴民纷纷逃窜。当一切都过去了，当地的头人出现了，他命令村里的铁匠修理我们的轿子，因为轿子已经严重损坏了。

苦力们身上满是伤口和瘀青，必须找医生，害我们耽搁了两三小时处理损伤。总的来说，我对突如其来的场面感到好笑。因为逃脱了官府的拘留和检查，我感到很欣慰。

一切都处理好后，我们继续上路了。小麦、大麦、甘蔗和鸦片等春季作物映入眼帘，到处都是小农舍。农舍周围是竹林和白松林，粉刷过的泥墙围了一圈，与周围的庄稼形成了鲜明的对比。

当天是成都的集市，道路上挤满了乡下人，熙熙攘攘。我们遇到一些骑着驴的女人，她们抽着烟，驱赶着牛和骡子。牲畜驮着蔬菜、谷物、煤、木炭和焦炭；路上还有一些男女背着新做的椅子、桌子、水桶和凳子，全都是赶往成都的集市。

傍晚我们乘船跨过金马河，这是岷江的一个支流，冬天河面只有40码宽，吃水深度不超过18英寸的小船可以从长江上溯到金桥镇，金桥镇位于金马河的右岸，也是四面围墙，我们打算在那里过夜。

和这个地区其他城市一样，城门被堵上了，只留能一人通过的小门。1860年，叙州府发生叛乱，大门就被封锁了，叛军沿着岷江攻到嘉定府，直接威胁成都。然而，嘉定府的人民顽强抵抗了几个月，最终在没有国家军队的帮助下击退了叛军。所以，从成都到雅州交通要道上的所有大城镇为了自保，纷纷建了小城门。

在金桥镇以西15英里的地方，我们经过了以造纸工业闻名的崇州。这里生产的稻草纸就像信纸一样，质量无可匹敌。它也被广泛用于制作纸捻——因为它具有火绳一样的性能——纸捻被打包成捆，销往中国各地。

大量的天然和人工水道灌溉着农田，玉米磨坊和制糖磨坊的轮子也是由水力驱动的。

我们在崇州的一家旅店过夜，旅店已经入住了几个军官和150名士兵，他们是一支人数为40000人军队的一小部分。根据朝廷的命令，这支40000人的队伍在6个月前从成都出发到云南镇压叛乱。

这支神秘军队的将军从来没有离开过成都，他与四川的总督和其他高级官员勾结，按每人每月4两4钱计算，从帝国国库中领取40000人的军饷。

这个强大的军队的人数从来没有超过250人，行军30英里竟花了六个月。等我到达崇州时，他们没有领到任何军饷。结果他们蹂躏了这个城市，到处是伤痛和混乱，几乎每家商店都关门了。这帮凶恶邋遢的男人只有通过褪色的红色军大衣才可以认出是士兵。他们像狼一样在大街上游荡，有的士兵抓着女人的头发拖来拖去，有的士兵打碎商店的门窗洗劫一空，然后毁之一炬。总的来说，这座城市更像是被敌人洗劫过。

我和这群恶棍住在同一家旅店，但没有感到一丝的紧张。我们安顿下来后，我让菲利普把我的通关文书送给士兵的统领看，请求他们保护。其实他们已经进入我的房间，正非常好奇地拖拉我的行李。菲利普回来了，来的还有一个低级别的军官，他命令士兵离开我的房间，还在门上张贴了一个告示，上写着任何人进入唐古巴（我的中文名字）的房间吃 100 军杖。虽然我不相信能起到什么作用，但事实证明它是非常有效的。士兵们完全在军官的控制之下，军官和士兵一样，没有任何军饷，只能通过盘剥老百姓和分享掠夺物品来维护他们的权威。

我的士兵邻居除了从厨房里偷吃我的晚餐，并没有任何方式的骚扰，就像店老板说的那样，轻易地饶过了我。

读者朋友不熟悉中国的情况，可能会认为我对崇州的描述是个例外。很遗憾，它不是。全国军队的风气都和我描述的一样，不幸的中国人一直经历着这样的折磨，所以很少有人不惧怕军队。如果管理得当，中国的军事体系并非那么糟糕，但这种普遍的腐败渗透到每一个角落，削弱了帝国的根基，破坏了它的繁荣。

第二天早上，我很高兴能离开这个不幸的城市。按照店老板的暗示，天亮之前我们就出发了，这样可以和士兵拉开距离。

在城外，我们穿过一座由 15 个桥洞组成的石桥，它横跨通南河。这座桥是中国工匠的杰作，桥面至少有 40 英尺宽，每个拱的跨度超过 30 英尺。我们现在已经到了成都平原的西部，由于地平面上升了，天气越来越冷，需要在轿子里使用木炭炉。沿途风景依旧很美，树林覆盖着山坡，沃田与山谷交相辉映，形成无比美丽的景观，所有来到四川的游客都会对这里的风景赞叹不已。

在我们的西面，一座高山隆起，远看呈黛色，与山间的白云形成鲜明对比。虽然此处离成都不足50英里，但却像是刚步入春天。乡村一带似乎仍没有摆脱冬天的魔爪，小麦和大麦的幼苗只有两寸高，乡间种植的鸦片很少。

这个地区的农民具有优良的体格，比川东的农民更强壮，格外引人注目。这里的女人也非常了得，像在成都路上遇到的女人一样都不裹脚。我们看到许多妇女带着苹果、梨和核桃赶往集市，男人则挑着非常沉重的担子。所有的人都穿得很整洁，看起来非常开心。男人、女人甚至孩子都在抽着长长的烟斗。

我们很快就体验到，本地男人的内心与外表极不相符。一群挑着铁器、铅、煤担子和棺材板的村民停在我们面前，他们放下担子休息。我的苦力让他们让路，但是他们没有理会，于是轿夫对他们各种辱骂，很快双方大吵起来。我的苦力企图强行通过，这样会挤到一位挑夫，挑夫马上挤回来。这是打斗的导火索。立刻，棍棒、石头、竹子和碎片乱飞，两边都像魔鬼一样互不相让。我轿子的架杆被扯了下来折断了。在混战中，我又一次感到不安，不得不离开轿子。结果还没离开，我的腿部就遭到重击。我威严的出场使打斗的双方冷静下来，双方都不打了。村民挑起担子马上离开了，留下我们受伤的几个人相互包扎伤口，重新整理行装。

从崇州出发后两天，我们穿过一座用竹子建造的浮桥，桥下是雅河。这条河大约有 50 码宽，穿过一个宽广而富饶的山谷。雅州坐落在河岸，以生产销往西藏的砖茶而闻名。

城门有不少守门官员，他们命令我们停下来，打开我们的行李例行检查。看到我的通关文书，一名长官走了上来，深深地鞠了一躬后告诉我，一直期盼我的到来，总督大人给他们下命令说，不要为难这个英国商人。官员们都很有礼貌，还派了一名士兵带我去一家早已安排好的旅店。

雅州是中国西部的一个重要大城市。除了制茶闻名以外，还是一个军事要塞，工事坚固，驻扎着一支数量庞大的正规军。在藏东地区的战争结束后，雅州成了本地所有军事行动的主要基地和指挥部，从那时起，它一直是中国西部的军事大本营。

雅州地区的矿产资源非常丰富，煤、铁、铅和铜都非常充裕。整个四川的铁和铜也大多产自这一地区。但是，这座城市和周围地区最大的财富来源是"砖茶"，它为成千上万从事茶叶生产和运输的人提供了就业机会。这种特殊的茶树主要生长在雅河两岸，与出口到欧洲的茶叶不同，这种茶树通常有 15 英尺高，茶叶粗大，也不需要特殊照管，一般种在田前屋后。农民炒制小量的茶叶卖给雅州的茶商，雅州茶商垄断了茶叶市场，但需要向政府交纳巨额费用。

我从来没有机会亲眼目睹这种销往西藏的茶叶被制成极其坚硬的砖块的过程，茶叶生产管理非常严格，即使我行贿也没能获准进入包装茶叶的仓库。一等茶是在六月和七月份采集，也就是在五月底夏雨开始后不久，那时叶子大约有一英寸长。采集后在阳光下稍稍晒一下，直到茶叶出现轻微的枯萎，然后用手揉捻，直到有汁液渗出。在这种状态下，它被揉成一个茶杯大小的球，然后等待发酵。接着是准备木制的模具，模具的末端可以移动，需要用钉子固定。模具装满茶叶后在炭火烤，直到茶叶被烤成坚硬的砖块。茶砖从模具中取出后，就可以交给雅州的茶商了。到茶商手里，茶砖还要用黄色的纸包装一下，然后印上政府的印章和生产商的商标，被装在四英尺长的竹篮子里。这样，砖块就被打包成一篮子茶叶，重约 20 磅。茶砖篮子由苦力运往两百英里远的打箭炉。运输过程中，茶砖上需要盖层绿色的防潮皮纸。到打箭炉后茶砖又被销往拉萨以及拉萨以西的地区。因此，一篮子茶砖要卖 15 两银子，换算成英制单位，一磅砖茶能卖 4 先令 8 便士。

　　二等茶的茶叶较老较黄，生产的方式是一样的，主要销往石塘和巴塘，每一篮子茶砖的售价为 5 两，或者说，每磅 1 先令 6 便士。

　　三等茶的原料完全是用剪剩下的东西，没有叶子，几乎是采用茶树枝制成的。这种茶砖制作程序不同于前两种，它需要用米汤来使树枝粘在一起并保持砖的形态。这种品质的茶砖只在打箭炉及邻近地区使用，每磅售价为 9 便士。

粗算一下，每年从雅州销往西藏的砖茶数量大约是 600 多万磅。

我们只在雅州待了一个晚上，第二天又出发了。穿过一个多山的地区时，此处的道路非常糟糕，小路几乎只有两英尺宽。这条路起于雅河河岸，沿着三四百英尺高的山丘蜿蜒而上。道路两旁长满了茂盛的植被，寄生性的蕨类植物趴在树枝上，显示气候非常湿润。山坡尽可能地开发成了梯田，山谷里也种了大面积的水稻，稻田里的水有两三英寸深。无数的白冠鸟正忙着捕食田间的小鱼。看着这些优雅的小鸟娴熟地捕猎，也是一件很有趣的事。它们首先会迅速地飞到稻茬中间，小鱼就被驱赶到稻茬之中；然后，白冠鸟用脚踩着稻茬振翅作响，小鱼受到惊吓跃出水面，白冠鸟就趁机猎捕，动作神速。

这一天又要结束了，我下了轿子。因为山路湿滑，苦力们走路时多次打滑，我也无法忍受轿子的颠簸。在路的转弯处，我遇到了三个人。他们牵着 32 只狗，狗绳相互连着，最前面的男人牵着总绳。这种狗属于特殊的品种，颜色非常统一（全身棕褐色，背部有黑色的阴影，鼻尖也是黑色的），它们吸引了我的注意。狗主人告诉我，这些狗是他从打箭炉的"蛮子"（汉人称藏民为蛮子）手中买的。四川人非常重视"看门狗"，因此狗的价格很高。这群狗非常漂亮，有 18 英寸高，四肢干净，身条匀称，耳朵小而下垂。"蛮子"主要训练狗打猎，猎狗能根据气味捕捉猎物。它们在奔跑过程中发出悦耳的叫声，并且很少冲着受伤的猎物狂吠。我向猎狗喊了句"吁克斯"——驱赶的意思——猎狗狂怒起来，齐声叫喊，叫声真实、清澈、美妙，在山间回荡，好比山中的仙女在歌唱。我一次一次地挑逗它们，猎狗更加兴奋，以至于狗主人受到了惊吓，请求我赶紧离开。当我离开它们的时候，猎狗的叫声更激烈了。在我转弯之后，狗主人开始用鞭子使劲地抽打它们。

现在每向西行走一天，就愈见荒凉。几英里不见人家，也不见农田。小山不见了，大山出现在眼前。道路变得可怕，有些地方陡得无法行走，大块光滑的石头铺成的道路崎岖不平。为了防滑，苦力们将带钉的铁板绑在脚上的大麻鞋上。除了身穿蓝色的棉衣和棉裤外，穿着与成都和打箭炉的苦力一样。它们都戴一顶粗糙毯子制成的头巾，一条绑带从大腿缠到小腿和脚踝，膝盖露在外面，这样可以避免腿部划伤，也可以减少腿部疼痛。如果旅行者没有采用类似的办法保护自己可能会受伤。菲利普和我都遭受了严重的伤害，后来我们采纳了他们的建议，用绑带缠了腿，也没有感到不方便。快到泉映村了，我们路过了一座矿山，到处是三英尺见方的矿井，矿井与山坡是垂直的。我进去了一个，沿着它爬了四五十码，在板岩层停了下来。矿井底，一位矿工正借着蜡烛的光线挖煤。他浑身都是黑色的，像英格兰黑乡的矿工。他对我的闯入非常愤怒，一顿大吼。我明白他是想索要几文钱，于是满足了他，并试着问了几个问题。但是他继续挖煤，嘴里嘟囔了几句，没再说任何话。

我们从泉映村攀登东北—西南走向的阳宁山。这是成都以

143

西一系列高山中的第一座。我们不得不爬到山顶，云在半山腰，衣服彻底湿了。中午到达了山顶，我们在山上唯一的一家客栈吃了早餐。西坡完全是干燥的，没有云，太阳很快就晒干了我们的衣服。在山脚下，我们赶上了一群旅行者。她们是少数民族妇女——一名妇女和两名侍从——服装引人注目，头戴一条长长的蓝色布巾，身穿一件到脚踝的裙子，腰间扎着一条黄色的带子。她们皮肤白皙，长相俊美，没有汉族妇女那样羞怯。这可能是生活闭塞的缘故。这位主妇带着她的孩子坐在轿子里，她刚从佛教圣地峨眉山朝圣回来，因为佛祖保佑她第一个儿子平安降生。聊熟了以后，我们相伴而行。下午，我们又遇到了另外两名朝圣者，是汉族人，正赶往 25 英里外的一座寺庙许愿。他们穿着白色的外套和裤子，赤着脚，每走三步就会弯下来磕头。他们就这样一路磕头下去，不管晴天雨天，除了吃饭的时候休息一下。文哲镇是我们接下来休息的地方，这个地方以生产钢铁和铜闻名，垄断者霸占了附近所有的矿山，政府因此获得大量收入。

在文哲镇找了一家旅店，太简陋了，我们只好另找一家。在这里我们遇见了路上碰到的少数民族妇女，她表达了亲切的问候。晚餐后，主妇派侍从过来问我要一些鸦片，不过我没有鸦片烟。她的一个侍从会讲汉语，我们一起抽长管烟，非常愉快地聊了很久。她说我一定也是一个蛮子，尽管一开始她以为我是传教士。

我们现在到了飞跃岭的东侧，飞跃岭被大雪覆盖，前行困难。中国人说，只有鸟才能飞过去。峡谷中间有条路可以通行，峡谷通向雅河，到处是瀑布，水声哗哗作响。峡谷的两侧长着阔叶的茶树，茶树上开着艳丽的白花，成群的小鸟从树上飞走，鸣叫声清越婉转，此刻仿佛置身于澳大利亚的灌木丛中。峡谷的转弯处横着一座由两条铁链平行而建的铁索桥，铁链插在峡谷两岸的石头里，长度有 30 码，桥离深涧中的洪流有 120 英尺。铁链子上铺设着木板——就是桥面——旁边没有任何护栏。走在桥上木板咯吱咯吱，桥面左右摇晃，我们屏住呼吸，战战兢兢过了桥。之后我们又过了两座相似的桥，并在一个叫秀泉的小村子里停留了一晚。村子上面就是雪山，我们决定第二天开始翻越困难重重令人生畏的飞跃岭。天刚刚亮，我们就离开入住的房舍，房檐下还吊着两英尺长的冰锥。开始攀登了，眼前陡峭的山坡上积雪有几英寸深，不时有雪崩坠入山谷，发出雷鸣般的轰隆声。

道路被滑落的积雪覆盖，我们不得不挖雪同行。前面的路有人走过，经过一夜寒冻，路面结了冰，为防止滑倒，我们几个人牵一条绳索，经常手触地，弯腰爬行。有时候我们不得不匍匐前进，一招不慎，就会跌入山崖。

我们谨慎地在冻雪上面缓缓前行。几天前，两个苦力抬着轿子，由于太过于大意而滑倒了，另两个人也因为牵扯滑倒了，轿子和苦力从上往下滑了大概有 20 码的距离。所幸的是，一根轿子的横杆插入雪中，才有了立足的地方没有继续下滑，此处离 400 英尺的悬崖只有不到 10 码的距离。我们在上面的人，只能匍匐到安全地带，然后丢一根绳子给受到惊吓的苦力，他们一动也不敢动，花了将近一个小时，他们才脱离危险，轿子的横杆成了拯救他们的东西。

在休息时，我们找到一个没有被冰雪覆盖的地方。这里苔藓和荆棘生长得很茂盛，稀稀拉拉几朵黄色的报春花在雪中露出头来。艰辛爬行七个小时后，发现前面的路更难走了，密集的云雾萦绕着大山，也使我们的衣服和脸结了冰。终于到了山顶，但让我惊讶的是山顶竟没有雪。山顶往下不远还有一家孤零零的客栈，此处超过水平面12000英尺高。接近客栈，我们听到咆哮声，可能是雪崩的声音，但客栈里的人说这是暴风的声音。一年里有十个月东坡有雪，风往西吹。中午暴风的声音又开始响起，直到日落。

山西侧没有雪，所以下山没有那么困难，山路陡峭也不妨事。与成都到巴塘之间的其他山脉一样，飞跃岭也是东侧坡度较缓，西坡陡然下降，好像与地面垂直一样。

下山到2000英尺高时，浓浓的云雾弥漫开来，能见度不足10码。在云雾之中，我们沿着之字形的山路下行，山路全是石灰岩石，不长任何植被。突然，我们走出了云雾，见到了灿烂的阳光。大山的容貌似乎也不同了，好像施了魔法，光秃秃的石灰岩坡不见了，呈现在眼前的是大片大片的矮竹林和草丛。抬头可以望见秦池镇的城墙，它坐落于一个盆地平原上，四面都是长满竹子的野山。透过明亮的天空，感觉镇上民居的屋顶离我很近。我们走山路花了四个小时。山路像一条白线，蜿蜒而下，直穿平原。

远离了云雾，我们遇到一阵突如其来的狂风，风声极大，能造成雪崩，几乎能把我们吹倒。我们不得不蹲伏下来，直到暴风减弱。这就是客栈老板给我们描述的那种风，它一直刮到太阳下山，等我们安全到达秦池镇的旅店时，耳际还能听到暴风的咆哮声。

晚上，居住在镇上的两个基督徒来拜访我，从他们那得知，藏区主教丁盛荣病了，住在一个叫作大林坪的传教会里。大林坪位于大渡河岸，从秦池镇向南走一天的距离。第二天，我们中断前往打箭炉的路，准备向南去一个叫汉源街的小镇，离主教的住处大概有 1.5 英里。丢下行李和苦力，我和菲利普一起前往大林坪，沿途经过一道沙石构成的阔地，大约有四分之一英里宽，长度超过两英里。距汉源街两英里的峡谷中流淌着一条小溪，夏季是雨季，峡谷内水流上涨流入大渡河。一条之字形小道通向大林坪，传教会有两间房舍，位于 500 至 600 米高的山坡上。半路上，我们遇到了一位年轻的神甫卡瑞欧，他是丁主教的助手。到了教会，主教安排我们先吃饭。吃完饭他告诉我，可以起身接见我。我们从成都到现在，沿途就餐除了大米就是腌菜，没有其他食物。没想到，这顿饭竟有烤羊肉、土豆、来自打箭炉的黄油面包、大量好喝的米酒，我们吃得狼吞虎咽，这引起卡瑞欧神甫的怜悯，他了解我路途的艰辛。

晚饭后，我们一边聊天一边抽烟斗，等主教接见，不一会儿，主教表示可以接见我。进入他的房间，我看见了一个令人起敬的老人穿着中式服装，蓄着白胡子，胡子很长，他的相貌让我终生铭记。他60岁了，在中国传教也有40个年头。但是长期的疾病使他看起来更老。他的面容非常慈祥，双眼随着年龄的增长而变得有些暗淡。他和蔼地看着我，用英语向我表示欢迎，声音低昂但很悦耳。他的母亲是英国人，因此他能说一口流利的英语。

我们谈了一个小时，与他告别时答应他在汉源街住几周，直到他准备好与我一起去打箭炉。回到旅店我倒头就睡，这几天由于食物不足，身体感觉很糟糕。不但如此，我现在的前景并不乐观。除了未曾预料到滞留在此要一个月，主教以他长期居住在西藏边境的经验以及对中国和西藏地方政府的了解，认为去印度太难了。然而，让我更感到忧虑的是，我身上的经费不足以支持我到达印度，我不能再像以前那样在旅行中也可以过得很舒适。回到汉源街，我把所有的苦力都解雇了。他们索要去打箭炉的全程费用，我又损失了20两银子。住下的第一天晚上，为了确保食物补给充盈，我就从农民那里购买了野鸡和半只猪，加上主教给的土豆以及他亲自做的面包，一起放进了储藏室。

我的下一个打算是摆脱油腻的中国炒菜，使用一种新的烹饪方式。旅店隔壁是个铁匠铺，我要为自己打造一个烤架。铁匠和蔼地看着我，显然对我在他的位子上打铁很满意，前提是我给他烟抽，也付给他打铁的钱。到中午的时候，烤架完工了，令人满意。

我毫不费力地安装了一个烧木炭的炉子，这是从秦池镇带过来的；又在门外用四块大石头做灶台，上面放了一口大铁锅，这就解决了所有烹饪的问题。在晚上，我美美地享受了一顿大餐，什么烤野鸡、烧猪肉、煮土豆，还有米酒。这个时候，我忘记了独自一人行走在中国西部，远离朋友，淹没在迷信的人群之中，随时都可能成为他们热情或偏见的牺牲品。

接着我花了几天时间来恢复体能。卡瑞欧神甫几乎每天都来拜访我。我又一次去拜访丁主教的时候，他提议我应该陪着卡瑞欧神甫去参观毛家山，据说那里有很多野猪、野鹿和野鸡。自从离开上海后，我就没有什么运动了，如果能够猎捕一些野猪和野鹿，一定会感到非常高兴。因此，第二天一早就准备爬山。留下菲利普照看行李，我一个人去了传教会。赶上了吃早餐，然后，在年轻神甫的陪伴下，带足了登山用品和干粮出发了。

到毛家山要先翻过教会所在的这座山。我们沿着山路向上走，越往上越陡峭越危险。阳光照耀下，空气闷热。爬了三个小时我们到了山顶，得以远眺白雪覆盖的毛家山，群山高耸入云，显得我们所在的山十分矮小。

考虑到今天晚上不可能到达原计划的客栈，我建议找一个离我们较近的房舍过夜。然而，这一提议竟成了激将法，他善意地嘲笑我的恐惧，并向我提出挑战，比赛谁先登上山顶。跟随他的乡民也显得比较轻松，听到他的挑战都大笑起来。很快，神甫就在远处向我招手。

很明显，我们不能指望在天黑以后到达毛家山的雪线，即使我们的耐力还够。我还是有点担忧。到目前为止我状态还不错，但我注意到，神甫在到达第一座山的山顶时看起来满脸通红疲惫不堪。所以我劝说他和我一起喝点酒恢复体力。然而，他高兴地回应了我的招呼，继续安心走自己的路。不到两个小时，我就追上了他。他显然很疲惫，但仍然充满了力气，我们还一起慢跑了几百码。当他再次停下来的时候，看起来已经很虚弱了。我开始警觉起来，灌了他几口酒。但是已经晚了，此时离我们的目的地不足五英里。我请求神甫回到离我们最近的房舍——大概一英里远，但他固执己见，我们只好继续向前走。还差最后一英里的时候，这个可怜的家伙彻底不行了，认识到自己无法到达终点。但认识得太晚了，他倒下昏了过去。

我们的村民苦力跑到前面很远了，天马上黑了。一股猛烈的冷风在日落时逐渐增强，几乎把我们冻死了。我不能让我的同伴躺在那个地方，我也不确定是否能在黑暗中找到我们下面的房子。我决定去找。我大声喊叫前面的苦力，借助山中的回声，他们听到了。

他们明白有些事情不对劲，然后就转身回来了。与此同时，我不幸的同伴躺在那里，喉咙里灌满了大量的米酒，只恢复了部分意识。他站不起来，天寒地冻也让我们等待苦力救援变得更加危险，我把他扛到我的肩膀上开始向下走，难度很大。在一个苦力的帮助下，我们终于安全到达了休息的房舍。

这只是一个简陋的棚屋，屋顶是由木板和泥土盖成，后墙靠在低矮的石墙上，内部被分成三个类似的隔间，由三名登山队员和他们的家人租住。

中间有个煤炭火炉，男人、女人和孩子围着取暖。房子里还挤着几条狗、三头瘦猪以及无数的家禽。这穷人一家也是基督徒，对我们表示亲切的欢迎，并急忙把神甫放在他们的床上，床很简陋，是岩石做成的。

看到神甫睡得很好，我也就放心了，然后也和这家人一起围在火炉旁边。他们在火烬中烤土豆，难为情地请我吃一份。我拿我的米酒给他们喝，对可怜的主人来说这是一种难得的享受。我们还坐在一起抽烟，聊了很长时间。

第二天早晨离天亮还早，我被公鸡的啼叫唤醒了，其他家禽也活跃起来，迫不及待地开启新的一天。我索性起来了，继续和主人一起抽烟等待天亮。神甫的精神也恢复了。不幸的是，为我们背负食物的苦力没有回到这家房舍，我们只好很荣幸地分享主人的早餐：放了盐的烤土豆。他们得知我们登山的目的是猎捕野猪非常高兴，因为野猪是他们最大的敌人，毁坏了他们仅有的庄稼——土豆和玉米。成群的野猪从人类几乎无法到达的高度下来，如果不受干扰，就会在一夜之间毁坏数英亩的土豆。因此，倒霉的一家人不得不时刻看护着他们的农田。而且野猪是如此的狡猾和大胆，以至于他们能保住一半的庄稼就算很走运了。

我们决定再次爬那座山。到了早上 8 点，我们到达了原计划要到的房舍。它的主人也是基督徒，对我们的来访感到高兴，还体贴地为我们准备了早餐，听说我们昨天遇到了麻烦，报以了极大的同情。匆匆吃完早饭，我和几位登山者又出发了。

到了毛家山山顶，可以俯视大渡河，也能看到打箭炉西边的折多雪山。我们周围巨大的山峰高耸入云，崎岖的山坡完全没有植被，只有山谷里长着蔓草和矮树，成为了野猪的栖息地。

为了找到野猪，我们俯身走下山谷。看着很近，但是花了近三个小时才到。令我们失望的是，未能打到野猪。我们返回到农舍时十分疲倦，吃了晚餐，天没有黑就休息了。这就是我们登毛家山的收获，大家决定第二天返回大林坪。

山上的居民虽然在习惯、语言和服装方面跟汉人一样，但是他们不是纯粹的汉人。事实上，飞跃岭以西的人口几乎都是汉人、藏民和罗罗人（即彝人）的混血。罗罗人是一个非常强大的村落，居住地区分布相当广泛，主要是在大渡河以西。虽然他们名义上向中国朝贡，但从未被彻底征服，不断地在飞跃岭山区和大渡河沿岸进行劫掠。

在和平时期，许多罗罗人移民到河左岸的定居区，并与当地人通婚。他们的服装、语言和习惯极为相似，房子也是完全一样的，而且都信仰佛教。

在我们登毛家山时碰巧遇见一群罗罗人外出，还拜访了我们基督徒朋友的家，说来也奇怪，他们得知我朋友是新教徒时，没有骚扰他们就离开了。这些罗罗人听到过那些坚韧不拔的法国传教士布道。

第二天，我们下了毛家山回到了大林坪。我对这次旅行很后悔，经历了那么多的辛苦，却没有任何收获。然而，菲利普对我这么早回来感到高兴，因为我不在的时候他想家了。事实上，我们在这个地方的逗留无聊透顶——每天都要学汉语、烹饪、剥皮、保存鸟类标本，偶尔去趟大林坪，天天如此，时间就慢慢地耗掉了。

但是，我们每天都会对一头头骡子的好歹评头论足。因为丁主教建议我买几头骡子，所以我们到打箭炉的行李改由牲畜驮运。我张贴了告示，告示上说：急需一批骡子，价格满意。结果，方圆数英里内养骡子的人都带着他们有缺陷的骡子来让我看货。每个人都吹嘘自家有毛病的骡子是世界上最完美、最温和的动物。人们聚集起来，乐子就来了。当有人牵了一头性格暴烈的骡子售卖时，骡子的主人需要骑在骡子展示一番，结果总是相当狼狈，引得旁观者哈哈大笑。

看了有50多头，最终我只买了一匹灰色的母马，大约有12手高。正如它的主人所说，它是"铁种"，这一术语通常适用于云南的骡子，尽管它很小，但在负重和旅行的耐力方面表现不俗，400磅的重量都不算什么。我称它为"铁公爵夫人"，对它的品种很有信心。它是未来六个月里唯一一个在旅程中坚持下来的动物。

在旅店里住了将近三个星期，我对此地非常满意。人们都很友好，从来没有想过要对我进行骚扰。我可以独自在周边漫步，经常去许多受人尊敬的人家里拜访。突然有一天早上，我被店老板叫醒了。他猛烈地敲我的门，大声喊道："士兵们来了。"外面传来了女人的哭喊声，出现了巨大的骚动。

我匆忙穿上衣服，装上左轮手枪，以为旅店遭到了袭击。菲利普很快把我们所有的行李都一起放在我的床底下，还把房门钉得死死的。我被他的安全意识逗乐了，笑着说，赶紧去拿长刀。现在轮到他笑了，他回答说："哦，士兵们不是来打仗的，他们只是我们三月份在重庆看到的那些家伙。"

走到村子的大街上，场面混乱得可怕。人们纷纷带着他们所有便携的贵重物品逃跑了，每个商店都关门了。大约六名身穿红色衣服的凶恶的先头部队四处巡视，把三角形的布块贴到旅店和酒店的门框上，布块上写着数字。大约有一支200人的队伍——也许正在行军，也许是迷了路——闯入这个村子。标了数字的商店，必须按照数字接收入住的士兵。我们的旅店是这里最大的，大约安排了100人。

几个士兵直接撞开门冲进我的房间。我问他们军队的头是哪一个？他们让我去某个地方，还命令菲利普准备茶和烟；然后放下他们的行李，躺在我的床上。他问我烟斗在哪里。我温和地告诉他们，不能在我的房间里抽烟，而且必须离开；他们只是抢过我的烟斗，并对我大喊，"给你点颜色看看"。当我正要推他们出去的时候，另一个家伙开门进来了，一拳打到了我的太阳穴。这让我更加愤怒，他一靠近我，我就把他打倒了。现在轮到他的同伙了，扯着喉咙号叫，我把他拉到门口，一只手拽住他，另一只手把他打倒在地。其他同伙号叫着就像一群狼，我快速地拔出左轮手枪，指向了他们。他们认出我是一个外国人，有点慌张。就在这时，他们的头儿骑着一匹小白马过来了。当他知道我揍了他的手下，非常愤怒，冲我过来，脸几乎要碰到我的左轮手枪。他一看到手枪，立刻安静下来，请求我在里面跟他说话。我领他进屋，给他拿了烟斗和茶，让他看四川总督批示的通关文书。这个很好使，他把士兵们叫到我的门前，给他们看通关文书，指着上面的印章。他们看到总督的印，都跪在地上磕头。

这个军官人还不错，我们晚上一起吃了饭，他非常有趣，我对他的好感增加了。菲利普说，他还是一位了不起的诗人。后来，他喝醉了，直到午夜之后，两名士兵把他从我的床上抬走了。

第二天早上，我起床很晚，收到了他的便条——用诗歌向我道别，祝我旅途愉快，并请我接受他送的一袋珍贵的茶。他在诗中写道，他的士兵从一位著名的旅客手中借了一盒茶叶。其实，这盒茶是躺在我床上的那个恶棍从我的行李里面偷走的。这个笑话让我笑得很开心。然后店老板和我一起出门查看，旅店已经被掏空了。他的家人向废墟中的佛像祈祷，也谴责他允许这样的灾难降临到他们身上。门和窗还有许多间房子的木板被拆走做木材了，椅子、桌子和陶罐碎了一地，大大的厨房前一天里面还全是蔬菜，现在空了，周围的栅栏也被烧掉了。

这些可怜的人坐在街上为他们的不幸而哭泣。就在昨天，这个地方还是一个繁荣的乡镇，人们感到幸福和满足。今天一切都是废墟和痛苦。

主教来话说，他打算第二天早上动身去打箭炉，我赶紧收拾好行李。4月3日上午9点，主教和他的追随者来了，我们一起吃过早餐，再次向西进发了，把那个被毁的村庄——汉源街抛在了后面。

第七章

从汉源街到打箭炉

我们离开汉源街，精神振奋。主教的随从人员包括苦力和马夫，有将近40个人，加上我的人员，组成了一个蔚为壮观的队伍。主教的旗手在前面开路，他们举着一个小三角形的黄色丝绸旗，上面用红色的字写着主教的中文名字"丁"和头衔。紧接着，主教坐在他的绿色大轿里，由四个苦力抬着。八个苦力走在轿子前面，每人手里牵着一根绳子，绳子绑在轿子的抬杆上。紧随其后的是挑行李的苦力，除了挑着担子，他们手里也拿着类似前面的小旗。他们后面跟着三个仆人和菲利普。我的轿子和行李跟在最后面。整个去打箭炉的路上，我们都是按照这个顺序赶路的。

开始时出现了一点困难，原因是苦力雇主太贪婪。我们认为，去打箭炉的路上只需七个苦力就可以了。雇主老板按每人二两银子收费，但他只给苦力每人一两，一次付清。然而，他还不满意，让我再雇一名苦力。我断然拒绝了，他傲慢地把那七两银子扔在地上，告诉我去找其他轿子和苦力吧。菲利普拿起鞭子抽了他，他向丁主教的中国秘书求饶。白天他一直抱怨说，我强迫他跟着我们，晚上到了旅店，偶尔听到他向别人讲述我这个"洋鬼子"怎么欺负他。现在我意识到，根据一般的规矩，苦力拿到薪金后，要把一部分薪金交给雇主作为保证金，这样苦力才有资格使用雇主的轿子。所以第二天早上，我当着所有人的面对他说，我不强迫他跟我们走，我解除和他的约定，并让他把我先前支付给他的钱还给我，我直接和苦力结算他们的薪金。

那家伙无话可说，在众人的笑声中不情愿地把钱退给了我。我转头给苦力的薪金是每人 1.5 两银了，我们和苦力都得到好处，除了苦力老板。他不但失去了赚钱的机会，还受到了嘲笑。

在离开汉源街的头两三天里，我们穿过了一个荒凉的贫瘠山区，偶尔会在小村庄休息，有时晚上就睡在关公庙里。小块小块的耕地都被粗糙的石墙包围着，保护农作物免受驴的侵害。路上经常遇见这些牲畜，驮着从秦池镇运来的煤炭。一个叫义都的小镇，坐落在一个祥和的山谷里，肥沃的土地上种着绿油油的蔬菜，小镇上的房子难以描述。义都这地方气候宜人，蔬菜和酒很出名，吸引了周围的有钱人常来这里疗养。在我们到的时候，它正以最好的姿态迎接我们。一场宏大的宗教仪式刚刚举行——祈求躲过了正在流行的瘟疫。这既不是佛教仪式，也不是道教仪式，属于中国人普遍信仰的多神崇拜。仪式包括列队长时间的念祷文，用鸡献祭——把鸡血涂在门柱上。庭院内外摆着树枝和野花，象征着已经赎罪了，疾病的祸害也被消除了。大街上乐队吹拉弹唱，人们（主要是汉人）穿着节日的服装，急急忙忙相互叩门庆贺。在中国的西部省份，这种现象很普遍。

又过了三天，我们投宿在化林坪的一个军营。化林坪位于大雪山的西部山脚下。进军营时，瞭望塔上的守卫要求我们出示通关文书。只有通过营门，我们才可以到达化林坪。守卫认出了主教，非常恭敬，没有耽误我们的时间。

化林坪的军营设在大山的山坡上，地势稳固。四排木屋，一排 50 间，驻扎着 400 名士兵，这是西部边防部队的一支。军营的每一位士兵几乎都有一大家子从事贸易或其他职业，他们中的大多数人还种植了玉米和土豆。只有士兵和军官才能住在军营里，能看到几家商店，也是士兵经营的。我们住宿在关帝庙里。一到关帝庙，我就被菲利普逗乐了。他赶制了一面旗帜，上面用黑白两色写着我的名字"唐古巴"。他把这面旗子插在门口，与主教的旗帜相对。类似于这样的旗帜，在中国只有那些有身份的人才有资格携带，就像英国人的盾徽。在四川人口稠密地区的一些旅店门口也悬挂不同的旗帜，宣示店主的存在。

一天的脚力，我们从化林坪到了泸定州，它以横跨大渡河的铁索桥而闻名。这座城市是四川内地的最后一个城市，在这片土地上，蛮王的权威得到承认。当地居民（可能有 8000 人）有大量藏人和汉人的跨族婚姻，男人通常穿着一种改良的藏族服装，外表比女人还好看。本地的语言融合了汉语与藏语，所以对菲利普来说理解有点困难。他纯正的北京话对当地人来说理解也困难。碰巧，那座著名的铁索桥因失修而暂时停用了，我们的整个队伍不得不乘船渡河。船家是一个非常健谈的人，他告诉我们泸定桥的历史。

以前，藏东地区并入内地时，北京政府提供 30000 两银子建造横跨大渡河的桥梁。大渡河洪流极快，河道深，成为汉人和藏民大规模交流的一道严重障碍。水流湍急，采用石拱桥的方式建桥都无法成功。最后，镇上的一个铁匠想出了一个铁索桥的主意，他被任命为执行这一计划的官员。根据古伯察的说法，在 1701 年，这座桥建成了。它是有缺陷的。九根大铁链还没有船的缆绳粗，彼此之间的距离有四英尺，路面仅仅是一块块木板，没有任何护栏或扶手，桥面振动是如此之大，以至于几乎不可能站稳。每天中午到下午四点钟，通往大桥的大门关闭，不允许任何人穿行。令人可怕的强风竖灌整个峡谷，使过桥的行人更加危险。据说刚建成的一两年内，它的功能发挥得很好，但最近几年，铁链偶尔断裂，造成了令人震惊的重大伤亡事故。

安全地穿过大渡河之后，沿着右岸继续行走了几英里，晚上我们在一个叫达里的"蛮子"村子住下。这是进入老"蛮子王"管辖区的第一个村子。老"蛮子王"受四川总督领导，管辖区域从打箭炉西边雅砻江沿岸的河口到大渡河右岸。

我们的房东是一个跨族婚姻混血儿，也是一个文学和艺术品位很高的人。他的房子里满是中国的艺术品，如油画、青铜器和旧瓷器。毗邻这所房子有一个花园，简直是一个完美的中国小伊甸园：橘子树、柠檬树、柚子树和梨树长势茂盛；池沼绕着假山，池里的金鱼闪闪发光。参观完他们的庭院，我的赞美之情溢于言表。主人带我们来到客厅，客厅装修得也极其奢华。桌子和椅子都是精心打磨的黑檀木，墙壁上挂着中国绘画艺术的经典之作。中央有两张桌子，上面摆满了漂亮的青铜器和中国花瓶；但最名贵的是一个钢板雕刻，上面刻着"公爵夫人接见堂吉诃德"的画像，这是一位传教士在几年前送给他的。好作品交给外行保管太可笑了：它被黄色的丝绸包裹着，黑色丝绸缠在上面，外面还贴着红纸，上面用金色的汉字写着捐赠者的名字日期。主人非常急切地想要了解画中的情景。晚饭后，我给他讲了堂吉诃德和桑丘的故事，他非常高兴。善良的主教休息以后，主人又准备了一顿晚餐，并拿出了非常美味的酒。他告诉我，这是驻藏大臣做客时送给他的礼物。

第二天早晨准备出发的时候，我惊奇地发现我的轿子旁边放着一个篮子，里面装着酒、柠檬汁、烧鸡，是好心的主人给的。马上离开的时候，他拥抱了我，嘱咐我不要忘记他，回国以后也要想念林大老爷和西藏山中的房子。

沿着大渡河右岸继续行了几英里，下大渡河在几百英尺深的悬崖间顺流直下。在进入打箭炉峡谷之前，有一条约三英尺宽的狭窄小路与悬崖形成直角，一路向山上延伸。从我们的角度看，路离河面有 600 英尺。前面的轿夫晕倒了，最靠近悬崖边缘的轿杆突然断裂，轿子和我悬挂在悬崖边上，我下意识地往下看了两秒钟，看到脚下可怕的深渊，直接吓瘫痪了，不敢移动半步。轿夫尽管和我一样害怕，还是抓牢了轿子。背行李的苦力上来，一起把轿子拉了上来。我得救了，也快吓晕了。事实上，要不是苦力大声地哭喊，我应该是已经昏死过去了。怎么说，悬挂在绝壁边缘的感觉是可怖的，两三天内我的情绪都是紧张的。

一恢复过来，我们就继续赶路了。大渡河上狂风呼啸，等到了打箭炉峡谷，狂风变成旋风在滚滚洪流上面肆虐。旋风的威力实在可怕，一旦卷入悬崖上旋风，行人会像一根羽毛一样被卷走。这里流传着许多旋风刮走行人的故事。

在峡谷的入口处，我们遇上了一群近 200 人的苦力队伍，他们是从雅州到打箭炉的运茶工人。一路上遇到了数百人。我们同情他们辛苦的劳动，他们也很兴奋。然而，这一群队伍尤其引起了我的注意。因为他们背负的茶叶是中国政府送给拉萨大喇嘛的礼物。他们带着对政府官员的不满情绪，因为他们的每日薪金是 200 文，官员克扣了 150 文，留给穷人的这点钱只够买半顿玉米饭的。他们的境况极度可怜。每个人平均背负八包茶，相当于 160 磅重。他们中的许多人背负 12 个包，240 磅重。茶包装在一个木制框架中，用皮带背在肩上。木架在头顶处弯曲，使一半的负荷放在肩膀，苦力只能低头行路。因此，他们不得不忍着饥饿在150英里山路上艰辛行进。但是他们的辛勤劳动几乎没有带来任何回报，而是进入了官员们的口袋。

我们现在已经进入了那个可怕的、令人沮丧的打箭炉峡谷。这个峡谷与大渡河峡谷的西岸形成直角，打箭炉河水在此注入大渡河，引起激流澎湃。

两边的悬崖绵延20英里，有100到200英尺高，两侧的悬崖靠得很近，有时仅20到30码宽。悬崖几乎是直立的，悬崖向上延伸的大山山顶为白雪覆盖，云层很低，遮住了阳光，甚至正午时分也好像已是黄昏。崖下激流涌动奔向大渡河，激起层层浪花，冲刷着右岸的狭窄小道。强烈的飓风在阴暗的山间横扫，能吹落巨大的岩石，石头滚下山有时砸向岸边的房舍，石头和房子一起跌入湍急的河流，引起轰轰的雷鸣声。每年这些石头都会夺去许多人的生命。我们经过了一堆废墟，这意味着这里曾经有一片房子住着人，但是都被硕大的山石摧毁了。沿着峡谷走了10英里后，我们在崖上的关公庙住了一晚。当地人说，这里很少能见到阳光。出关公庙不到10步，就是激流怒奔而下。这座脆弱的建筑挂在600英尺高的悬崖上，随时都有致命的山石滚下来摔得粉碎，让人心惊胆战。第二天又走了10英里才安全穿过峡谷，进入一个比较开阔的河谷，我感觉呼吸顺畅了。不久就能到达打箭炉了，我们投宿在一家"蛮子"经营的旅店——主教的随从提前从汉源街出发，到这里预订了房间。旅店的老板是老"蛮子王"手下的士兵，现在正在山上当差。他的妻子漂亮大方，大概有30岁。当她得知一个外国人要住在她的旅店时，特意打扫了两个房间给我们住。旅店的房间很小但很便宜，每间房每晚仅 10 文钱，还包括热水供应，这让我十分惊讶。

这家旅店位于汉人聚居区，风格也主要是中原式的，四面都是墙。一楼是喂养马、骡子和牛的棚圈，二楼是家人和客人的住处。有些房间安着方格子窗户，便于采光但没有玻璃，里面是百叶窗，其他的房间与汉地的一样。

在这逗留的第一个晚上，我发现了大量的害虫。自从离开汉口之后，经验教会了我如何去忽视这种烦恼。总的来说，我对将要入住几周的前景感到满意，因为大雪封了路，暂时不能前行。

最初的几天里，我都是在镇上散步，观察着藏民的举止和习俗，他们是当地的主要居民。

这座城市坐落在一个深深的峡谷中，两侧是白雪皑皑的大山。一条水流从中间流过，把左岸的藏人区和右岸的汉人区分开。峡谷两侧的大山又高又陡，天然形成了一道牢不可破的防线。牢固的城墙横跨峡谷，形成了这座城镇的唯一进出口。

汉人区的商店主要是由川西商人经营，他们从事绿宝石、茶叶和鼻烟的销售。他们也与藏人交换麝香、鹿角、药物、黄金和各种各样的皮毛，如猞猁、水獭、豹子、狼和熊的皮。也有售卖丝绸的商店，各种的汉地丝绸都有。茶店到处都是，肉店也不少，里面塞满了猪肉、羊肉和牦牛肉；羊肉和牦牛肉的需求很大，而且非常便宜——大约每磅两便士。各种各样的食品都是物美价廉。我们发现了一种又大又美味的白菜，腌渍之后有点酸，这是一种令人陶醉的变化。这个地方的许多汉地居民都是回民，然而他们的穿着却与当地人没有区别。他们的清真寺就坐落在我的旅店附近，是汉人区最漂亮的建筑，有穹顶和尖塔，带有印度风格。早晨和晚上的钟声召唤信徒来祈祷，但那声音特别刺耳，不和谐地吹着号角，常常打断我的睡眠。

驻扎此处的朝廷军队包含250名步兵和100名骑兵，每天都在西墙外驻守。驻军由一名带着蓝色纽扣上衣的军官指挥，民政则由道台管理，他可以独自断案。这是对"蛮子王"的唯一限制，"蛮子王"与朝廷的关系似乎有点类似于英属印度的土邦王公。汉人称他为"蛮子官"，已经70多岁了，他是前任本地王侯的直系继承人，而且始终拥有对辖区内"蛮子"或者藏民的有限权力，也包括对南部罗罗人的权力。他每年向四川总督交纳贡品，为此他要在本地征收税款，而且有义务负责维护辖区的和平。他也可以任命地方法官，但没有判死刑的权力。"蛮子王"还养着几百名士兵。他的宫殿位于藏人区，是一个巨大的建筑，装饰朴素。王宫的结构像监狱一样，巷道狭窄而肮脏，里面挤满了不洗澡、不梳头的孩子。"蛮子"除了士兵和商人之外，都是伐木工人和宗教信徒。而且，正如前面说过的，这里的"蛮子"人口超过了汉人人口。

打箭炉的进出口都有税关，每一件进口或出口的物品都要征收关税，而汉地和藏区之间的所有贸易都必须通过这个税关，这是这座城市的主要作用。

我在打箭炉待了几天，没有听到关于政府的任何消息。一天早晨，位于西门外的喇嘛庙里的首席喇嘛拜访了我。他骑着一头巨大的白色骡子，带着四个藏人随从。进入我的房间后，他自我介绍说是拉萨大喇嘛的首席管家。喇嘛相当年轻，肤色白皙，非常高大。他彬彬有礼的举止令人印象深刻。通过翻译，我们进行了直率的谈话。他说一两天前就听说了我的到来，并且有幸见过一个英国的医生。英国医生曾从很远的地方到访佛教圣地。菲利普准备了茶和烟斗，年轻的喇嘛和我坐谈了几小时，问了很多问题。有时，尽管他完美地控制自己，但还是流露出一种焦虑，想从我这里得到一些关于我此行来西藏的目的的信息。我觉察到他想要说出我要走的路线，我说，听说喇嘛反对法国传教士进入他们的中央王国；并补充说，我认为这是出于宗教原因；对于像西藏这样的宗教圣地，拒绝引入新的宗教，一点也不奇怪。看我带有明显的中立态度，他很惊讶，然后说："哦，那么，你不是这个新宗教的老师！""我可以问一下，你是什么人？""我只是一个旅行者，去过很多国家，想去看看佛国。"我回答。"既不传授宗教，也不为任何事烦恼，而是在遥远的未知国度里欣赏到奇异的景观。""太好了！"喇嘛说："我听说你要来开一条路，你们的士兵可能会来到我们的土地，用新的信仰改变我们的人民。你真不是一位新宗教的老师？"我回答他说，我是一个"大英国人"（英国人）；而不是一个"大法国人"（法国人）；他们的宗教和我们的是不一样的，我只是一个纯粹的孔夫子的门徒，对宗教的教导漠不关心。我不是老师；但尊重我所访问过的所有国家的宗教。我的客人从椅子上站起来，呼唤他的一个随从，并与他交流了一会儿回过头对我说："我很遗憾地告诉你，我听说你会被逮捕，如果你试图进入巴塘以内的地区你就会被遣送回去，因为你和你自己说的不一样。然而，我建议你在积雪化了之后就开始你的旅程，并且小心地避免谈论宗教，或者不要让人觉得你是传教士。"最后，他让我和他一起回喇嘛庙。我很高兴有这样的机会。给我的小母马——铁公爵夫人安上鞍，陪着喇嘛来到他的喇嘛庙。我们路过一块平板石块，上面刻着"嗡、嘛、呢、叭、咪、吽"的祷文。

那是一座巨大的方形建筑，由粗糙的石头砌成，一排排的方形窗户，光线可以从窗户进入房间。事实上，这个地方更像一个监狱。我们穿过一扇巨大的木门，通过黑暗的拱道，拱道到头又是一个同样的木门。拱道的两侧各有一个架子，架子中间有四个圆柱，大约高四英尺，直径一英尺；每个圆柱都被固定在一个中心的枢轴上。喇嘛拨了它们一下，一个接一个地旋转着，他一边念咒语，一边用手捻着珠子。在每一个圆柱上都被涂上了藏文字符的大金字。喇嘛庙里到处都是这种圆柱，每个喇嘛都会转动圆筒，手捻佛珠。

通过大门，我们进入了一个方形庭院，参观了喇嘛庙里面的四面墙，周围还有一个两层的回廊，不少喇嘛前后穿梭，数着佛珠用低沉悲哀的声音歌唱着不变的祷文。我的朋友是主持喇嘛，只有他一个人唱"嗡、嘛、呢、叭、咪、吽"的声音，我在藏东地区的旅行中，听有喇嘛翻译它的意思是"恭颂神"，尽管欧洲学者们把它翻译为"哦，莲花上的宝石"！

穿过庭院，喇嘛带我上了一段楼梯，走进他的房间。他的房间与其他喇嘛的房间不同，而且家具更高级，房间更清洁。其他喇嘛的房间都很脏，里面没有什么东西，只在地板中央有一个小火炉，还有一个很大的木桶，插着一个搅拌棍，里面装着的是藏人最爱的酥油茶。主人的房间里有几把中式椅子，围着火炉铺了一层厚厚的羊毛地毯，我被邀请落座。坐下来后，一个穿着喇嘛长袍的青年喇嘛端来一个银杯子，盛着酥油茶。作为一种特殊的热情好客的标志，里面撕了一块儿令人难以下咽的酥油块——拳头大小——放进了我的杯子。他礼貌地递给我，然后用同样的方式填满他自己的杯子，他邀请我和他一起喝。

出于礼貌，我不得不喝下去。成功地咽了油腻腻的一口，我假意很好喝。主人点了点头，优雅地欠身表示赞赏。他用小指在我的杯子里搅拌酥油块，再次敦促我喝下。我本可以不喝下去，但我的决心召唤我，于是又喝了一大口；然后匆忙地拿起了我的烟斗，而热情好客的主人啜饮了融化了黄油的奶茶。

我表示想要参观一下喇嘛庙，喇嘛同意带我参观。首先看了佛殿，信徒每天在这里向大喇嘛祈祷。那是一个宏伟的地方。它的一侧有一个装饰华丽并镀金的栏杆，围在一个大约五英尺高的镀金佛像周围，佛像以一种沉思的姿势坐着，外面包裹着一层白色的纱衣。四周是一排排的壁龛——像鸽子洞——

大约有一平方英尺，每一个里面都有一个纯金的小佛像，大约有两英寸高。这样的小佛像不少于 100 尊，我的第一印象是它们只是镀金的；但是，喇嘛指给我看是金做的。我们穿过几条走廊，两边的房子都打开了，僧众们用单调的声音在唱着他们的祷文。然后我们参观了食堂，房间很大，大约有 40 个喇嘛正忙着吃着糌粑和奶油茶。整个建筑的设计，以及弥漫在庙里静谧感，让我感觉仿佛回到了古老的修道院，那里的修道士过着最上等的生活。在这方面，至少他们是与西藏的喇嘛们相似的，正如所有观察者所说，藏区的僧侣生活和宗教仪式让西方游客想起了天主教国家的僧侣和仪式。

数百个喇嘛赤着脚，光着头，穿着灰色的裙摆，从腰到脚踝，一条像苏格兰格子图案的长围巾搭在左肩飘在胸前，右手臂和右肩露在外面。腰部挂着一个小皮袋，里面装着燧石和金属，脖子上挂着珊瑚、绿松石、玻璃或实木串成的念珠，用左手不停地数着，而右手快速转着转经筒。转经筒就像石匠用的锤子，粗的部分绕着手柄旋转。有的是用银子做的，但通常是用象牙或木头做的，并镶嵌着贵重的金属，上面刻着黄色的祷文。每一次轮子旋转都被认为是一种好的修行，喇嘛和信徒都在不停地旋转他们的轮子，数着他们的珠子，念着祷文。

从喇嘛庙回来一两天，丁主教邀我共进晚餐。巴塘的一个传教会派人送来消息，路上的雪正快速融化，雪崩的危险也没有那么大了。这对我来说是个好消息，因为我的资金就像雪一样每天都在消失，而我还有一段 1000 英里远的旅程。还要雇驮行李的牲畜和译员，现在总共只有 400 两银子了，也就是 130 英镑，而在汉口时有 600 两。

吃完饭，主教坚持要我雇一名译员和几头牦牛驮运行李。我到拉萨的旅费就需要 600 两银子，所以我提醒他，我现在只有 400 两，在上海办理的信用证上写得清清楚楚。主教仍然半信半疑，最后告诉我，尽管他相信我是一个私人旅行者，但确定我私藏着其他银两。我再一次否认了，坦言只剩 400 两。他很惊讶，放弃劝我雇用旅行团队的想法，转而建议我购买几头驮运行李的牲畜，这样可以多带些食物和床上用品，并好心地说，如果我真的钱不够，可以向他借。

在谈话中，我偶然提到，中国西部出现许多麻风病人。主教说了一些可怕的细节，说这种病在云南肆虐流行，比其他省份严重得多。

他早期在云南传教。有一次，他悠闲地骑马游玩，胯下的马突然停了下来，使用很多办法，马还是停止不前。最后，他失去耐心（因为闻到附近有一股非常强烈的恶臭），用鞭子抽打他的坐骑，那匹马挨了鞭子，开始全速奔跑。在转弯处不远，主教惊恐地看到，有近 50 名麻风病人在那儿安家，正准备做饭。这些可怜的人举起无指的手，警告主教不要靠近，声音哀伤。警告也没有用，他的小马似乎有一种奇妙的本能，似乎察觉到周边这个可怕的危险。

云南省对麻风病人采取了非常严厉的措施，不允许他们进入任何城镇，也不允许在大路上行走。而那些不幸染病的人与亲友断绝了关系，一天一天挨到死亡。主教告诉我有几个偏僻的村庄全是麻风病人，如果哪个地方受到麻风病的攻击，受传染的人会立即被送去麻风病村，以免传播给更多的人，因为麻风病被认为是非常具有传染性的。这一点主教也是认可的，但是我认为它与欧洲医生的观点相左。

奇怪的是云南人民相信，随着外国人的到来，麻风病的诅咒也同时降临到他们的国家。然而，这种流行的偏见却受到了地方官员的鼓动，进而引起人们对外国人的憎恨。

我离开之前，主教表示他可以给我提供援助，并建议我立即着手上路的准备工作。我立刻在旅店外面贴了一张购买骡子和马匹的广告，然而，没有产生任何回应，后来发现，老"蛮子王"颁布命令，禁止将牲畜给外国人使用。好在旅店的人说，一旦道路开通乡民进来了，就可以满足我的需求。与此同时，我练就了在中国旅行的最基本的本领——耐心。

为了方便起见，我打算穿回欧洲人的衣服去旅行，不带任何伪装。一天早上，我打扮成一个英国人的模样离开我的房间。奇怪的是，我觉得很不舒服，就像我第一次在汉口穿中国服装时一样。我一出现在旅店主人和其他房客面前，他们都很惊讶，然后发出笑声，他们认出了唐古巴，让我觉得很难为情。碰巧有几个女人来拜访我的女主人。她们天性爱打听别人的隐私，问了我好多问题，特别是服装。我那件粗呢外套，特别是下身的窄裤子，是他们大笑的原因。他们七嘴八舌，评头论足，对英国人来说，他们的行为并不得体。我衣服虽然裹着腿部，但绝对是舒适的。汉人和藏人有表达衣服审美的权利。过了几天，我从心理上再次接受了英式装扮，可以大大方方地出现在我的"蛮子"朋友面前。

打箭炉的居民绝大部分属于跨族婚姻家庭，长相俊美，尤其是女性。这些人大多高大强壮，穿着中式服装，留着辫子。但是女人穿的衣服与汉人不同，她们一般穿一件长长的蓝色外套，腰间系一条黄色的丝带，头戴一条长的黄色头巾。她们对珠宝无比热爱，每一根手指上都戴着银戒指，耳朵戴着金色的耳环。然而，她们最大的荣耀是拥有一个碟形的黄金发饰，上面刻着精美的雕饰。穷人妇女买不起金发饰，用银的代替。

4 月 24 日，已经在打箭炉待了两周了，几个贸易商队从巴塘来到这里。这些商人大多来自中部藏区，他们都是纯粹的藏民，个子很高，身高超过六英尺，棕色的皮肤，接近黑色，一头乌发垂及双肩。他们的特征完全不同于蒙古人种，鹰钩鼻，深眼窝，长眉毛。他们一般穿着一件长羊皮大衣，脚穿用羊皮做的半长筒的靴子。腰间挂着一把锋利的剑，有四英尺长，从刀柄到刀尖宽度均匀，插在木制的剑鞘中，剑鞘外部用黄铜和青绿石装饰；腰里还挂着一个皮囊，里面装着一把小刀、针、打火石和铁块。大多数的商人还背着火绳枪，枪支架是羚羊角做成的。这些藏人从不站着开枪，而是跪在地上卸下枪，把枪放在支架上射击，一百码以内的猎物逃不过他们的枪法。商人还带了几只非常凶猛的藏獒，像大型的牧羊犬，也像英国的獒犬。

这些人的到来给了我一个信号，催我赶紧准备启程。这段时间里，我得知"蛮子王"和中国政府反对我进藏，但我相信可以用铅笔刀、铅笔和图画打动他们。市场也重新开放了，我买了两匹小马和一头骡子，用它们驮运行李足够了。接着我开始准备路上的必需用品。我去了货物交易市场，只能采用物物交换的手段，在打箭炉铜钱不管用了，银子也是这样，几小勺茶经常能换不少银子或者金子。然而，印度卢比可以在西藏流通。我用部分纹银兑换了100卢比。150两银子买了四包茶、几块玻璃、玛瑙、绿松石、珠子、针、线和一匹红布。除此之外，我们还采购了大量的哈达，或者说是带来幸运的围巾。这东西需求比较普遍，在整个西藏，它可以作为礼物，也可以出售。

每年春天，春雨很快融化了积雪，雨衣是不可少的。于是，菲利普用两条毯子缝制了几件衣服，解决了雨衣问题，还剩了些费用。

第二天，所有物品都备齐了，接下来是为我们的骡子和小马准备马粮袋和马鞍，并用牛皮遮盖住所有的行李以不受潮湿。完成后，我们储存够10天旅程的食物，包括面粉、黄油、中国火腿、茶和动物吃的干豌豆。还准备了雪上用的结实的牛皮绳、马蹄铁和钉子。

我们很快就找到了两个陪同人员，他们都来自跨族婚姻家庭，一个是译员，另一个是赶骡人。到巴塘佣金是30两银子，包他们吃住。现在一切都准备好了；但是，我却花掉了所有能用的经费，我不得不向主教提出援助，他很痛快地借给我 200 两银子。我决定在 4 月 30 日离开打箭炉。

29 日我参加了主教安排地告别宴会，他已经帮了我很多，但仍然感到不满意，愿意再借给我一匹马，他预见了如果我的牲畜筋疲力尽，我将会处于两难困境。我感激地接受了这进一步的善意，并答应明天早上离开打箭炉时亲自向他辞别。

在旅馆里，朋友送的各种礼物和食物（比如米饭和猪肉）把我淹没了，我在这群友好善良的人们中间度过了最后一个晚上。由于他们对这位陌生英国人热情无私的帮助，让我感到宽慰。当天晚上也发生了一个奇怪的插曲。我正坐在石头垒的火炉前抽烟，脚放在壁边。突然，所有在场的女人都举起手大声尖叫。我从座位上跳了起来，以为发生了什么意外，然后问出了什么事。所有的人都惊恐地告诉我，我冒犯了住在火炉石的家庭神。看到我的朋友们真的很难过，我从口袋里掏出一小块银币，扔进了灰烬里。他们很好奇，想知道这是什么意思，我解释说，这是一份礼物，是为了安抚神灵，我无意中冒犯了神灵，如果他来到我的房间，我就会敬他一杯酒。他们听后放声大笑，向神灵谢罪安抚了他们的情绪，我们在一种幽默轻松的氛围中相互告别。

第八章

汉地边界

我们在天亮前就起床了，旅店里的人起得更早，在大厅等着送别唐大人。老"蛮子王"为了表示尊敬，也派来了两名士兵陪我出城。许多汉人和藏民向我表达祝愿，为此多留了一个多小时。每个人都热心地给出忠告，这对去藏区的旅行很有用。比如，要我提防和陌生人同行，要我仔细看管我的行李，因为这个地区盗贼经常出没。可以看出，边境上的居民仍然把这个多山的地区看作是危险的。

　　最终，一切都准备好了，我郑重地向旅店里的所有人告别，店主太太和她的两个兄弟送到门口。根据中国的习俗，我再次回头向他们告别，然后骑上马，在两个士兵的陪同下出发了。我从西门出关，守城卫兵也出来祝福我旅途顺利。

　　到达传教会，我发现整个教会的人都聚集在院子里，而主教本人站在门口迎接我。打箭炉本地人的善良给我留下了深刻的印象，离开那位和蔼的老主教时，他眼里含着泪水向我表达祝福。我竟无语凝噎，只能默默地告别，然后疾驰而去，很快就追上了随行队伍。在离城镇两英里的地方，送我的两名士兵回去了，我在藏东地区的旅行也正式开始了。如果从巴塘直接前往阿萨姆邦，我的旅程可能会在两个月内结束。但是，不管是这种方案还是其他经拉萨到印度的方案都是不确定的。时间将证明一切。就目前而言，我沉浸在一个几乎不为人所知的地区旅行的兴奋之中。不用再被关在轿子里，也不用再为伪装成一个中国人而感到尴尬，我愉快地骑着马在荒野中奔驰，无拘无束，和在四川的境况是如此的不同。前面看不到一所房子，但是，成群的牦牛和矮种马为沿途添加了一道风景，它们满载着销往藏区的砖茶。道路两旁的醋栗树和盛开的野玫瑰格外美丽。山茶花也展示了它们的英姿，红的、白的，五彩斑斓；灿烂的花朵与壮丽的冬青树叶交相辉映，更令人生悦。古伯察曾经提到西藏的冬青树长势离奇，我注意到许多冬青树有 20 到 30 英尺高，而且树干很粗。

离开了打箭炉峡谷，得益于折多山脉的开阔视野，我看到前方山脉继续呈上升走势，山脉呈现出一种单调乏味的黑色，这是山表不规则的砂岩常年风化所导致的。山脉向东方延伸至广袤的中华帝国。迄今为止，欧洲国家只有法国人可以夸耀他们的同胞曾穿越汉地来到此地；当我独自登上折多山的山顶，一想到一个英国人越过这绚丽的土地，不禁一阵狂喜。往下走是长满野草的山谷，日落时分我们到达了距离打箭炉 13 英里的一处驿站。在去拉萨的道路上，每隔 10 英里就会设置一个驿站，通常它不过是一些小到没有窗户的小屋，由石头和泥土建造而成。驿站由四名驿卒或士兵组成，通常是跨族混血，他们的家人也住在这里。驿站养着不少马匹，两个驿站之间的公务来往、信息交换全仰仗这些马匹。我们沿着四万英尺高的山谷继续前进，到处可以看到方形的藏民房屋，有三层楼高，每一个角度都有塔楼，它们的形状让人想起苏格兰城堡，它确实是名副其实的堡垒。入口由巨大的木门挡着，参观者只有经过守卫从监狱式的窗户或天花板式的洞孔检视之后，才打开大门。这是为了防止匪徒的袭击，因为有大量匪徒组成团伙在高原上游荡。

从打箭炉出来三天，我们到达了第一个村子——东罗村，它位于东罗山脚下。到达村子的那天晚上，一场大雪阻断了通往东罗山的道路，迫使我们在村子里待了两天。山谷里的雪开始融化，我在村子周围游逛了一圈，看到坚强的"蛮子"妇女穿着兽皮裙，身后背着白色的串珠，正忙着在出芒的青稞地里锄草，青稞有六英寸高；她们排成一列，手握锄头，愉快地唱着歌。春光的照耀之下，乡间更加美丽可亲。附近的山坡上满山都是松树林，林中响起了布谷鸟悦耳的鸣叫声，天空飞过成百上千只云雀，它们边飞边鸣唱。除了两个汉人之外，所有的人都很友好的，不管是藏人还是跨族混血都用上好的牦牛奶和奶油换取我们手中的砖茶、针和线。

一群从大山方向过来的商人和牧羊人报告说前方可以通行

了。第三天早晨天一亮，我们就出发了。到了中午，经过一场艰苦的攀爬，终于到达了白雪皑皑的东罗山山顶。山顶的雪有三到四英尺深，从它的表面反射出来的光非常强烈耀眼，我们不得不用绷带遮住骡子和小马的眼睛。山顶上空气变得如此稀薄，以至于呼吸都感到十分困难。

我们在雪地里遇到了一群藏民商人，他们赶着牦牛和骡子去打箭炉买茶。

离开东罗山走了两天，来到一个叫河口的城镇，它坐落于长江支流雅砻江的左岸。一路走来，沿途的土地荒凉而壮美——在东罗山山顶就已经感受到了。越过崎岖的山峰，又穿过大片松树林，进入了美丽肥沃的山谷，山谷点缀着几户人家，村户周围种着郁郁葱葱的青稞和豌豆，还有一棵棵胡桃树。世界上比这个山谷里的核桃树好的不多。

下午早些时分，我们到了河口，但是，跨过雅砻江已经太晚了，所以我们在一家跨族婚姻混血经营的旅店住下了。菲利普向当地官员申请一艘渡船，好让我们明天一早过河。官员很和气，我们给他一把折叠刀、一块野鸡图案的印花布表示感谢，作为回报，他送给我一些干鱼、熏猪肉和一袋茶，并告诉我这条船可以随便用。

雅砻江向河口镇的反方向奔流而下，水深有400码，水流冲击两岸激起乳白色的浪花。雅砻江发祥于西藏，水流里携带着丰富的金沙。河口镇是雅砻江上下几英里唯一一个可以轮渡的地方。

城镇前面是砂质平地，一直延伸到渡口，平地上摆着准备送往理塘、巴塘和拉萨的成堆的茶砖，正等待着过河。为了安全地把这些茶砖成功送到对岸，人们想出了新点子：一个直径6—8英尺的大圆形篮子，里面铺着兽皮，被做成了一种外形美观的小圆舟，小舟满载货物也可以漂浮在水面上，由人划到对岸。

有时，由于水流太急，这些兽皮舟可能卷入洪流中，但是它们是如此的轻盈有弹性，以至于很少倾覆或者撞到岩石上损坏。在此地，任何其他构造的船只都会是致命的，比如，大型的木制平底船只能运送旅客，运送货物是不行的。

老"蛮子王"的管辖范围起于打箭炉，终于河口镇。从河口镇以西，任何纯粹的汉人妇女都不允许进入，甚至连驻藏大臣的妻子也不允许。这是一个奇怪的限制，说明了汉地与藏区之间的特殊关系，至今以法国传教士的聪明才智也没弄明白。

一些读者朋友最近研究了绘制的英文地图，可能会对汉地以折多山为边界感到惊讶。在这里我仍遵循权威的昂维尔地图，这些地图是基于耶稣会士即古伯察的观察而绘制的。这位有进取心的旅行者总是说打箭炉是边境城镇，他准确地描述了藏东和四川的区别，甚至种族、语言、衣着和举止的显著差异。即使从政治地理的角度看，将边境移至金沙江江畔——包括四川省的巴塘和理塘——不了解事实的人也可能犯下错误。因为在这些城市里，民事权力由西藏官员行使，即使是少数汉人居民也归藏族官员管辖。军事权力则由朝廷将军指挥，以此代表中国主权。

休息了一晚，我们在第二天清晨带着我们所有的行李（牲畜驮运着），渡过雅砻江。承蒙当地官员的好意，他没有让我们像其他商人和普通旅行者一样必须把所有牲畜留在河东岸，并重新在西岸雇用或购买，这是惯例，同时也是汉地与西藏之间交流的障碍。我们能够得以免除，十分幸运。

然后，我们跨过这条河，走了一段路程后，发现它现在的水位线比夏季水位线低了25英尺。之后走了四天，我们穿过多座大山，在美丽的风景中流连忘返。路上异常安静，除了我们的牲畜的铃铛声，偶尔会听到一些猎枪的声音在幽谷里回荡。山谷里酷热难耐，然而到了高寒的雪山又变得严寒无比，这令人非常难受。有时在早晨，我们攀爬终年不化的雪山，寒风吹在我们的脸上，下午的时候，又进入幽暗的深谷，高温袭来，肌肉非常放松，但是动起来或站着就变成了一种折磨。这个地方到处都是野味：比如鹿和熊，熊还在冬眠。赶路太累了，我试图在途中捉只野鹿烤着吃。有一次，我循着野鹿的踪迹追去，直到天黑也一无所获，等到我回休息处已经太累了，除了喝了点茶，什么也没吃就睡觉了。第二天，感觉身体很不舒服，我担心得了牛痘，这种令人讨厌的疾病在藏东地区经常流行。这段时间我们正从打箭炉去往巴塘。

一天晚上，我们在一个富有的藏民家里住了下来，他请了一位家庭教职人员，也就是喇嘛。我这一天的旅行不是太辛苦，有了出来打猎的想法，因为山谷里到处都是鹿和野鸡。但是他非常崇拜动物，禁止我们射杀任何一只鸟或野兽，甚至是溪流中的鱼也不行。大自然里的所有生物都在大喇嘛的保护之下，大喇嘛就是喇嘛庙的首领。喇嘛说，违反了狩猎法令将受到赞第村落的惩罚。赞第村落居住在离这四十英里外的西南山区。他们由世袭的头人统治，以种植青稞和豌豆为业；但他们也是成群结队的强盗，时不时地会从堡垒中出来，骑着矫健的矮种马，掠夺那些河谷地区定居的村落，并掳走大量的奴隶和牛羊。他们非常好战，似乎被分成几个氏族，彼此之间不断爆发冲突，但面对共同的敌人，又会团结起来一致对外。他们也从事农业，富人屯有大量的奴隶和牛羊群。

从河口出发的第四天，我们继续攀爬海拔更高的山脉。中午时进入了一个广阔的平原，大约三英里长，超过一英里宽，理塘镇就坐落在这里。没有什么能比这个平原更沉闷了，除了草，没有其他植被，城镇就建在山脚下，伫立在空旷的平原上。这片土地显得突兀，枯燥的景观使我想起了印度喀奇港湾。当我快到小镇的时候，感觉就像进入一个死亡的城市，因为一切都很安静；没有声音打破这样寂静，除了远处单调的诵经声。在头顶上，懒惰的秃鹰和巨大的乌鸦在城市上空盘旋，时刻准备俯冲下来狼吞虎咽地吃掉它们的猎物。一到城里，我立刻被当地人庄严的气氛所震撼。许多喇嘛穿着飘逸的绿色长袍，手里转动着转经筒，嘴里念着"唵、嘛、呢、叭、咪、吽"。不仅喇嘛的行为如此庄严，即使是一些粗鄙的茶叶商人——穿着绵羊皮大衣——也和镇上的人一起转着转经筒，加入不变的"嗡、嘛、呢、叭、咪、吽"的大合唱。

找到了一家旅店住下，菲利普和我都陷入了悲惨的境地。高山和峡谷的温度一冷一热，我的脸上都长了水泡。进入理塘，强风像暴风雨一样袭来，简直把我们的脸撕成了碎片。到了旅店，鲜血从我们的伤口中涌出，引起旅店房东和房客们的同情，他们以怜悯的心情围在我们周围。我们赶紧用温水洗净血迹，涂上新鲜的奶油，松了一口气，马上感觉缓解了好多，随后我们尽可能在短时间内利用这个旅店的条件去除身体的污垢和不适。

为了让那些过度劳累的牲畜休息一下，也为了去巴塘的路上补充给养，我们决定在巴塘多休息一天。但是，除了能买几磅作为饲料的干豌豆外，再也买不到其他任何东西。我后来了解到，不是因为商店缺乏物资，而是喇嘛们的敌意，他们禁止商人向我们提供给养。这令人非常沮丧，也为以后造成了许多困难。

我们到达后的第二天早上，藏人和朝廷官员都派人来打听我是谁，并要求查看我的通关文书。一位来自拉萨的翻译也来找我，一看到我，立刻认出我是佩林（英国人），或者是印度的白人征服者。他曾到过大吉岭，说他去过英国人的家，从他的描述来看，他去的地方可能是一个警察局，或者是一个旅行者的平房。他是拉萨人，除了会说藏语和中文外，还会说几种语言，包括尼泊尔语。西藏的大喇嘛聘他为喇嘛庙的翻译，他每年都要来理塘，接受皇帝送给大喇嘛的茶叶。

下午去散步，我的欧洲人打扮吸引了一大群人，无论我走到哪里他们都跟着我，但没有向我讲话。我参观了著名的喇嘛庙，特别欣赏了它的金色穹顶。这个喇嘛庙以及周围的喇嘛庙生活着超过 3500 个喇嘛。

我打算进入主建筑，愁眉不展的喇嘛却在门口贴出让我离开的告示，因此，我只好在外面浏览了一下，丧失了进一步观察这个城镇的兴趣。然而，在我回来的时候，有一件事让我很有感触，那就是他们特殊的体格，他们矮小粗壮，头发短，肤色浅。我试图从种族特性上做出解释，但却徒劳无功。

在我不在的时候，菲利普发现我们所有的珠子、针和茶叶都被偷了。我立刻怀疑是那个翻译干的，因为从河口镇出发到现在他就恶行不断。当初我在一个富商家里住了一晚，从富商家打算再雇两匹马驮运行李，我给译员的价格是两天四卢比，结果他扣了两卢比，换成了牦牛，结果每天只能走 8 英里。我提出不能再使用牦牛了，他无礼地拒绝更换它们，还声称没有他我们没法赶路。我气急了，揍了他一顿让他恢复了理智。在前往理塘的路上，我让他骑在我面前，并且为了防止他偷窃，每天晚上都让菲利普看管行李。

有必要彻查这次失窃事件，我把他叫来了，要求他打开自己的行李让我们检查，他马上大吵大嚷起来，试图干扰我们的检查。我抢过他的行李，菲利普一个一个的都找了出来，包括几块砖茶，超过四磅的珠子，还有其他几件丢失的物品。每件丢失的物品都从他那儿找到了，好奇的人群挤满了房子，他们都义愤填膺，帮我把这个小偷踹出房间赶出门外，最后，我看着他狼狈逃跑了，留下大伙的揶揄和嘲讽。当然我解雇了他。他的弟弟赶骡人就好多了，是一个诚实勤劳的人，我留下了他。

在汉地边境会遇到无赖，翻译员是最典型的，应该小心提防。他们的职业是一个有利可图的职业，一般来说，他们的外表令人敬重，如果不熟悉这个群体，会以为他们是小官僚，因为在气质和举止上他们都和官僚很像。

经过一天的休息，很高兴可以离开理塘。这地方海拔高，空气稀薄，呼吸困难，夜里我醒来几次，感觉就要窒息。

我们沿着进来的路离开理塘，先是穿过平原。有两个士兵相伴假装护送我们，实际上是密探。接着，我们开始攀登对面的雪域——比脚下的雪山更荒凉——穿越这座高山几乎不可想象。山上的积雪逐渐融化，雪水汇成河流奔腾而下跨过河床，牲畜的蹄子陷入泥沙中，闪闪的沙金到处可见，引诱旅行者停下来收集财宝。但是黄金就像其他所有的黄颜色物体一样是神圣的，士兵们告诉我，不要捡走水里的沙金。

通过这片孤绝的山脉花了五天时间，我们早已精疲力竭饥寒交迫。从打箭炉带来的两只猪腿肉也不能食用，携带的给养勉强能维持六盎司的食物。可怜的牲畜除了每日吃一品脱的豌豆外，什么也没得吃，一天比一天疲惫；还没有摆脱饥饿，又曝于冻寒，它们变得越来越虚弱，在重负之下蹒跚摇摆艰难前行。在路上，也就是刚结束了从理塘出发后的第一天，我们在一个山口的半掩埋在冰雪中的驿站住下了。驿站面积大约24平方英尺，用泥土和石头建造，有一名驿卒和他的妻子及两个成年的孩子，我们住下之后，和他们一起还有赶骡人、两个士兵探子、一头牦牛、一头小牛、四匹马，挤在一起过夜。屋里虫子奇多，尽管虫子折磨人，但由于我们过度疲惫，很快就进入了梦乡，温暖而舒服地睡了一大觉。第三天我徒步走，可以让疲惫的马匹休息休息。上午，我们经过了好几座草山，山上放养着成千上万只羊，而牧民就住在旁边的帐篷里。

在一座山的山脚下，出现了一个冒出滚滚热水的盐泉，这是牦牛和羊最喜欢的度假胜地。到了下午，长满青草的山不见了，取而代之的是大石山，山上稀稀拉拉有几棵树，到处是黄白色纹理的大理石。我们右边矗立着大赞巴山的支脉，转到侧面，看到赞巴山的主峰巍巍壮观，似乎要挡住我们前去的道路。向北转，沿着平坦的山谷蜿蜒而行，虽然地势很高，但是没有积雪，而且还为无数的牦牛提供了牧场。山谷的一侧被赞巴山围着，另一侧是其他耸立的高山，山头的白雪洁净无瑕，像是位天使。另一边的高山也是高低起伏，白雪覆盖。沿着山麓行进，我们最终到达了位于隘口的赞巴驿站。

驿站里生着篝火，我们围了一圈在此过夜。中间还有一名喇嘛，他说他正赶往巴塘。两名讨厌的士兵如影相随，我只好等到所有人都睡着了，才撰写日记描述旅途的辛苦。喇嘛回到房间，假装回来找书，看到我窸窸窣窣在写作，很好奇我正在干什么。如果我承认正在记录了每日的行程，他肯定会向上面报告，说我为了一些险恶的目的记录这个地区。所以我回答说我正在写祈祷文，这是我每晚都要进行的仪式。写祈祷文是传教士应该干的事情，他很惊讶一个商人也写祈祷文，因此我补充了一句，说我写完之后还会背诵。他等着看我下一步的动作，我马上单调地阅读我的日记，就像他们背诵经文一样。读了近半个小时，我停下来请他为我也背诵祷文，承诺支付费用。然后他开始背诵，一直背个不停直到天亮。第二天早上他叫醒了我，我给他一卢比。他显然感到困惑，很高兴我付费给他，并请求我允许他一起去巴塘。

当天很早，我们就开始踏着厚厚的积雪攀登赞巴山。这是极端危险的，驮运行李的牲畜已经非常疲惫了。它们以最痛苦的方式在沉重的负担下呻吟着摇摇晃晃艰难往前挪着，走10码左右它们就会把膨胀和血淋淋的鼻孔贴到雪地里休息，大喘着吸入稀薄的空气。到了下午两点，我们到达了山顶。穿过一个狭窄的山谷，看到了山势更高的大达索山脉。翻越大达索山更加困难，第二天下午我们才到了山顶，每个人都累得跟死了差不多，但仍然不敢冒险在雪地里休息，以免我们冻得僵硬无法前进。在如此令人窒息的困境中，人和动物继续沿着下山的雪路蹒跚而行。到了下午五点，前方出现了一个驿站，我们又经过两个小时的跋涉，才到达了驿站。幸运的是，这是一个高级驿站，不仅包括驿卒室，还有四位士兵共同组成了一个守卫大达索隘口的交通站。驿站内的人非常热情，我们很快就感到放松，在驿站吃了白米饭和鸡肉，喝了烧酒后，萎靡的精神和疲惫的身体很快恢复了。疲惫的马匹和骡子被安置在一个温暖而精致的棚屋里，在那里垂着头站了将近一小时，可能因为太累了，根本无法吃掉驿站免费提供的干草。

当看到那些可怜的牲畜待在舒适的棚屋里咀嚼干草，除了同样饥肠辘辘地走了好几天的旅客，没有任何人可以理解那种喜悦的心情。由于路上一直担心失去它们的服务，这种喜悦之情更强。

驿站度过的这个晚上我将终生铭记。因为在可怕的旅程之后，中国士兵的热情招待让我们一下子变得很舒适。我们围坐在火炉旁直到深夜，喝着烫好的烧酒，听着虽然粗鲁但善良的主人讲亲身经历的山地冒险故事。

在睡觉之前，我去看了看我的牲畜，发现它们还在吃，但已经不那么贪婪。这是个月圆之夜，月亮女神用她柔软的白光照亮了达索山的雪峰，形成了一幅难以形容的壮丽景象。

第二天我们继续下山，到了上午 11 点，我们来到了一条山间小溪的源头，沿着山谷一直走下去，水流逐渐增加，水面激起的浪花，朝金沙江奔流而去。

前面的山路——更确切地说是栈道——是沿着几乎垂直的悬崖的面凿出来的，没有任何栅栏的保护；在某些地方它是如此狭窄，以至于不能提供两个人同时通过的空间。我们的向导必须不断高喊，以提醒任何一方上山的人员停在更广阔的地方等我们先通过。

当我们穿过这些狭窄通道的时候，我碰巧在驮运行李的马匹前面，当时一块岩石滚落下来，击中了马，受惊的马疯狂地向前奔去。我仅回头看了一下，危险就过来了。碰撞似乎是不可避免的，这会导致人和动物都跌落悬崖掉进汹涌的洪流之中。我下意识地趴下来，受惊的动物从我身上跳了过去，结果撞到了崖壁上，痛苦地尖叫了一声，滚向了洪流。我确信它活不成了，往下一看，看到它在水中翻来覆去，直到在一块巨石旁停了下来。它还驮着行李，可怜的马四肢战栗着试图站起来。显然情况非常不妙，悬崖是如此陡峭，似乎不可能把它弄上来。其他人建议把行李捞上来，让马自生自灭。我反对这样做，现在离巴塘不到一英里了，顺着水流，我觉得有可能把马弄到前面的着陆点，再把它弄上来。在其他人的帮助下，我们冒着危险终于找到一个很好的着陆点把马拖上岸来。其余的人站在旁边颤抖着，低声祈祷。现在回想起这次险情我仍然感到惊怕，因为极有可能被踏成碎片。奇怪的是，除了一些轻微的伤口和瘀伤外，小马和我都没有什么大碍。一些老百姓也加入拯救队伍，我向他们连番道谢。这次遇险的经历耽误了很长一段时间，但总算可以继续前行了，沿着山谷很快到达一块比较开阔的平原。下午四点，我们进入了巴塘镇。

第九章

巴 塘

我们抵达巴塘引起了躁动。男人、女人和孩子们都很好奇，急切地想看到"英国人"，谣言也传开了，说我带着最险恶的意图。大量的造谣者在人群中串联，情绪激动。然而，我没有受到任何哪怕是最轻微的侮辱，安全到达了本地唯一一家旅店，它位于巴塘镇的另一端。我很快住下了，饥饿的牲畜在旁边的棚屋内也吃上了干草。

　　在安顿下来之前，萧法日、古特尔和德格丹三个传教士来找我，告诉我官府为我在巴塘安排了住处，他们强烈催促我立即搬过去。但是考虑到官府的安排都是给有地位的官员住的，我感谢神甫的善意，但是拒绝了他们。神甫最后给我忠告说，我应该待在旅店不要出来，避免惹上麻烦，因为他们开始怀疑我通关文书上写的商人旅行者的身份；但是我觉得神甫的善意会让官府认为我与传教士过从甚密，这可能引起当局的不满。

很快我就了解到无论是朝廷官员还是西藏当局都对我很敌视；送通关文书给他们例行检查时，我习惯地还送了礼物，但礼物被退回，也没有反馈任何信息——这也清楚地暗示，我在镇上是不受欢迎的。

我到达巴塘引起的躁动持续了整个下午，所以我只能闭门不出。第二天早上大约八点钟，我登上旅店的平屋顶俯瞰整个街道；聚集在下面的人群向我呼喊："尼泊尔人！尼泊尔人！""英国人！英国人！"虽然对这种抗议感到震惊，但我还是保持镇静。我不失风度地低着头坐在木凳上，当着底下人群的面，点燃了我的烟斗，冷静地望着他们，泰然自若地盯着这群陌生人。人群最后散开了，并没有产生敌意。从这时起，我的出现不再引起任何关注。

上午，朝廷官员派人来询问我是否有任何待售的东西，我告诉来人我有几块手表和一支左轮手枪需要处理。他很快就回来了，说他的主人想看看我的货。我派菲利普带着步枪、左轮手枪和一对手表给官员送去，并递上话说，这几件东西都很昂贵。菲利普回来告诉我，现在愿意接受被退回的礼物。我对当地的主政官能如此通达感谢高兴，赶紧把之前退回来的礼物又送了过去。这一天，有藏族官员给我送来礼物，还特意让我知道，他们之所以拒绝我，是因为朝廷官员这样做。官府对我的印象是极坏的，尽管由于传教士在背后做了解释，多少有点好转。我知道这次探险的命运到了关键的节点，因为下一阶段对我的管辖权将由中央政府手中转入西藏政府手中，并且如果遇到麻烦，巴塘当局是唯一能提供保护的。

　　我在旅店待了两天没有外出，其间接受了传教士的邀请，与他们共进早餐。在此地，我第一次从一位汉人茶商那里听说有一条商路可以从巴塘到察隅县的沙玛镇——沙玛镇已经靠近印度的阿萨姆邦边界——距离我们有 20 天的路程。这一消息令人振奋，我好像看到了即将实现的旅行目标——发现一条直接从中国进入印度的商路。然而，仍然要面对巨大的困难。我的通关文书的路线是经过拉萨，但是巴塘官府也可能授予新的通关文书到达阿萨姆邦。是否如此，只能拭目以待。

　　好心的神甫给我们做了一顿丰盛的早餐，包括烤禽和蔬菜，对我来说，最重要的是有葡萄酒。享受着如此愉快和友好的气氛，我们忘掉了在山上经历的可怕艰辛。吃完饭后，我们登到平顶房上吸烟畅聊。

　　站在我们的位子俯视巴塘山谷，山谷里种着成片的青稞和豌豆，一望无际。这块平原面积不大，大约三英里见方，有多条金沙江的支流穿过。得益于河水的灌溉，在这个荒凉的山区中形成了一个美丽的绿洲，就像一块绿色的宝石。这个伊甸园土地非常肥沃，每年能收获两茬作物。各种蔬菜如土豆、黄瓜、大白菜、萝卜、南瓜、韭菜、洋葱和菠菜长势很好；还有各种大小和味道不同的水果，比如梨、桃子、核桃和西瓜，收成也不错。家禽、羊肉还有金沙江支流里面的鱼在市场上应有尽有，而且价格便宜，丝绸、茶叶和针线也容易买到。

　　大约 6000 名居民居住在巴塘镇，虽然不大，但它是一个极其重要的交易市场，中部藏区的商人和蒙古族商人在这里出售麝香、硼砂、大理石和黄金产品，以换取茶和鼻烟，其中鼻烟销量很大。

此地的高级军官兼管民事事务，下级军官负责管理约180名朝廷士兵。除此之外还有两名藏族官员，他们主要处理有关本地藏人的事务，除死刑案外拥有一切权力，死刑案交由朝廷官员处理。

次日，又与神甫度过了一个非常愉快的早晨。回到了旅店，我发现有不少来访者，都是当地人。他们的动机纯粹是好奇心；但是为了面子，他们表示希望从我这购买一些商品，如祖母绿、绿松石、玛瑙和针线，红色和粉红色的珊瑚也很受欢迎；像万花筒这样的欧洲玩具也受欢迎。奇怪的是，几乎所有人喜欢相片。尼泊尔使臣和他的随行人员正路过巴塘前往汉地，并在此地进行了大量的交易。有人告诉我，尼泊尔商人在巴塘卖掉了大量的采自拉萨北部地区的珊瑚，珊瑚引起了当地女性的追捧。此物价格不菲，在尼泊尔使臣未到之时可以与黄金等价交换。尼泊尔商人不知珊瑚行情，将珊瑚与银子等价交换，随即引起抢购；等他们差不多卖掉所有珊瑚时才明白出售得太廉价了。

来访者好像非常渴望购买我带来的商品，我决定用讨价还价的办法来找点乐子。然而，正如我所预料的那样，我拿出来的商品都不能满足他们挑剔的品位；但我没有灰心，最后我展出了在上海收集的一包朋友的相片。一经展出十几位客人争相购买，有妇女拿着家禽、成捆的干草来与我这好看的廉价物交换。两三打肖像，为我们和牲畜赚取了在巴塘吃穿住用的所有物品。

我的买卖事实上反映了汉人和藏人的生意经。我在打箭炉从川西商人那里购买了一些绿松石，价格非常低；当按照真绿松石的价格卖给消费者时，但他们怀疑是假货，其中一个顾客购买了一块，立即用脚将其踩碎了。无疑，他的行为证明我卖的商品是假冒商品，这立即引起了不满。这样一来我可能会被取消交易资格。我急中生智大声诅咒给我假冒商品的混蛋，并把所有的假绿松石以同样的方式压碎。顾客大笑，向我保证，不会把我看作像川西商人一样的奸商。

到了晚上，几位喇嘛来访，虽然非常有礼貌，但他们还是提出许多关于我此次旅行的目的问题，我给他们看了总督授权的去拉萨的通关文书，他们简直不敢相信。然而，当他们意识到错了的时候，很快转移了话题，不再提这个话题。

我在巴塘已经待了好几天，除了朝廷官员询问我是否有任何待售东西之外，看不到也听不到当局的任何消息。在出售相片的第二天，有一个藏族官员带了几名下属来访问，我感到非常惊讶。这是一名中年男子，穿着蓝色的朝廷官服，剃头蓄了辫子，中文说得很流利。他很友好，我们很快混熟了，他邀请去他府上用餐。

恰巧他也是一位爱马人士，并带我参观他的马厩，里面拴着好几匹西藏矮马，还有骡子，都非常健硕，简直完美无缺。

房主人边展示他的宝马良驹，边谈起了生意，他说我的马不好，问我是否在他马厩中看到了中意的坐骑。并且，确定我确实想要买时，他开出了从每匹100两到300两不等的要价。所以我推断，他对我比较恭敬是出于兜售他的马。回到客厅，又得知他特别急于获得我的两块银色手表，其中一块是在上海花了一百两银子买的。我马上想到这是与他交换脚力的好机会，因此，假装不想卖掉我的手表。

房主人——闵大老爷用一顿丰盛的晚餐招待了我，晚餐结束后向他告别，我答应他第二天再来拜访。回到旅店，我发现藏族主政官员答大老爷在等候我。他也穿着中式服装，尽管上了年纪，身体倍儿直，身材比闵大人高大，站起来足有六英尺两英寸高。我们聊了很长时间，最后他提出我们找个时间共餐。他提醒我，在巴塘不用担心自身的安全，但是越过巴塘将面临诸多危险，所以，我除非按照原路线折回，否则会遇到危险。我告诉他不打算放弃，但要在巴塘至少休息一周再出发。送走这位藏族官员后，几个传教士来访，他们为我改变预定的路线而焦急，认为不应改变路线，而应立刻动身去拉萨，并试图打探我到底怎么去。我明确地告诉他们，我将致力于探索从巴塘出发经沙玛镇到达阿萨姆邦这条路线，而不再尝试去拉萨。善良的神甫也有点自私，虽然表现得很自然，他们对我的决定感到失望，因为如果我能够成功地到达拉萨，当局就没有理由拒绝他们入藏；或者，如果我执意前往拉萨，藏人对我施以虐待或者逮捕，英国政府就会为此表示不满，最终导致英国人向中国寻衅。

尽管很抱歉让善良的神甫失望了，但我仍然觉得，我旅行的目标是寻求直接到达印度的商路。所以，我应该尽一切努力寻找从巴塘到达阿萨姆邦的路线，从而避免途经拉萨。他们走了，正当我要休息的时候，菲利普迎来了另一位客人——唐大老爷，他是当地的军需官，我们拥有同一个汉姓，他也是来投宿的，非常有个性。他差不多60岁的样子，但身体保持得很好，看不出来年纪，拥有一批女性仰慕者。他戴着一副眼镜，穿着一双大号的皮革长筒靴；手指非常纤细，指甲长得很长；习惯性地捋胡子动作使他表现出有点爱慕虚荣的性格。

他谈话非常直率，也让人感到舒服，一上来就亮明他来的目的是想了解我。这个男人很滑稽，也很老练。他邀请我共赴晚餐，我答应了他。而且，还承诺陪伴他去拉萨，为什么又改变了注意，主要是难以拒绝他渴望的神情。如果还走这条路线，我就要小心不能让他知道我想去阿萨姆邦的想法。

赶巧旅店为了节约成本不再提供膳食，每个住客都不得不自食其力。菲利普一直负责我的饮食，我也让他给唐大老爷做饭。然而他拒绝了，并且狡猾地眨了眨眼，示意他是厨房里的能手，然后我才有了一顿即使在成都也不曾享有到的美餐。我们到了厨房，厨师非常尊重他，给他留下很好的印象，这也让他意识到要表现得更精彩才行。他为晚餐订购了各种食材，比如家禽、猪肉和蔬菜等，在他熟练的刀工下，很快就准备好下锅了。

三个藏族女人和一个男孩吃完晚餐——奶酥、茶和糌粑，也非常乐意帮唐大老爷下厨。只见唐大老爷把长衫系在身后，卷起袖筒，推了推眼镜，一本正经地挥舞着菜刀。家禽和猪肉很快被切成了块儿，做成了佳肴。烹饪过程中，他经常停下来让我感受他特有的烹饪风格。他向我传授经验，说只有通过仔细研究才能获得其中的奥秘。当我看着这个奇怪的家伙并听取他关于烹饪艺术的长篇大论时，我几乎认为，维多利亚时期的神厨索耶的幽灵附在了唐大老爷的身上。确实，他做出来的美食有一种魔力，我变得饥饿难耐，晚餐一道一道出锅了，我的口水流了一地。终于可以美美地享用晚餐了，晚餐的味道怎么夸奖都不为过。因此，我们一直就餐到很晚。

唐告诉我，他打算在几天内动身去拉萨，我同意陪他共同前往；他感到非常欣慰，酒兴大发。最后，踉踉跄跄起身向我鞠躬告辞，结果摔下楼梯，撞向门柱，还导致瞎了一只眼睛。

第二天早上，我骑着马去参观喇嘛庙，唐大老爷也出来了，样子很窘迫。头上绑着绷带，毁了容，还瞎了一只眼，店里的女人仍拿他的不幸开玩笑。他悻悻地说，旅店的风水太糟了，迟早会要他的命，在他看来，旅店的建造风格极不适宜汉族绅士居住。

我答应唐回来和他一起用餐，然后菲利普陪我去参观喇嘛庙。这座寺庙距离旅店不到四分之一英里，很快就到了。刚到达喇嘛庙的大门立刻就引起了极大的喧哗。数百名喇嘛蜂拥来到庙门的平台上，还有不少进进出出的喇嘛异常兴奋。

我在门外下了马，把马交给守门人，就进来了。刚到内门，一位喇嘛拦住了我，用中文询问我为何而来。我告诉他我很想参观这座喇嘛庙，并且给了他我的个人卡片，希望他呈给住持，并请求允许我参观喇嘛庙。他让我留在门口等他，说要把我的情况传给住持，一切听住持的吩咐。

等了将近一刻钟，在此期间我随便和围在身边的喇嘛们聊天打发时间。站在门口往里看，能看到的内部建筑物很少，尽管如此，足可以证明巴塘的喇嘛庙并非浪得虚名。神圣的寺庙屋顶清晰可见，其巨大的金色覆盖物在阳光下闪闪发光，灿烂无比。屋顶上站满了公鸡，不停地鸣叫，与喇嘛的吟唱混合在一起。这些公鸡对佛来说是神圣的，他们告诉我，公鸡的数量超过1000只。这里不允许杀生，随着周围的居民不断在此放生，公鸡的数量越来越庞大。寺庙不允许母鸡入内。神圣寺庙中的任何东西都献给佛陀，并且不受外部世界的污染。

看到了几个尼姑，光着头，但穿着西藏女人的普通服装。不过也有一些差异，比如，她们衣服的颜色和材料与和尚的绿色长袍一样。她们并没有住在庙里——这一点像天主教修道院的修女——而是和家人住在一起，同时也做一些家务和田间劳动。等了好久还没有得到回信儿，我开始有点不耐烦了。传信的喇嘛终于回来了，他说我不适合出现在这座庙里，因为会打扰喇嘛虔诚的诵经，如果我愿意留下一些钱或者其他东西献给佛祖，他们愿意接受。住持喇嘛既然表达了善意，我给了传信的喇嘛一两银子，然后失望地回来了。

后来我庆幸自己被寺庙的喇嘛禁止入内，因为寺内许多喇嘛都染上了天花。这种可怕的疾病造成了大量死亡，几乎每四个人中就有一个遭到毁容。天花的流行，引起了人们的恐慌。当疫情暴发时，政府强迫被感染的家庭搬到山上去，并封锁了他们的房屋。如果病人无法搬移，就会被关在自己的房子里，切断他们与外界的所有联系，他们的命运要么是死亡，要么是挨过病毒的侵袭自我康复。

回到旅店，我发现唐在等我，而且做好了美味的晚餐。我拿出前几天传教士送给我的波特酒。唐先生说它特别好喝，并且摇头叹息道，能够制作这种酒的人一定懂得如何烹饪。吃完饭我们接着在一起抽烟，此时答大老爷和他的副手闵大老爷也过来了，答大老爷邀请我们明天一同共用早餐。闵大老爷牵来了一匹黑色的大骡子让我查看，想用它来交换我的手表，但前提是让我中意，他对此很有信心。

我在巴塘停留了一个星期，应该考虑再启程了，所以我告诉他们，我打算在三到四天内离开。他们默默地交流了一下眼神，答大老爷说，如果我试图前往拉萨，他担心我会遇到不少麻烦，具体他也不能确信，他只是听说不允许我进入神圣之地。但是，我还是很高兴告诉了他们继续前行的决定，也相信如果朝廷官员要是想阻止我，之前就应该下手了。

第二天，闵大老爷拉出来骡子试了试，骡子确实不错，我交出了手表，闵大老爷就像一个买到新玩具的男孩一样高兴。一早上我们都在参观他的马厩，他不时拿出手表检视一番，听了几百下嘀嗒声，不断在手里摩挲，好像它是用玻璃做的。第二天，当我在答大老爷的府邸遇见他时，他不悦地掏出手表说表不走了。他不敢上发条，害怕弄坏它。我再次调好手表后，他喜悦无比。接下来几天，他每天一早找我上发条。

我们正在吃早餐，早餐颇为丰盛，茶、烤羊肉、炖鸡、鱼和各种蔬菜都有，突然一个奴隶进来打断了我们，他颤抖着带着令人窒息的口音告诉他的主人，我的枪走火了，杀死了闵大老爷的女婿。可以想象，这个信息让所有人乱作一团。我马上赶回旅店，心里想，这个突发事故会导致我在巴塘长期滞留。回到旅店，藏族小伙子洛宗出来迎我，说出了事情的经过。他说，我刚离开旅店，闵大老爷的女婿与两位喇嘛一起来找我，发现我不在，就决定等我回来。为了打发时间，他翻查了我的行李，发现了装满子弹的步枪，便拿起枪仔细观察，这些可怜的家伙完全不知道它的危险。枪走了火，他们惊恐万分，当即震晕了那个年轻人，还射中了一个喇嘛的脸颊。幸运的是，穿过窗户的子弹落在对面的墙上，没有造成进一步的伤害。

两个喇嘛迅速逃跑了，丢下了晕倒的同伴不管，他们认为年轻人已经死了，这就是奴隶报告的情景。闵大老爷的女婿甚至恢复了知觉，还有一段时间不敢相信自己还活着。确信没有死，他狼狈跑回家，然后骑着马躲到一个遥远的村庄掩饰他的耻辱。

听完这个故事，我们哄堂大笑，回去继续吃早餐，大大松了一口气。

在谈话过程中，我讲述了我们如何在英格兰打猎和赛马，他们说藏人特别爱马，藏族官员也都是良马的爱好者，经常赛马，而且都想争夺好的名次，这倒是我头次听说。聊起赛马的话题，越聊越兴奋，径直去了离村子大约四分之一英里的赛马场。到了马场，我们从马上下来，答大老爷和闵大老爷也各自将两匹比赛的马带到了。

马场是一块很好的草地，大约500码见方，这也是朝廷军队的训练场。

比赛用马配备了沉重的中国马鞍，还带有巨大的马笼头和短马镫。马被牵引到比赛起点。一名朝廷士兵发出信号，比赛开始，勇猛的马匹立即蹿了出来，急速穿行了500码的距离，骑手的腿和手臂像风车的风帆一样飞来飞去。每对赛马跑三场预赛，三局两胜。答大老爷的马赢得了胜利，闵大老爷为此感到懊恼，然而，由于比赛是私人性质的，胜败没那么重要，他的情绪很快恢复了，对他的马仍然有信心，并为即将到了的夏季比赛做准备。

此地的很多城镇都非常重视赛马活动。比赛时节，人们穿上盛装，在马场附近搭起帐篷，还操办盛大的晚宴和歌舞活动。

和答大老爷共度了愉快的一天，回到旅店，我发现唐的眼睛不敢直视我，表情严肃，摇头叹息，行为怪异。最后比画了半天，说有重要的话和我谈，小心翼翼地关上我房间的门窗后告诉我，我不在的时候，一位传教会的中国办事员，也是他的老朋友来看他，谈话中暗示最好不要让英国人唐古巴陪同他去拉萨，走前还送了唐一些好酒，劝他解除和我的约定，也就是护送我到拉萨。办事员之所以这样劝他，是因为他希望我被西藏当局阻止，甚至希望我受到虐待，因为在这种情况下英国政府会发动战争，打开西藏的门户，然后基督徒和传教士就可以去拉萨传教。听到唐的话，我很是惊讶，我立刻派菲利普去传教会请这个办事员过来，我认为他干涉我的事务。按照我的安排，菲利普事先没有说出我从唐那里听到的话，那个家伙显然也没有怀疑唐已经背叛了他，很快就过来了。我立刻指责他不诚实，在背后捣鬼，他完全吃了一惊，竟说不出话来，最后他承认了，哀求我不要告诉传教士。

我也考虑过是否应该告诉神甫。考虑再三，还是觉得不要在这件事情上给他们添麻烦，当然，我确信神甫们并不知晓他们雇员的诡计。所以，我禁止这个家伙踏入旅店半步，除非他的主人派他而来。

我没法理解唐为什么会背叛他的朋友，也许是希望得到丰厚的回报。晚上我赠给他一件丝绸外套；当然，按照中国人的习惯，他拒绝接受这件礼物（因为中国绅士总是拒绝直接送礼的行为）；然而，我把外套放到了他的房间，他什么也没有说。

第二天，我收到了朝廷主政官员梓大老爷的一张卡片，上面写着次日要来访我。我感到这次访问不仅仅是一种仪式性的交往，可能意味着我与当局的斗争即将开始，因为镇上所有的人都知道，我打算在一两天内离开。不难得知，前往拉萨是行不通的，即使是传教士希望我尝试一下，但从他们欲言又止的神情也可看出，他们认为我不可能做到。如果官府决定禁止我前往拉萨，我必须认识到此禁令的影响，并且充分做好下一步的准备。现在我只能等待官府的消息。藏族官员都是我的朋友，显然拒绝干涉这件事，现在是朝廷官员要干涉。但是，有一件事我心意已决，那就是除非被迫，绝不回头。

其实，我现在真实的目的是去阿萨姆邦。如果禁止前往拉萨，我可能会妥协，为了避免冲突，取道沙玛镇采用瞒天过海之计达到我的目标。如果政府怀疑我想去阿萨姆邦，我将不得不中止计划。在他们看来，没有什么比引入阿萨姆茶更能违背朝廷政府和西藏当局的政策了。政府担心他们失去高价批发的垄断权，和零售垄断权。只有通过这种垄断方式才能控制人民，因为，茶是人们生活的主要必需品。

我整晚都非常焦虑，无法入眠。第二天一早我还没有穿好衣服，朝廷官员的出巡队伍到达了旅店，锣鼓声响起，衙役走在队伍前面，大声地命令所有闲杂人等站在两旁，梓大老爷过来了。我匆忙穿上外套走到外间接受他的敬意。梓大老爷不顾中国礼仪，冲到我面前，用英国式的礼节和我握手、鞠躬，点头哈腰像一个正在跳舞的猴子。当他坐到里屋时变得十分平静，然后我们开始了谈话，当天的日记记下了我们之间的对话：

官员：哎呀！您就是那个大名鼎鼎的英国商人啊。幸会幸会！英国人是中国人民最重视的朋友，他们总是帮助中国，很好！很好！

我：阁下称我们是中国人的朋友，真是莫大的荣幸，您屈尊来到寒舍，显示出您的高风亮节。

官员：哎呀！您说话显示了您很有涵养。英国的商人和我们的总督一样富裕，他们不像法国人。

我：阁下去过很多地方，见过不少英国人？

官员：皇帝直接从北京派遣我到这里。去年我在北京见过一名英国使臣，非常绅士。我忘了告诉你我来的目的。你刚到巴塘的时候我得了一场大病，没能来拜访您。昨天听说你打算启程了，我不能您来了不拜访不是?! 现在我们相识了，能否多停留四五天，和我一起用餐，我们会成为好朋友，也可向喇嘛证明你不是法国人。

我：非常抱歉，阁下！我离开我英国的朋友已经很久了，现在迫不及待地想回到他们身边。另外，我每天住旅店花销不少，恕我不能再停留了。

官员：（亲切地把手放在我的肩膀上）见到你我很高兴，我是你的朋友。说实话，我得知喇嘛打算在距这里四五天行程的工卡镇拦截你。如果发生这种情况，四川总督、我本人以及工卡的官员都会很没面子。是否一定发生我不确定，但我喜欢英国人，觉得有责任帮助你。如果你能继续在这里待五天，我派人到工卡询问情况，同时在这里会见一些藏族官员和喇嘛，与他们举行一次商谈。也许你可以选择一条偏僻的小路到拉萨；如果找不到，那么你将不得不返回北京，但我希望喇嘛不要干涉。

我：阁下明智。当然，为了不给北京惹麻烦，我再在这里停留五天。但是，我希望阁下不要误传信息。这里的朝廷官员不敢违背四川总督的命令。至于返回北京，这是不可能的。如果我这样做，那将是对总督的侮辱；而且，如果我从巴塘返回，我向政府表达对他们的不满时，藏人会说我们从来没有见过这个人，他从未进入藏区，而是从巴塘折回了。因此，阁下将看到我必须走下去，除非我被杀或被监禁；如果朝廷官员杀了我或囚禁我，我担心他会造成麻烦。

官员：哎呀！不要这样说话，你让我心痛啊！这很可怕，如果你再停留五天，我会安排好。如果英国人在藏区被阻拦，北京将非常难堪。

我：阁下明白，除非我被捕，否则我不能返回。给你们带来麻烦我也十分痛心，但您知道，作为一名英国商人我有权在中华帝国旅行，我不能放弃这一权利，除非我被强行放弃。

官员：是的！是的！我知道如果你被阻止会有严重的麻烦，但不要害怕，我会处理好。你会来我家吗？你想吃什么？我命厨子为你准备膳食。能认识一个英国商人太高兴了，你是纯粹的商人，不会影响这个地区的宗教，不像法国人，他们只会惹祸。

经过一番奉承，梓大老爷又是鞠躬又是微笑，然后离开了。我目送他坐上轿子，回到房间，到现在可以确信，我不被准许前往拉萨。

梓大老爷第二天邀请我过府详谈，他问我是否考虑过继续进行。我回答说我现在只等待五天，五天过后还是去拉萨。此时，他告诉我，他收到了驻藏大臣的一封私信，说喇嘛已经告诉他我不会越过工卡。我回答说听到这个消息非常遗憾，但肯定还会继续下去，如果他们阻止我，那也不是我的错。因为四川总督给了我通关文书，授权我去拉萨。无奈的梓大老爷对此非常震惊，请求我可以选择经大理到八莫的路线，还说他可以帮我。并说如果我这样做，他将派士兵护送我到大理，费用他来承担。我拒绝了这个诱人的提议，断言这个提议也是禁止我去云南的叛乱地区。然而，我告诉他，为了不给他添麻烦，我可以到印度的阿萨姆邦。听到我的建议，他跳起来拥抱我，说我是一个好人，他从来没有想过这条路，应该派一名警卫送我出境。他马上给我通关文书。在他府上吃了午饭，我就回去了。

我让官府充满了希望。来往于巴塘到沙玛镇的商人说，阿萨姆邦确实很远，有 20 天的行程，如果一切顺利，我可以再花一个月的时间到达加尔各答。这个希望很快也落空了。在我拜访梓大老爷两天之后，他告诉我，喇嘛也不会允许我去阿萨姆，因为这条路穿过中心藏区。到了晚上他又来找我，露出失望的神情，然后断然告诉我，我必须走从大理到八莫的路线，他保证我不会遇到叛乱分子，要么我就折返回去。我可以自担风险前往工卡，但这是徒劳的，因为军队已驻扎在中心藏区的边境。我马上回答说，如果他给我颁发通关文书以及一封无法通过藏区的公函，我会去云南。他说他不会这样做，但是如果我放弃四川成都授予的通关文书，愿意再给我一个新的。我拒绝了。他激动起来，恳请我同意他的提议，说拉萨的驻藏大臣收了喇嘛大笔资金用来阻止外国人入藏（我从传教士和市民那里也听到过），还说如果有任何邪恶的人物想要进入中心藏区，都得不到中国政府的任何帮助。但我不改初衷，梓大老爷对我很是失望。

5月31日，夏天到了，前面的路程还很遥远。我决定去云南，不能冒险去工卡，在那里只会被囚禁，资金也将耗尽，现在只剩150两了。我急于启程，驮运行李的脚力活力四射。一个骡子背痛，没法再用了，我给了闵大老爷的女婿，表示对他惊险遭遇的补偿。现在牲畜够了，还留一头备用，不多的准备工作很快做完了。我携带了六天的给养，换了一些碎银子，但发现很难雇一位苦力，很少有人愿意做仆役的工作，终于，菲利普请了一位老妇人做仆役，她也可以担任翻译。我考虑到雇用此人还可以掩盖我的意图，直到最后一刻，主政官梓大老爷还以为我要去拉萨。他听说我已经准备好出发了，把我又叫了过去，再次叮嘱我不要去拉萨；并且愿意给我一份赴云南的通关文书，派一名警卫护送，还允许我保留四川总督的通关文书。我同意了他的安排，梓大老爷难掩喜悦，他答应让我第二天拿到我的通关文书。回到旅店，我发现好心的传教士在等我，听说我打算去云南他们非常失望；当然，没有给我任何援助。神甫德格丹向我辞别，回到了位于澜沧江右岸的盐津传教会，此地距离巴塘有五天的路程。

在巴塘只剩一天了，由于无事可做，所以我把大部分时间用于锻炼牲畜身上，就给新骡子（我给它起名叫雅各布）架上鞍，骑了上去到郊区闲逛，一直走到了金沙江畔。

第二天，根据约定我拿到了通关文书，一份是从藏区到澜沧江畔的阿墩子，距离此地 11 天的行程，另一份是去维西府的。和送文书的差役一块儿来的是一个厨子，带着一个大托盘，上面放着大约 20 道菜，他请求我接受作为友谊标志的美餐。下午我收到了来自藏人官员的礼物，他们前来送别，并安排人护送，护送队伍由朝廷军队变成了藏人军队，我也没有提出异议。晚上，我的老朋友唐和我一起吃饭，他借酒消离别之愁。唉！人性伟大啊，他一晚上拥抱我不下 100 次，直到烂醉如泥倒在了桌子底下，最后被他的仆人们抬到床上。第二天我启程时他还没有醒酒，之后再没有见过他。

第十章

从巴塘到阿墩子

说好的护送，其实是两个苦力，他们早早就来了，带着趾高气扬、盛气凌人的气势。然而在我面前，他们还是很恭敬的，我们很快就准备出发。

一大群人来向"唐古巴"告别，他们高声表达对"唐古巴"的美好祝愿。几乎在每一间房前，都有一小撮人站着，等着，有的向我作揖，有的向我挥手，反复诉说着一路顺风、一路平安之类的话。就这样，我们离开了旅店。

离开小镇，我的旅行队伍专心赶路，两个小时左右就到达了金沙江的左岸。金沙江向南注入一条深深的、湍急而浑浊的溪流，溪流宽约100码。数百只浅蓝色小鸟在溪流之上盘旋，就像我曾在汉口和印度内地的河流上看到的一样。

正午时分，我们在一大片核桃树林旁停下来就餐。我尚未来得及从骡子上下来，一群衣着华丽、戴着野花花环的年轻姑娘从树林里走了出来把我围住：一些人牵住我的骡子，其他人则帮助我从骡子上下来。她们的友善举动令我诧异，但我立马断定，我遇见了某种野餐聚会。所以，我毫不迟疑地跟随我的小向导们走进树林。来到一片天鹅绒般的草地，旁边是一汪清澈泉水，另一群姑娘和两位年长的女性忙着准备盛宴，有冷烤羊肉、蛋糕、茶、糖、蜜饯、核桃，整个树林里充满了阵阵欢声笑语。这帮姑娘亲切热情，照顾周到，这令我有宾至如归之感。整个场景那么的田园牧歌，这种浪漫的情景令人难以抗拒。显然，没有男子在场，尽管如此，我受到眼下情形的影响，没有多少好奇心，只是等待着这一令人愉快的冒险之旅快快终场。

这些娇小可爱的女侍者立马递给我烟斗、烟草和火柴。终于，其中一位年长的女性用汉语说："饭做好了"。这些欢快的姑娘们围成一个圈，我坐在其中。她们竞相准备我所需之物。

整个早晨我们都在赶路，所以白酒和美食可谓正合我意。就餐期间我和精灵般的女侍者共同举杯。她们恳求我再多吃点，我拒绝了，而后她们又递上了我的烟斗。我在草地小憩，然而很快就被姑娘们唤醒了。她们结群过来，把我拉到她们中间，中间还有位芳龄二八的漂亮姑娘，身着丝绸裙，佩戴花环。起初在宴席间，我已经注意到该女子没有和其他姑娘们坐在一起，她不情愿地被姑娘们拉起来，坐在我旁边，我当时非常震惊。现在，其他姑娘们绕着我俩围成一个圈又唱又跳，把她们的花环抛给我俩，这使我更加震惊。

我觉得也该出发了，而后起立准备整理马鞍。这时，菲利普走上前来，看起来呆头呆脑的拉长个脸说，"欸，先生！这是一件糟糕的事。坐在你旁边那位年轻姑娘取代我雇用的仆人送给你了。她们已经把她嫁给你了!!"我第一反应是哄堂大笑，但是下一刻就意识到我的处境有多尴尬。显而易见，我沦为了当地风俗的牺牲者，尽管我完全不了解这一风俗。娶一个毫无用处的女子简直是自找麻烦。核桃树之前是如此凉爽怡人，现在却看上去黑暗古怪；庞杂的核桃树枝杈，之前看起来是向我招手，现在却好像是恶魔的手臂紧紧抓住了我。一时间我完全不知所措地坐在那里。我突然想到了两位年长的女性，她们是新娘的姑母。我告诉她们，迎娶或者购买一位陌生的女性不是英国人的风俗，她们必须把她们的侄女带回去。一听我这么讲，两位姑母开始号啕大哭。不一会儿，所有女孩跟着号啕大哭。号啕声很快引来了临近住所的几位男女。他们大声指责我是一大恶棍，说我让那个令人尊重的家族蒙羞。

坦白讲，我陷入了困境。抛弃这个姑娘可能会冒犯当地人，后果会很可怕。因此，我立马决定两害相权取其轻，把姑娘带着上路，等到了加尔各答再把她交给天主教的修女。

可怜的女孩非常想留下来，但在场的人和她的姑母不想听她的哀求。她的姑母狠狠地批评她不能有此想法。所以到最后，她恳求我带走她，以免回家挨打。看到此情景，我面带微笑地向大家表示会带上"新娘"，虽然我本身并不乐意，然后其他人就离开了。我很不情愿地给了"新娘"姐妹们10两银子作为聘礼。而后，我听到大家喊她"劳琮"——我新娘的名字。我希望她今后把我视为"父亲"。就这样，在两个小时内我就结婚了，多了一个女儿。

劳琮成了我要照顾的新对象，我为此感到极度烦恼，希望尽快从这尴尬的场面逃离。扶劳琮骑上我的骡子，我们继续前行。刚才一群充当伴娘的姑娘们护送了约一英里。然后，她们依次拥抱劳琮，向我们一一告别，最后递给我一小束鲜花，讲了几句话，大概就是说我必须照顾好我的妻子，善待她。离别的场面感人至深。年轻姑娘们个个泪满衣襟，还宽慰我们。

对于我而言，这样的婚嫁经历让我感到崩溃和挫败，但是那些无赖的护送者甚至那个男孩洛宗却十分享受。的确，这些护送者时不时地发出笑声，我真想给他们点颜色瞧瞧。

我们到了一座高山脚下，马不停蹄开始上山。登到山顶后，劳琮从骡子上下来，在一个石头堆成的石堆旁祈祷。在西部，山顶上往往有个石堆，被看作是山顶的标志，有的石堆高达30英尺，是由旅行者堆砌而成。他们爬到山顶时，会把攀登过程中捡到的几块石头堆上去，还咕哝着祷告词。喇嘛们爬过山顶时，用几块丝绸或者哈达系在山顶上，象征着旗子。这些石堆除了可以提醒旅行者朝圣佛陀的使命之外，也对那些穿越山脉的外乡人大有裨益，可以指明山口的位置和方向。

劳琮自己堆了一些石头，默念祷告词，而后对我说，为了保佑我们未来的幸福，她必须拿几块哈达系在旗杆上。我只好卸下其中一只牲畜驮着的行李，找到哈达递给这位年轻的女士。我暗自窃喜，至少到现在我们能够继续上路了，因为下午时分人容易疲倦，而离我们夜宿之所还有一段距离。但是我的婚姻窘迫症还没有结束。劳琼说，我也应该把一条哈达系到旗杆上，和她一样跪下祈祷。我断然拒绝，可怜的劳琼哭成了泪人，用心碎的腔调告诉我，如果我不这样做，我们便不会幸福，她尤其会不幸，除了遵照习俗别无他法。于是我跪在一堆石头前，双手被这个国度的女儿的眼泪打湿了。哎！我小声咒骂，何以至此窘境！

大概下午五点钟，我们到达了竹巴龙乡——金沙江左岸的津渡。此地的鱼颇负盛名。冬天，不少人仍在渔场忙活，在夏天，他们划着小皮艇以捕鱼为生。次日，我们乘坐中国政府提供的大型木制皮艇渡过了金沙江，沿着金沙江右岸走了大约 6 英里，转向西南方向，到达有名的强盗山。

时值此刻，我们的两个护卫仍然摆出一副趾高气扬的架势，当我们驶离金沙江时，他们有所收敛。但在往强盗山的行进途中，他们变得恐惧，甚至不敢说话。在半路上，我们看到有两个土匪头子的人头被戳在竹竿上。匪首之前是黑帮的。一周前，正是在这个地方他们谋杀了一批从云南到巴塘的中国茶商。驻守竹巴龙的军队将领一听到此种暴行便带着他的部队前往此处剿匪，两名匪徒被抓捕，却牺牲了 10 个士兵。两名匪徒的首级在一周前被悬挂起来，以震慑他们的同伙。

邻近地区的匪徒在整个地区广为人知，胆子大到敢公然挑衅朝廷和当地政府。他们依凭山高路险，把温顺的当地居民牢牢地控制起来，使他们陷入恐惧之中。因此，当地人根本不敢得罪强盗，为了保护自身免于强盗的迫害，只好远离官府。如果官府指控他们窝藏匪徒，为了保身整个家庭都会逃到山里加入强盗团伙，结果更壮大了强盗的力量。更糟糕的是，所有高级别的当局官员，甚至是巴塘的官员，他们与强盗达成了秘密和解。

很幸运，我们这次安全地登上了强盗山。气温也在下降，沿着山路望去，石灰岩堆砌的山脉绵延耸立，满山小草青青，暗色调的松木长满四周，增添了大山的趣味。晚上，我们到了贡则丁村，住在贡则丁村村长的家里，受到了热情的招待。这家的年轻女孩子都很羡慕劳琼。她的丝绸新娘服成了注目的焦点。为了执行我前一晚制订的计划，我请头人的妻子照料小劳琼，结果，她的孩子们露出惊讶的表情，很显然，她们以为我是一个十分冷酷的新郎。然而傍晚时分，一位住在临近的颇有名望的喇嘛给我送来干草、糌粑、鸡蛋、禽肉等礼物，并捎来口信说，这是因为他听说我已经成为当地的女婿，村寨上德高望重的人对我也很友善。我们到的这一户人家，他们用松木碎片照明而不是蜡烛。后来我们发现当地家家如此。每一个房间都有一件铁制器皿——像烤架——从椽上垂挂下来，松木碎片就在这上面燃烧。但是，从这些原始照明器冒出的烟令人讨厌，松木照明台通常是放在房屋中间，燃烧的烟从屋顶的洞孔排出——相当于一个烟囱。冒出的松烟在房屋里弥漫开来，人们不适合在屋内活动，老年人长期被烟熏，视力容易受损。

借助烟熏的照明设备，我试图给居住在头人家里的喇嘛拍照，但是他一发现我的意图，立刻变得不安起来，甚至表现出强烈的厌恶情绪，并离开房间，再也不敢冒险跟我挨在一起。不知道这是源于宗教的顾忌，还是迷信导致的恐惧，但是我一试图给喇嘛们拍照，他们都无一例外坚定地表示抵触。次日，根据我通关文书的信息，头人派了两名女性护送我们前行，之所以派女性而不是男性，是考虑到照顾劳琮。苦力护卫本应该到此就可以回去了，但是他们愿意陪同我们再走一段。我没有拒绝他们。

我们继续赶路，越过了一个地势较高、树木繁茂的村庄。正午时分，又穿过一片密集的松木林进入广阔的草甸高原。就要穿过树林时，我们远远看见一英里外有一支骑行的队伍正全速向我们奔来。看到这种情况，我立即叫他们都停了下来，向护卫询问这伙人的意图可能会是什么。正当此时，眼前发生的事令我大吃一惊。一伙山贼突然出现，他们卸下了马匹上的行李，带走了我们的干粮，然后消失在了树林里。他们带走的干粮有黄油、面粉、鱼干，这些都是我们在巴塘为前往阿墩子而囤积的。现如今，我们还有八天的行程才能到达阿墩子。

面对那帮入侵的盗匪，追赶他们是不现实的，我也不敢向他们开枪。一旦我开枪，可能会永远也离不开这里，这一点清楚得很。近的一伙刚走，远的一伙陌生的骑手迅速逼近我们，他们齐声吆喝着向我们飞奔而来，为了防止发生可能的危险，在他们未靠近之前，我们匆匆把驮着行李的牲畜聚拢起来，确保它们头尾相连。我们假装没有留意到这帮马队，我骑在队伍的前头继续赶路，菲利普手握我的双管埃菲尔德式步枪守卫着我们的后方，劳琼紧挨着我坐在后面，男孩洛宗牵着牲畜的缰绳。我们按照这个顺序前行了大约四分之一英里，骑手们很快围成一个圈接近了我们，其中一名骑手靠上来开始朝着我叱喝，还做出粗野的手势。他一看我无视他，便把他的手搭在他的刀把上。我没有流露出一丝慌张或害怕，拿出左轮手枪放在扳机上冷静地看着他，仍然缓速赶路。该骑手一看我准备充分，便疾驰而去并入到他的马队中。马队突然向右转，骑向帕穆村。该村在视野之内，半隐半现。

一等这帮古怪的访客消失在我们的视线之外，我就停了下来，与菲利普商谈下一步怎么办。在这一当口，口粮遭抢可是灾难性的事件。幸好我们还剩两筐子茶砖，但是难以支撑我们八大行程的口粮。分头去追讨打劫我们的团伙也是不现实的。令我们更加忧心的是，劳琼告诉我们，从刚才离我们而去的那帮带武装团伙的衣着和容貌来看，他们可能是士兵。但是我决定继续往前走，匆忙喝了点红茶权当早点，然后接着赶路。

下午四点左右，我们到达了帕穆村，这里到处都是喇嘛和武装人员，村民不给我们开门。我们挨家挨户地敲门却徒劳无功，最终，我们发现了有扇门开着，是通往一间大房子下面的牦牛棚。我带着他们进来了，同时派劳琼带着我的通关文书拜见当地头人。

不久，由头人的仆人陪着劳琮回来了。仆人按照头人的指示来给我们的牲畜准备草料。他捎来了头人的口信，意思是说，头人对我一无所知，但是看在我妻子的面上，他给我们的牲畜准备了草料，至于我和随从要自行解决，但是他的村民不会向我们提供任何物品。我们显然到了一个充满敌意的地方，眼下我们仍有八天的行程才能到达阿墩子，却拿不到一丁点干粮。

说来奇怪，眼前的这一大难题，反而激发了我的斗志，我觉得无论如何都要翻山越岭到达云南。如果真的出现最糟糕的状况，我恐怕会杀掉一头驮行李的牲畜以便果腹。所以，为了给菲利普和男孩洛宗打气，我点燃了烟斗，偶尔吐几下烟，在老旧的牦牛棚里（如今是我的宫殿）哼唱起英国海军军歌《不列颠万岁》。正当我改变腔调唱到"刚好，我们又回来了！"房子的主人和几个喇嘛过来探问我们情况。我向他们打出了滑稽的手势，意在安抚他们的情绪。其中一位喇嘛和善地对劳琮说着什么，原来，夜幕降临，喇嘛和几位女性给劳琮拿来了六个鸡蛋和一杯牛奶。她把这些东西拿给我一些，像孝顺的女儿一样。之后，她和其他女性一同吃晚餐，有糌粑和酥油茶。

幸运的是，洛宗得到一两磅糌粑，他高兴得像一个天真的孩子，马上坐下吃起来，吃着糌粑，喝着水，很快就吃完了。菲利普和我的晚餐是一个生鸡蛋和半杯牛奶，我们吃得很满足，接着就是在漫漫长夜里焦灼地等待黎明。我们两个都不敢立刻睡觉，以免我们的牲畜被偷。这是因为晚饭后劳琮过来提醒说，我们在夜间可能会遭到喇嘛和士兵的袭击。夜里我们确实遇到了几个行色可疑的人，但是我一直拿着左轮手枪，他们没敢造次。

可怜的劳琮愁容满面，几乎哭了一整夜，她害怕我们会被杀掉。她已经听说有人已经下令禁止村寨里的人向我们供给食物及必需品，而且还有300名士兵在我们必经的山上等着我。东方既白，我们抖擞精神离开了不好客的帕穆村。照旧例，头人安排了两位女性向导送行。

离开后一切如常，路上平安无事。我们爬过一座可以俯瞰帕穆村的大山之后，进入了另一座草甸高原，它位于两座高海拔的波浪形大山中间。

在此，前往拉萨的路线突然转向北方，正如我所料的，我们右侧的群山是中心藏区和东部藏区的分界线。进入这座草甸高原不久，有一支两三百人的骑兵队伍从山上缓缓而下，在山脚停了下来。

为了试探他们的真正意图，我走向他们，假装我打算上山。一看此状，他们向我行来，直到离我50码左右的地方，他们手握着火绳枪，火已点燃，向我叱喝示意我停止，否则他们便开火。

我停了下来，下马点燃了烟斗，和菲利普一同走向他们，和颜悦色地询问他们意欲何为。他们一看到英国人如此大胆，格外吃惊。我告诉他们我并不是强行前往工卡，而是打算前往云南，他们中一些人也下了马，熄灭了火绳走在我跟前，其他人仍然原地不动。

我拿出通关文书给他们看，通关文书是授权我前往云南的，接着向他们解释，我是一个爱好和平、不会寻衅滋事的商人，他们阻止我前往拉萨或阿萨姆是愚蠢之举。我还直接询问他们为什么要派遣这么多士兵，难道只为抓捕我一个人。我这么一问，他们大笑起来，紧张的场面缓解了。然而，他们对我的左轮手枪既感到害怕又好奇。他们听说这是个可怕的致命武器，恳求我打几枪试试。我这么做了，每次射击都赢得"阿嘞"的欢呼声，这是一种他们表达钦佩或者惊讶的用语。当着他们的面我重新装上弹药，当然，还告诉他们我有足够的弹药，能开枪 1000 次。我是如此的友善，彻底赢得了这些人的信任。他们说，我公开表明我的目的地是云南，这令他们甚为欣慰，因为他们接到的命令是冒死也要阻止我，但不是伤害我；而且他们看了我的武器认为真交起火来我应该能够杀死他们不少人。

和他们一起抽了两袋烟，然后我们分道扬镳。但是，士兵们爬到半山腰又折回了，与我们一同赶路，直到我们向南出发奔向云南。

沿途看到成群的野鸡和野鹿，这可是绝佳的食物，但是，我们不敢捕猎，担心留下他们攻击我们的借口。我们带着一种期盼的目光继续行进缓慢下坡，到达了一个地势不太高的村寨。

起初在与士兵交谈过程中，两名女性向导悄然逃离了，直到我们拐弯向南走时才发现。她们走了我乐意之至，因为她们也是被迫护送我们的，并且一路上摆出一副不情不愿的样子。但是没多久，我们便后悔失去了向导，因为山间牦牛脚印众多且多重交错，很快就迷失了方向。只好继续南进，日落时分，到达了一个叫宗札的村寨，幸运的是，宗札恰恰是从帕穆村前往云南路上的第一站。

在村口，巧遇到一群刚从野餐聚会归来的年轻姑娘们。她们看到了劳琮仍然身着新娘服，便又唱又跳地领着我们去了头人家里。

原以为她们的热情接待会让我们在此获得一些给养，但是注定又是失望透顶。几乎村里所有男性都惊动了，民情汹涌，后来也许经过了冷静思索，到黄昏时分仍然没有来打扰我们。我们提出来按重量计算用银子购买他们的糌粑，但是，不管是人还是牲畜都没能混上一口吃的。两天两夜了，我又饿又困，以至于精疲力竭而晕倒。菲利普也是累得连喝茶的力气都没有了，还用水为我擦洗额头。我很快苏醒了，抽了一袋烟，暂时缓解了饥饿之苦。

我们费尽周折泡了大约四加仑茶，每头驮行李的牲畜喂了三品脱水，这些可怜的家伙迫不及待地一饮而尽，然后乖乖地趴下，因为早已筋疲力尽了。

我们又焦虑地守望了一夜。次日清晨，我又一次乞求村民给点吃的，但是他们仍然冷酷无情，我们不得不等着饿死。

我们装上行李准备出发，我恳求留我们住宿的头人给我们安排两名向导。起初，他拒绝了我的请求。但是我威胁他说，如果不安排向导，我们就继续留下来，死在他家。说着我开始往下卸行李。最终，他的儿子自愿为我们引路。

正当我们启程之时，一位报信人从劳琼的叔叔那里赶过来了。她叔叔住在离此几英里远的村寨里。昨天，劳琼乞求我把她送回去，因为她害怕死在这里，伤心地给我说再见，要去她叔叔家。对我来说，能摆脱她让我深深地松了一口气，尤其是因为劳琼离开后能给我留出一头备用的骡子。为了吃饱肚子，万不得已之下我有必要杀掉一头骡子——这算是穷途末路之时的办法。

头人的儿子带领我们走出了村寨，他冷酷地赶我们离开，还朝我们扔石头，击中了一头骡子，引来一群人在我们身后一边哄笑。

饥饿让我变得有点粗鲁，我拼命地保持冷静，骑骡子离开了。但是，我的屈服壮了村民的胆，他们尾随在身后指指点点，粗俗地叫骂。我感觉事情不能这样发展下去了，立刻拉着缰绳回头，命令菲利普朝攻击我们的人开枪，我同时扣动左轮手枪的扳机，朝他们的脑袋开枪。这么一开枪达到了预期的效果，村民四散而逃，只剩下疲惫的我们继续赶路。

显然，我们的处境令人绝望。饥饿难耐却找不到食物，还冒着迷路的风险。迷乱的牦牛脚印经常让我们难以辨别出正确的路途。然而，不论是勇敢的菲利普，还是小男孩洛宗都没有暗示我原路返回。

当初我与士兵在边界山脚下交谈时，就已经注意到漫长的雪山山脉，从北绵延至南，巍峨的白色山峰和山脊远高于环绕的群山。我认出了它们便是在巴塘的德格丹神甫所描述的山脉。这些山脉位于澜沧江的右岸，但根据我手中的中国地图，通往云南的路是沿着左岸去的。

眼前的山脉高高地耸立在我们右侧，中间还有一些低矮山脉。我认为，它们就是澜沧江的左岸。只要能看到这些山脉，我就不怎么担心会真的迷路。因此，只要我们沿着道路小心翼翼地赶路就是了。

大约正午时分，我们走到了一座大木桥，一条宽宽的溪流从桥下穿过，流向东南方向。中国地图上显示，这条溪流是金沙江的一条支流。它的水流呈朱红色，由于中国人尚未赋予它名字，我便命名曰朱砂河。我们穿过右岸，沿着河流流动的方向走了几英里。河流两岸的山脉巍峨陡立，与地面几乎形成75度或80度的夹角。

我们缓慢赶路，心中不快，对周遭视而不见，一心想着何时到达下一站。突然，在离我几英尺的地方，一颗子弹飞过，同时，枪声迅速调动了我的全部神经。循着枪声的方向望去，有一大帮人在溪流对岸的山洞口附近出现了，他们高高地站在那里。幸好我们还在火绳枪射程范围之外，但是有几颗子弹落在了我们中间，一颗子弹射中了菲利普的骡子，骡子受到惊吓，踢掉了四蹄儿的蹄铁，倒在了地上。这伙人显然是强盗，他们边开枪，边大声喊叫，从对面的山上朝着我们冲下来。

我承认，在那一刻，我非常想逃之夭夭，但是转念一想，我不能丢弃驮着行李的牲畜，所以我决定拼搏一战。我从骡子上下来，用我的骡子雅各布的身体作为屏障，菲利普和洛宗也按照我的方法做，准备着还击。等强盗靠近我们100码左右的距离，我把双管的埃菲尔德式步枪架在雅各布的背上，将目标牢牢地对准强盗拉动扳机。我确信，如果射中他们其中的一位匪徒，会立刻引起他们的恐慌。实际上也是这样，匪徒见势头不对，立刻以同样的速度返回山洞。射击过后，我清楚地看到子弹碎片从一个匪徒的火绳枪木托里飞出来，而另一个匪徒胳膊动了一下，分明是被子弹碎片击中了，但伤得很轻，他以更快的速度逃上山。我想应该进一步向他们证明我武器的威力，一直到他们逃出三四百码米远的地方都没有开枪，等到有700码远的时候，我开枪了，打中了他们前方的一块儿石头。一见此状，他们停了一两秒钟，继而拼命逃窜，像掉进阴沟的老鼠一样仓皇逃回山洞。

这次交锋的结果令人大快朵颐，但是一想到我可能给其中一位匪徒造成致命伤，喜悦之情随之淡去。到目前为止，一次次身处绝境的经历让我变得淡然。在我的生命中，曾经历过南太平洋让人刻骨铭心的大风大浪。当时乘坐的那艘船出现了裂缝，我是船上唯一的乘客。几天来，全体船员奋力解决这一问题，但是船上的水还是漫过了抽水机。我们也明白，沉船是迟早的问题。于是，我们变得不在乎生死，照样吃饭睡觉，一如平常。只有安静与严肃的表情显示着绝望的内心。现在的境况简直是历史重演。

我们接着赶路，路上热得难以忍受。傍晚时分，到达了则杉德村，此处有两个麝鹿猎人的房舍，其中一间可作为我们与牲畜的栖身之地，最重要的是，我们还受到猎人的热情招待。房主人长期遭受病患，非常贫穷，以至于没钱购买猎捕麝鹿的火药，雪上加霜的是，他的妻子在几天前过世了，给他留下了四个小孩需要照顾。这个可怜的朋友伤心不堪，像我们一样，都到了穷途末路。他主要的食物来源是山里的爬行类动物。他还有两只母山羊，挤了山羊的奶分给我和菲利普享用，一人半品脱。这些羊奶加上几个煮熟的鸡蛋就是我们的晚餐，这是我们48个小时以来吃到的第一口食物。洛宗分食了房主人的糌粑。我送给猎户茶砖作为礼物，猎户不胜感激，他本打算为我们杀掉一只山羊，但是我不允许他这么做。房主人还从挨着房舍的核桃树上砍下儿枝树叶，给饥饿的牲畜做晚餐。这让我甚为欣慰。可怜的牲畜盯着这些新鲜的绿叶子迟疑了片刻，好像是在怀疑自己的眼睛，而后扑到树枝上咀嚼起来。有些树枝长约一英寸，好像是稻草。

整晚我们一直保持警惕，因为我们仍然担心附近的强盗。猎户笑着告诉我们，那些人都是运动好手。清晨，我们继续上路。猎户的儿子，一个10岁的小伙子，带领我们前往扎里村。我们得知，那里给养充足。从猎户的小屋出发，一路的地势走高，直到我们进入了一个树木茂盛的村寨。我们路过了几户人家，但是乡民要么不在家，要么不愿接待我们，因为挨家挨户都上了锁，除了看门狗吠叫，整个村落寂静异常。

大约 10 点钟，我们碰到了羊群，这让我们垂涎欲滴。我们立刻追上三四个赶羊人，与他们协商能否购买一只羊羔，但是这些家伙对我们的请求嗤之以鼻，还赶我们走。于是菲利普急了，扔给他们三个卢比，没有任何解释，便弯腰抱起一头小羊羔放到他的骡子鞍上。赶羊人十分不满，只好捡起卢比，我们则欣喜异常。

中午过后不久，我们在路边的一座房子前停留了一会儿，此时，屋里出来一名妇女让我们进来。原来只有她一人在家。妇女递给我两个鸡蛋，我开始煮鸡蛋当午餐，菲利普准备宰杀羊羔。我们期待着丰盛美餐，所有的忧虑烟消云散。我坐在那儿，耐心地等待着鸡蛋煮熟。突然，听到一声苦闷的喊叫，"库伯先生，快过来!"我冲到门口，看到菲利普光着胳膊，一手拿着刀，一手紧紧抓着羊羔;而一个健硕的人正要把羊羔从菲利普手中夺走。

一看到我，那人松手了，情绪开始失控，朝我大吼大叫。他停下来，喘了口气。男孩洛宗告诉我，这个家伙坚持要回小羊羔。我拒绝了，说我们快要饿死了，需要这只羊羔果腹，而且羊羔是我花了三倍的价钱买回来的。但是我不想争吵，答应他多给三个卢比。

在我们争执过程中，一伙人拿着火绳枪和长刀好像从地底下冒出来似的出现了。当时我正在从口袋里掏卢比，一个家伙突然从后面牵制住我的胳膊。一位体格肥胖的年长悍妇站在前面，开始用一根棍棒猛烈地攻击我，想用力打我的头。我只能来回摆头闪躲，结果棍棒都打在了我的肩膀上。那个从背后控制我的高大家伙在我耳边大吼大叫，几乎让我抓狂。毫无疑问，我遭到严重的攻击，菲利普最终放弃了我们如获至宝的羊羔，过来营救我。他拿出了我的步枪，把枪对着那个搂住我的人的脑袋，逼迫他放手。我立马转身，把他撂倒在地上，狠狠地揍他的鼻子。与此同时，我身后暴怒的女人狠狠地打了我，导致我头部受伤，一时间，眼冒金星。她还要打我的时候，我用仅剩的一点力气戳她的肚子，使她倒在出手的那个家伙一旁。我一直以为洛宗是一个软包，但他在那次战斗中表现得如此睿智，我们本来卸下了行李好让牲口休息，他趁我们打斗之时重新装上了行李。

等我获得自由，菲利普和我便尽快骑马离开了。然而，在此之前，这群人已经带着羊羔消失了。也就是说，我非但没有吃到饭，反而挨了一顿毒打。更糟糕的是，我急于离开，忘记了带走那位善良的女性给我的鸡蛋。

我们匆忙逃离灾难现场，有多快走多快。被我戳到的那个女人跟在我们后面又喊又骂。我们继续朝着扎里村的方向赶路，大约有 10 英里远。我每时每刻都在担忧昨日那些突然出现的人，又带着枪悄悄躲在某个石头或者树后开枪打我们。万幸，没什么事发生。快到日落时分，我们赶到了扎里村，该村坐落在很常见的一座高原的中心。

从规模上来说，扎里村几乎可以算得上是这个地区的一座城镇，大概有 100 户人家。我们到达的时候，村子极其安静，敲了半数村户的门才有人出来接待。最后，一位老妪给我们开了门，把我们安置在牦牛棚。我们与牲畜住在一起。给了老妪二两银子，换来了 12 品脱大麦来喂我们的牲口。除了吃了些麝鹿猎人砍的树枝、牦牛粪和少量核桃树枝外，这是三天来牲口吃过的第一顿"正餐"。老妪为我们酿制了一些酥油茶，配了一些糌粑。尽管酥油茶里的酥油已经馊了，但是我们还是把它们拌成粥，狼吞虎咽地吃了。

　　大约晚上八点钟，三个男人举着黄松火把进入了我们的牛棚。他们一来就蛮横地向我们索要茶叶。我想着慷慨地送他们一些茶叶，希望能够和不请自来的客人成为朋友。于是，让菲利普给其中一人一块茶砖，给另两个男人一人一把茶叶。这群家伙小心翼翼地把茶叶收好后，反而索取更多。我拒绝了他们进一步的索要，他们镇定地抓住我剩下装茶的筐子，转身离开房间。这样可不行，我迅速拿回自己的茶筐。见抢夺不成，他们掏出刀子。我不能示弱，拿出我的左轮手枪。用手枪朝着离我最近的人的脑袋开了枪，当然没有正对他的脑袋，这竟产生了令人吃惊的效果。我收回武器，快速把它放回怀里。加上火把光线微弱，他们显然是没有看清楚我的武器。三人互相盯着对方片刻，然后惊恐地叫喊着逃之夭夭，慌忙之中，丢掉了起初送给他们的茶叶。

　　我们想他们必然会搬救兵回来，立刻在牛棚的栅栏门后面用行李、马鞍和稻草堆砌了一个屏障，棚子里的稻草多得很。

做好被突袭的工事后，我们安心多了。但是用来照明的松木碎片用得差不多了，只好在夜里焦灼地观察情形。一个苦力从巴塘就一路跟在我们身后，傍晚加入了我们，一夜吓得哭个不停。

鸡鸣时分，菲利普在马鞍囊里找到一个蜡烛头儿。借着烛光，我们静悄悄地备马。等我们全部准备好之后，清除了栅栏后的屏障物，离开了此地。

我们悄无声息地迅速穿过村庄，万籁俱寂。满天繁星闪烁，微风拂面，空气清新，令我们活力充沛。

我们稳稳当当地赶了两小时的路，现在那个苦力作为向导，帮着指引正确的路线。天亮后，在一座高山的山脚下稍做休整，就着从附近山上流下来的清澈冷水，一起简单地嚼了点干糌粑。

到中午的时候，我们差不多登到了扎里山山顶。在顶峰附近的山谷里碰上了两名相识的巴塘官员。他们立刻认出了我，一看我们一行人疲惫不堪的样子，便立刻要求我们停顿休息。

他们正在护送载有几千筐茶的牦牛队到阿墩子，牦牛有500头，还有为数可观的车夫与苦力，这么多的茶叶少不了一大批骑兵保驾护航。

我们的朋友很快给我们备好了茶（专门为我酿造的真正的白毫花茶）、米饭和烤羊肉。不必说这顿饭对我们来说是多大的福佑，为了感激我的朋友，我狠狠地拥抱了他。

等饥饿感有所缓解，我开始向他们讲述这些天悲惨的遭遇，洛宗不时帮腔。士兵和马夫围着我，姿势各异，有躺着的，有倚在长柄火绳枪上，听着入了迷。讲完，他们齐声喊"阿嘞"来表达他们的震惊与钦佩。

大约休息一个小时，我们继续前行。前方遇到一个山坳，有100码宽，山坳里都是白雪，由于春日升温而变得松软，这几乎是不可逾越的屏障。只要牦牛或骡子踩上去，便会陷入肚子的位置，挣扎几分钟就会摔倒，让人无可奈何。

除了积雪的山坳，就是高耸的悬崖——还向外突出，根本无法绕行。因此，唯一的通道是我们前面100码宽的山坳，只有通过山坳才能到达山顶。所以，除了用某种方式穿过积雪，别无他法。所以，我们停下来卸下牦牛背上的货物，很快就完成了，士兵和苦力非常认真地各司其职。随后，赶牛人用携带的投石器用力投掷石头驱赶牦牛，并敲打着牦牛后腿，最终把大约100头牦牛赶到了雪窝里。对牦牛来说，倒在雪中的刺痛感比走在石头上要好。因为牦牛一头扎进雪里，那些不能走下去的牦牛便慢慢地躺下来，其他牦牛越过前面的，然后躺在最前面。这种接力赛式的办法，让整个牛群最终翻过了雪坳。如此一来，牦牛把积雪通道踩成了坚硬的雪块路，赶牛人把它们再赶回来，重新驮上行李，士兵和骡子紧跟在牦牛后面，结果，人畜都安全通过了雪坳。就这样，我们越过了扎里山顶峰。

旅行队伍开始缓慢地下山，我们带头走在前面。一条惹人注目的山涧在山顶附近出现，我们沿着山涧下山。山涧的路（如果能够被称之为路的话）满是不规则的岩石。骑马是不太现实了，可怜的牲畜在崎岖的小路上既艰难又痛苦地迈着步子。

傍晚时分，落日余晖照亮了一片片云彩，过一会儿，澜沧江以西的山脉都照亮了。下午七点钟，我们到达了垌格村，垌格村位于河流的右岸。至此，我们长达 18 个小时的艰难路程告一段落。

我们到达了一户人家，受到户主人热忱的接待。我不知道是因为长途跋涉的辛劳还是焦虑的缘故，当我去找户主人时，感觉身子不稳，跌跌撞撞，然后昏倒了。户主人的善良难以形容，他们把我抬到家门口，用流经家门口的泉水给我洗脸；其他人则照顾菲利普，他变得异常癫狂，而后剧烈呕吐。

经过户主人的照料，我很快清醒过来了。然后我们被安置在一个令人舒适的稻草棚里（他家只有一间屋子），在稻草棚里吃了一大盆米饭，还喝了牛奶。

至于我们的牲口，户主人送来的刚刚割下的绿色麦秆，多的没过了它们的膝盖。我们亟须补觉，但直到午夜，我才进入沉睡。女主人到了次日中午才把我叫醒，他给我端来了一盆米饭和牛奶。

我们离阿墩子只有八英里远了。因此，我拒绝了户主人的盛情挽留，决定向阿墩子出发。大约中年一点，我慷慨地送给他们一些茶作为答谢和临别礼物，随后离开了这里。

与这些日子我们旅途中遇到的敌意相比，这些人的友善证实了我之前的猜测。这是当在扎里山赶上巴塘的官员之后渐渐认识到的。实际上，正是因为他们的歪曲或者不实陈述，我们才遭到那些人的憎恶。毫无疑问，村民们正是收到某些人的指令才会在路途上设障刁难。之后我确切了解到，尽管官员们表面上善待我们，背地里他们却利用职权阻止我穿过帕穆村继续前行，只是要求不夺取我的生命。

我们离开垌格村不久又攀爬一座高山，至其顶峰望去，澜沧江首次尽收眼底。澜沧江的水流深暗，浑浊而汹涌，宽150码，流经连绵不绝的雪山。我们从帕穆村一路走来，雪山堪称是地标。继续缓行了四英里路，我们来到一个地势稍有起伏的地方，一个美丽的森林花园：绿油油的草地铺满斜坡，像观赏草坪；多节的橡树和枝繁叶茂的栗子树点缀其间；这里还有很多野生草莓，不少醋栗和红醋栗树丛开满了鲜花。

我们从该山的西坡下去，仿佛走在香飘四溢的花间。雪花莲隐藏在草丛之中。再往下走，野花缤纷，有大片野生风信子开着铃铛似的蓝花，还有一望无际的毛莨。

下山途中遇到阵雨，我们在一棵大橡树的树荫下修整，几分钟内，雨停云散，阳光灿烂，阿墩子尽显眼前。该镇坐落于山谷脚下，是四座大山向同一方向绵延碰撞而形成的。

从这个地点眺望，很少能见到比阿墩子及其周遭更美丽的景色。我凝望着这般胜景，忍痛离开。我迫切希望到达阿墩子，到了镇上，一想到终于能好好休息，不用担惊受怕，真是令人欢欣鼓舞。

　　我们很快找到一家旅店落脚。不多会儿，旅店的店主给我们送来了一大盘火腿、鸡蛋和土豆；我们狼吞虎咽地吃完了，店老板说我真是旅行者。饭后，我立马派菲利普拿着我的通关文书送给朝廷官员检查。他离开后，我下午四点便睡下了，直到次日早晨八点才醒来。

第十一章

澜沧江畔

次日清晨，菲利普告诉我，他在衙门向官员们出示了我的通关文书，并叙述了我们一路上的遭遇，结果，他被轰出去了，还受到诸多咒骂，并捎来口信说，让我从哪儿来回哪儿去。

　　很多访客到我们这里——他们都是城镇的居民——非常友好。一天里大部分的时间，我们都忙于出售剩下的针、线、布料和珠子等物品，等走过了这个地方，这些东西将一钱不值。他们使用铜钱和银锭，不像以前经过的那些地方以物易物。镇上的其他中国商人也来相访，我与他们一起到镇上闲逛。阿墩子跟打箭炉一样，是一个边陲市镇，同时也是边境的税关，归云南总督管辖。这里有一座所谓的汉人城，四周城墙环绕，里面居住着为数不少的藏族居民，还有跨族混血儿。穿过市镇的中心有一条南北走向的街道，旁边两排房屋住着汉人士兵，有的士兵还从事其他营生的行业，如铁匠、木匠和毛皮商，后者是最普遍的——的确，阿墩子的漂白羊皮举世闻名。包含汉人在内，数百名混血儿从事毛皮的加工处理和衣服缝制工作。在打箭炉，药店林林总总，我在阿墩子的一家药店发现了一种地上爬的毛虫——在阿墩子的山上到处都是。中国人用它们入药，据说它有恢复活力的功效。在中国东部地区，它们按打出售，一打12两银子。

毛虫的身体呈淡黄色，像澳大利亚的食用蛆，与普通的毛毛虫外形相似，长约1.25英寸，但从外形看，其躯干有1.5英寸长，像枯草的茎，中国人把它命名为"虫草"。中国药房老板第一次拿给我看虫草时，我被它们奇特的外表震惊了。我向这位老者询问有关虫草的知识。他告诉我，这种昆虫生在地表下一两英寸的土里，人们很容易从草叶上找到它们的行踪。他一本正经地对我说，虫草的草叶开出小白花，结出果子，果子在适宜的时刻成熟，坠落到地里，这颗果子扎入泥土后慢慢变成另一只毛虫。我当然质疑他这种怪诞的说法，结果惹怒了这位年迈的药房老板。他愤怒地表示，如果我没有其他业务要办的话，可以离店走人了。

承蒙大英博物馆G. R. 格雷先生的指教，我进一步了解了这种神奇小昆虫更准确的信息。新西兰能经常见到比这还大一点的虫草，茎像草，其实是一种菌类，叫球状虫草菌。

云南叛乱爆发之前，阿墩子是一个举足轻重的城市，藏民把大量麝香带到阿墩子来换取云南的红茶、糖、鼻烟和烟草。

云南的红茶质量相当好，还有其他几样货物云南的比中国其他省份的更上乘。然而，近些年，由于战事频繁，贸易几乎消失了。

下午，我给所有驮行李的牲畜都装上了蹄铁，因为它们驮着行李直到现在都没有蹄铁。如今，我们到了较温暖的地方，这更加有必要保护它们的蹄子。在寒冷的地区，骡子和小马驹几乎不需要钉掌，寒冷的地面与干燥的空气会保护它们的蹄子。

晚上我正要准备睡觉，店主人将一位高大、帅气、肌肉发达的人领进我的房间。店主人给我解释了为何这么晚来打扰我，他告诉我说，这个陌生人是他的妻弟，他听说我需要一名向导，已经替我雇用他的妻弟作为我明天早晨前往云南丽江府的向导。他还告诉我，官府事先听说他要给一个外国人当向导，把他叫过去关进衙门里，命令士兵打他一百竹棍，因为他给外国人当向导这事并没有第一时间获得官府的批准。官兵抓住他，执行了长官的命令，但是一百竹棍尚未打完，这个被激怒的庞然大物挣脱了，把这些官兵打了个落花流水，然后大摇大摆地离开了衙门。他不过是一个以捕麝鹿为生的猎人，却被奉为镇上的英雄和预言家。很快，他在衙门受到虐待的消息传遍大街小巷。居民们急冲冲地拿起武器保护他。为了平息骚乱，政府官员被迫贴出告示，说他不仅获得宽恕，而且受政府官员的委托来护送外国商人唐古巴前往维西。

可怜的朋友在我房间里脱掉了外套，露出了健美的受伤的肩膀与后背，伤口还在渗血，非常恐怖。他没有说话，只是深深地叹息，他对挨了一百竹棍深感羞耻。

我打算次日破晓时分离开阿墩子，于是给我的向导打了一针镇静剂。他很快入睡了，但显然是带着耻辱入梦的，时不时能听到呻吟声和深深的叹息声。

次日清早天一亮我们便离开了，途经阿墩子的南门。南门位于城郊以南大约四分之一英里的地方。我们穿过广阔而肥沃的山谷往下走，谷底的一条小溪流入澜沧江，山谷里的小麦和豌豆可谓大丰收，大量核桃树点缀着山谷。到了正午我们到达了澜沧江的左岸，江宽100码，只见一条汹涌、浑浊的河流沿着大峡谷向正南奔流而去。山谷的入口像陡峭的大山开劈开的大豁口，山路向着南方延伸，环绕着群山边缘，山脉与河岸形成75—80度的夹角。有时候，我们沿着18英寸宽的小路匍匐前行，累得精疲力竭。有时会遇到一条危险的山石裂缝，被迫攀登到光秃秃的石板一般的山顶，从1500—2000英尺的高度俯视仿佛一条小溪般的澜沧江。山势陡峭，但山腰平坦，一块巨石似乎随时有可能从山顶滚落到河里。

从阿墩子出发，我们经过长达八小时的路程，到达了一块河流冲积而成的谷地，高尼寨就在这里。该村居住着一个村落，他们在体貌特征上极像藏族人，但肤色浅很多。

村落的头人或村长每年向政府进贡，全权管理本村的事务，但命案要由驻守阿墩子的汉族官员处理。头人让我们住他的家里，受到了他一家人最热情的招待。

这里的人不管是白发苍苍的老者，还是黄发垂髫的孩童，无一例外都患有甲状腺肿大或者叫喉咙肿胀的病症。虽然这种病在藏区司空见惯，但除了在高尼村，我从未在其他地方发现这种病竟发展得如此可怕，这些患者将我围住并向我讨药治病。

我的行囊里只有奎宁、哥罗丁、通便药与几磅霍洛威软膏，于是，我给他们分了一些霍洛威软膏，与其说希望治好他们的病，不如说是对他们病情的安慰，他们对我感激满怀。村民们给我们送来了牛奶、家禽、黄油和马饲料来求药，到最后，一只家禽和一袋豌豆才能换一茶匙的药膏。村民对药物的需求量太大，我只好把剩下的约6盎司药膏锁起来，请求头人转告村民已经没有多余的药了。

头人的一个弟弟发烧了，我入住的当天晚上给他看了病，次日，医治效果明显，他又能活蹦乱跳了。此事一传开，我又被人们围上来求发烧药。求药的人越来越多，我被迫用一些奎宁去贿赂头人，希望他利用自己的权威将我从蜂拥的求药人群中解放出来，大半个早晨他们都在我的房间里赖着不走。

这些可怜的人苦苦哀求我赠药，我无法阻止他们来我这里求宝贵的奎宁，然而，头人出面干预将他们很快遣散，由此，确保了接下来一天的安静时光。

我希望极度劳累的牲畜获得喘息时间，于是花了三两银子雇用了头人的五头骡子，雇用三天，其中还包括感谢头人做向导的费用。

在高尼村这两天一直是雷阵雨，我预料到接下来的路途上，被淋湿是常态。

6月14日，我们离开了高尼村，几乎所有人都来送我们一程，送了大约四分之一英里远，直到我们踏上了澜沧江边一条险峻的路，其间，在叫喊声和火绳枪声中，送行者离开，我们则继续前行。快到中午的时候，我们才在山中一个阴暗的峡谷口找了块平地吃了早餐。

在我们来之前，另一行人也在这里停了下来准备餐食，他们的20头骡子排成一排拴在谷口的平地上。我们也用同样的方式安置了牲畜，随后坐下来吃早餐。

我们刚吃完饭，高尼村寨的头人和他的赶骡人走在我们前面准备进入谷口，头人安排他的赶骡人堵在谷口，防止其他旅行队伍和我们同时进入峡谷，因为这条山谷的路很窄，不允许两头骡子同时通行。

等头人的骡队过去，头人回来了，帮助我们穿行峡谷。我们装上行李，向峡谷走去。当地人没有给峡谷命名，于是我称之为"豪格峡"，是为了纪念那位第一次向我指点迷津的绅士，他告诉我说，万一我们发现一条印度茶入藏的路线，那么印度茶将会大有市场。

我们当前脚下的山路是从坚固的岩石里开辟出来的，山路蜿蜒曲折，起起伏伏。河流在狭窄处激起了很多水花，在嶙峋的基岩之上发出震耳欲聋的激流声，激流声与来自另一侧悬崖边离奇的声音遥相呼应。

离高处入口一英里左右的地方，我们到达了峡谷最难走的地段。眼下，岩石凿成的山路走到了尽头，前面是洞穴的坑道，坑道由固定在岩石上的木制支柱支撑起来。跟中国每一项公共工程一样，该坑道年久失修。很多地方的铺板已腐朽不堪，处处漏洞。这让我们见识了骡子的聪明智慧，踏上铺板之前，它们会低下头伸出脚来测试铺板的承重力。

高尼村的头人之前并未提醒我这段难走的山路路况。我骑骡子进入峡谷时发现，道路过于狭窄，一旦进入峡谷，竟无法从骡子上下来。因此，我沿着这条腐朽的木板路骑骡子往前走，心一直悬着，好像在锅里煮着，这种感觉非常不舒服。骡子雅各布智勇兼具，然而我感觉到它在我身下颤抖了几次，挥汗如雨。"铁公爵夫人"具有非凡的勇气与智慧，我让它走在前头，它大显身手。它无意间碰到一块腐朽不堪的木板时，便拒绝前行，直到头人上前领路，头人还在腐朽不堪的木板上放了一些石头以做标记，显然，这是循从惯例。经常穿梭于峡谷之间的旅行者在很多地方用同样的方式做标记。

"铁公爵夫人"十分聪敏，做领头骡很称职，从打箭炉一路走来的旅行者都喜爱它。哪怕在一百头骡子里，也很难挑出一头机敏的领头骡能让同行的其他牲畜满怀信心地跟随前行。有一个奇怪的现象：在一个大型畜群中，最稳健、最睿智的动物往往走在最前面，似乎是得到了其他畜群的认可——这是一种信任，聪明的动物尽管会付出额外的劳力，但会忠诚地履行职责，因为领头的牲畜往往驮运的货物最重，所以经它所走之处，跟随者是相当安全的。

穿过峡谷后，我们在与入口相似的平台上休整。山间的河流奔流而下，河流宽处有 200 多码。峡谷壁上清晰可见的水位标志表明，夏天的水位至少比当前的水位高 30 英尺。这里经常发洪水，因为自从我们离开阿墩子之后，雨水连连。之前已经提到的一个顶峰是峡谷高处出口的标志，有一个与之相似的顶峰较矮，我给它们起名叫"温彻斯特峰"，是为了表达对驻上海的英国领事 C. H. 温彻斯特先生的尊敬，正是因为他，这趟旅行最终得以成行。

我们离开峡谷，经过一个美丽的村寨，大约在日落时，到达了华丰坪。沿途可见河流依傍群山，漫山是葱郁的丛林，成群的锦鸡四处活动。锦鸡呼呼飞来觅食，展开漂亮的翅膀从我们眼前掠过。

华丰坪的居民显然是把我当成了传教士，对我非常友善。在此地我们受到了最热情的招待。次日，在一行村民的带领下，我拜访了茨古传教会，规模不大，距村寨八英里远，位于澜沧江右岸。此处的澜沧江有 200 码宽，我们依靠系于江两岸的溜索桥到达江的对岸。

此岸一端的溜索是固定的，比对岸着陆处要高出很多，于是形成一个倾斜面。过客先走到一个小平台上面，用皮革制成的吊绳把自己固定在溜索上，而皮带是牢牢拴在滑轨上的，过客抬起双脚离开小平台，像离弦之箭一样飞速滑到对岸，到了对岸另一个平台上再解开绳索。为了方便返回，另一条绳索以同样的方式固定着。依靠溜索桥，人们甚至可以把骡子和牛运送到对岸。

由于溜索往往离水面100到200英尺高，所以不喜欢这种过河方式的人往往会眩晕，离开小平台后会从空中飞驰而过，尤其是向下看的话，眩晕会更严重。

等安全地跨过这种神奇的桥之后，法国神甫比耶和余伯南早在小平台上等候，热烈欢迎我的来访。两人是该教区的传教士，他们将我迎进简朴的房子里，房子位于离溜索桥不远的地方。当天，他们执意让我留下，于是，我给高尼头人捎信，让我们的一行人扎营安顿，我第二天早上与他会合。

在传教会我碰到了形形色色的人群，他们要么是基督徒，要么是传教会的承租户，因为传教士占有一大片地，包括华丰坪村。茨古教堂地产上的人基本上都是基督徒。该教堂是建造于30年之前，目的是使周围的人改宗为基督徒。

当地人的风俗习惯是蒙昧、未开化的。话说到这，我必须让大家明白，茨古临近的少数基督教徒除外。皈依的基督徒已然改穿普通的汉族服装，他们追求勤劳、宁静的农耕生活。然而，该地的大部分人仍然是过着游牧生活，完全未开化。他们没有建造房屋，不种植庄稼，而是依靠狩猎和掠夺临近的村落为生，对临近的村落而言，他们绝对是一帮恐怖的群体。他们是勇敢而成功的猎人，以弩和毒箭为武器，捕获鹿、野牛、野山羊、熊和豹。在宗教上，他们是绝对的异教徒，用飞禽做祭品以抚慰邪灵。就肤色而言，他们比该区域其他村落的更黑，但是，这可能部分原因在于他们从来不洗澡。当地人还用一种蓝色染料在脸上和身上纹身，将头发盘成长长的缯。他们的服装，如果也能叫服装的话，是用棉布或者毛皮裹缠起来的；至少，该村落的勇士们没有其他服装了，后来在他们与叛军打仗的路上，我们见过他们，只有个别首领穿着由豹、羊或狐狸的毛皮做成的斗篷。他们的武器就是弩和涂着一种乌头毒草（这种毒草在阿萨姆被称为毒蜂）的毒箭，刀有 18 英寸长，刀柄加宽了，刀的末端又宽又钝。

当地人不向朝廷政府宣誓忠诚，也不向朝廷进贡，虽然他们偶尔在帝国旗帜下效力。该村落能召集大约 1200 名武士，所以，帝国官员畏惧这些敢于冒险的人，小心翼翼地与他们维持着友好的关系。当地人掠夺成性，为了满足他们，帝国的官员不惜牺牲其他人的利益，每年邀请他们参与对叛军的大突袭。

当地人人既不会读，也不会写，他们与帝国官员商定出一种符号或记号编码，通过这种符号编码，双方可以传递重要消息。比如说，一片鸡肝、三块鸡油和一个用红纸包裹的辣椒，这意味着“立刻准备战斗”。

他们很少过到澜沧江的东岸，除非是与其他村落或者叛军爆发战争。因此，其他人对这个蒙昧的村落知之甚少，那些天主教传教士反而知之甚详。在我拜访期间，传教士似乎与他们相处得非常融洽。其中一名神甫刚刚访问了一位生病的人归来。患者是住在怒江河畔的基督教徒。神甫告诉我说，通过这次访问，他走进了这一重要村落的核心。该村落很有特点，在多方面迥异于居住在澜沧江西岸周边村落的人。后者接受了一些文明的方式，比如农耕、居住木屋。

我与神甫比耶与余伯南度过了一个愉快的夜晚。次日早晨，我向他们辞行，再次跨过澜沧江对岸。我们一行人傍晚到达了一座村寨，到村寨的路途上，我们穿过茂密的树林，树林里长满了栗子树。沿途的河段在湍流处激起层层浪花，大量的浮木被迅猛上涨的洪水淹没，连绵的雨水导致洪水的不断上涨。

这显然是一个曾经强大的村落，但很快失去了他们的身份，合并到了其他村落，受新首领的管辖。在体貌特征上，男人身穿普通的蓝色棉夹克和短胖的汉族式样的裤子，剃了头，留着辫子。女性的服装怪异却优雅。她们头戴着红黑相间的布裹成的小帽子，帽子向一侧倾斜，垂下流苏；外套短胖，垂下又长又宽的袖子，里面穿着紧身棉衣裹住胸部；下半身穿着家庭纺织的苏格兰式棉裙，从腰部垂至膝部，纵向编织。她们不穿袜子，而是用白色或蓝色棉布从脚踝到膝盖的纤细下肢缠裹起来。她们的鞋子在前脚趾的位置突然变尖，这是当地女性的常见鞋子类型。女性通常身材比例协调、脸蛋俊美。她们戴着巨大的银耳环（形状像一把普通钥匙柄）、银戒指、银手镯和串珠项链。在宗教上，她们信仰佛教，和汉人一样，敬奉祖先。

他们有自己的语言，但没有书面文字。在学校里，学生只学习汉语阅读和写作；所以，与云南这一地带其他村落的语言一样，当地语言有可能也会灭绝。

他们的房子主要是木质建筑，外观上类似于汉族人的房子。他们在山丘两侧的梯田上种植水稻，白天的气温十分温和，晚上特别凉爽。

从这个村寨走出来后，我们穿过了另一座美丽的村庄。这里没有群山环绕，取而代之的是平缓的小山丘；中午时分，我们来到了一个坐落于小平原中心的村寨。我被眼前正待收获的庄稼震惊了，一片片成熟的麦子尚待收割却被雨水淹没；该村落拥有大量品种优良的黑牛，却被饲养得过于肥胖。这里的水稻刚刚种植，豌豆作物已在收割。小地块的罂粟生长良好，总之，村寨为中心的小平原在收获的季节焕发着生机。

我们到达这个村寨并没有引起多少注意。正当我们沿着街道前行时，遇到一行人，他们应该是刚从田地劳作回来的农民。他们拦截了我们。其中一名年纪轻轻的农夫以一种权威者的语气用中文问我是谁。高尼头人下了马，隆重地向农夫致意，而后告诉他我的身份。于是，年轻的农夫告诉我说，我们可以在环绕村庄的高泥巴墙附近的神庙过夜。离开茨古一路走来，我们发现所有的村落都围绕着这种高泥巴墙。

我们在这个新奇的地方舒服地落脚了，高尼头人告诉我说，那个在村里跟我搭话的人正是该村的头人。下午的时候，头人派了不少士兵给我们送来大米、家禽和猪肉等礼物。

除了女性的服装之外，这个村落与汉族无异。女性的装扮与上一个村落的女性很像，唯一的区别在于，有时会戴红布做成的头巾，上面用玛瑙贝壳编织，而上一个村落的女性是戴整齐的小帽。他们不仅在行为举止和风俗习惯上，而且在宗教和宗教设施上都特别汉化。尽管他们没有自己的书面语言，但是我所看到的人都会讲汉语、读汉字和写汉字。在我所住的神庙附近的学校，和中国其他更文明化的地区一样，他们只学习汉语。

目前，这个头人是澜沧江所有村落中最具影响力的头人。人们在他领地上的澜沧江沙滩和山丘之中发现了大量黄金，并利用水平轴技术把黄金开采出来。只有他拥有准予黄金开采的权力，开采黄金的三分之一归他所有。之前他把其中一部分黄金交给政府算是缴纳的贡税，但这些年他不再纳贡。据他说，这是因为维西前任政府官员损坏了官印，而官印是以前收缴贡税的凭证。这是头人和很多人强烈要求不纳贡的借口；这当然只是托词，事实的真相是，自从叛乱爆发以来，朝廷政府担心征收贡税会把其他村落推向叛军阵营。

百姓向他们的头人交实物税，并为他服劳役；头人的统治相当专制，实际上，他的子民都是凄惨的奴隶——的确，该地带所有头人家中都有奴隶。

次日早晨，高尼头人向我们告别返回他的村寨。然而，我们却不能马上赶路；一天前，一匹马因为饲料匮乏而死；连绵不断的雨水泡软了两匹西藏小矮马的蹄子，以至于不能继续赶路。其中一匹马受伤相当严重，一直发烧，我卖了它，意外的是，竟卖了2.5两银子。另一匹马，后蹄子也受伤了，不驮货物的话，尚可勉强赶路。失去了两匹马，我不得不雇了此处头人的两头骡子，租用三天时间，租金1.5两银子，三天后到维西。离开了这个村落，在经历了长途跋涉之后，我们到达了纳西族头人的另一个村落。村落的头人极其友好地招待了我们，为我们提供了家里最好的房间，房子是按照中式风格新建的。

几天来头人一直挽留我。最后一两天我发烧了，就答应了第二天还在这里休息。这个村落坐落在一个小平原上，其间有一条河流经过，周边是森林覆盖的山丘或者雪山。山脉蜿蜒向东；雪山高耸于村落上方，形成了澜沧江与金沙江的分水岭。雪山的最高峰在云南的丽江府附近，过了丽江府雪山的高度随之逐渐降低，消失在大理府平原边界处起伏变幻的群山中。

附近到处长着黑莓。晚餐之后，作为点心我吃了不少。我们的晚餐是由头人俊美的妻子为款待客人而精心准备的，包括肥美的阉鸡、火腿和一些美味可口的小麦糕点。房主人友善非常，晚餐过后我们畅聊了许久。头人向我讲述了很多与叛军作战的有趣细节。有一次，腊文全（头人的名字）加入朝廷的军队去攻打古锦城，更准确地说，是湖城。由于朝廷的将军通常比较懦弱，腊文全和他的士兵被派送到前线充当战役的主力。在他猛烈的攻击下，该城市被夺回。叛军溃散而逃，但未受到朝廷军队的阻击，结果，溃散的叛军得到了强有力的增援，反而围攻了朝廷军队；在三个月的封锁中，朝廷的将军没有设法解围，这使叛军军队不只是削弱了朝廷的防卫力量，甚至搞垮了朝廷防御力量。腊文全带着他的八个士兵劈出一条血路，成功地返回了康坡。显然，头人经历了一段艰难岁月，他的胳膊、双腿和胸部都有恐怖的伤疤。事实上，他与其他村落的头人一样都从心底里痛恨政府官员。但当我谈到北京的小皇帝时，这位饱经风霜的战士严峻的面庞有所缓和，他说，如果臣民都是恶棍，那么皇帝再英伟不凡也是徒劳。说这些话的时候，他眼睛里闪着泪花。

与其他头人一样，腊文全获得了皇帝颁发的蓝徽头衔，他对此深感骄傲。

腊文全与朝廷的关系恰如他和他的妻弟的关系，因通婚而结盟，他们都嘲笑那些政府官吏的权威。

此时正值他们水稻插秧刚结束，所有人都处于休闲状态。趁此良机，我有足够的时间仔细观察他们。傍晚时分，头人和他哥哥（一位年轻的麝鹿猎人）来考察我的武器。随后，他们自然地讨论起火绳枪（他们配备火绳枪，是使用火绳枪的专家）和外国枪支各自的功用。外国枪支在藏区的地位很高，但是在云南边界地带绝非享有同等地位。晚上休息之前，头人说要安排我与这位年轻的麝鹿猎人在临近山区进行一场打猎比赛，实际上是为了试验火绳枪和来复枪各自的优势。

晚上，头人坚持让我睡在他自己的床上。次日凌晨，我还在沉睡中就被人叫醒。是头人的哥哥示意我该出发了。对于探险先锋来说，在荒野乡村上厕所决不能时间太长。凌晨三点，我与菲利普一起跟随着年轻的麝鹿猎人穿越茂密的松树林。行走了大约三英里，我们到达了一个高地，从这里我们俯瞰到一个幽深的峡谷，激流在山谷间涌动，向东流去。

由年轻人领路，我们从着山谷向上走，沿着激流上游的方向，最终到达了松树林上方的草甸斜坡。我们走在天鹅绒般的草地上，山上的清新空气令人精神振奋。我逐渐发现，在这般高海拔的山上快速地穿过森林多多少少有些压迫感。此时天尚未亮，于是，我们在松林中休整，生了火，并借助温暖的火苗点上了烟斗。破晓之时，年轻的猎人离开了我们，但没过多久，他又返回来了，说在离我们的篝火200码的地方发现了雄鹿的踪迹。一串雄鹿的脚印表明有雄鹿刚经过此处，脚印延伸至一个光秃的山脊。山脊位于我们右边大约一英里的地方。我们立即敲掉烟斗里的烟灰扛起枪。健硕的向导在前方领路，我们紧跟其后，默默地鱼贯而行。

毫无疑问，雄鹿曾经在这里出没。年轻猎人不慌不忙地走着之字形的路线，时不时地在树下停留，擦掉他号角上毛绒绒的东西。我们沉默地行走了半小时之后，年轻猎人向后挥手示意我们停下来，指着几行新留下来的脚印。这些脚印刚好与我们一路找来的脚印重合。经过观察研究，我们发现这些脚印是两头雄鹿留下来的。现在，我们的追踪变得容易了，因为在湿润的长满青苔的地面上清晰可见深一脚浅一脚的印迹。在猎犬般敏锐的向导的引领下，我们时刻保持着谨慎之态。只有麻雀嘶哑的叫声和野鸡时不时地鸣叫打破了这份寂静——可能是因为我们打扰了它们的早餐。

我们不久到达了森林的尽头，呈现在我们面前的是绿茵缓坡。与光秃的石灰岩山峰相比，缓坡更显得绿。在离我们70码远的地方，我们看到了一头高大的雄鹿。由于只看到这只雄鹿，我们猜想另外一只雄鹿一定就在前方。年轻猎人悄悄地指着我们面前的雄鹿，示意我开枪，而他自己点燃了长长的火绳枪，跪在地上射击。我举起埃菲尔德双管步枪也开了一枪。远远地，这头高大的雄鹿的肩部中了一枪跳了起来；雄鹿尚未来得及跳跃奔跑，我的同伴又开了第二枪，射出了一颗铁子弹。这一枪瞄的目标更准，只见雄鹿跳了两下之后便打了几个滚直接躺在了地上，就这样，在离我们80码的地方死掉了。年轻猎人对我的来复枪嗤之以鼻，而后径直走向他的战利品——战利品是他实力的见证，后来单单雄鹿的犄角就卖了150两，换算成英国货币，相当于50英镑。

我们把剥雄鹿皮的任务交到了年轻的猎人手中，而我们着手烹茶，为烧烤鹿肉准备火堆。那天早晨的空气令人不舒服，加之赶路劳累，令人食欲不振。不久，年轻的猎人带着雄鹿的犄角加入我们的烧烤团队——犄角是他小心翼翼地从雄鹿的一块头骨上剔下来的，用黏土包着——此刻，一些鹿排滋滋冒烟。我们用火堆的余烬烤熟这些鹿肉，吃上了一顿丰盛的早餐。过后，我们开始返回纳西村寨。年轻猎人大声歌唱，嘹亮的歌声又一次在群山之间回荡。

正午时分，我们回到村寨，头人和长者们迎接我们，询问"我们有哪些收获？"他看到自己的兄弟拎着鹿角，哈哈大笑，祝贺我们好运气，接着邀请我们共进丰盛的午餐。有人夸奖来复枪的优势，头人在席间再次检验了它。

傍晚，我们举办了一场丰盛的烤猪晚宴，菲利普高超的烹饪技术使这场宴会臻于完美。我们是把整只猪端上餐桌的。我用刀和叉把猪肉切开，赢得满堂赞誉。头人对我的刀叉功底饶有兴味，他坚持自己使用刀和叉，结果，笨拙但有效地使用刀和叉引得在座宾客尤其是坐在他旁边的妻子开怀大笑。

晚宴结束后，我们继续喝酒聊天。碍于房主人的压力，我大声唱了一两首英文歌，或许我只是在制造噪声，却让在场的人喜笑颜开。我们闹到半夜才去睡觉。

次日早晨，我离开了腊文全一家人。头人沿路送了我们大约四分之一英里远，目的在于向我展示他的一座金矿。

他的很多雇工都在勤奋劳作：一些人负责利用水平轴从山脉一侧挖掘含金的土壤；另一些人负责在空心树做成的长长的水槽里冲洗，小溪流的水源源不断地流入到水槽里。

头人告诉我说，这里盛产金矿；的确，坐落于阿墩子与维西府之间的乡村地带可以称得上中国的采金圣地；因为，尽管藏东的黄金储藏量巨大，但黄金很少能流通至中国内地。

头人给我看了一些鳞片状的黄金，颜色颇深；他给了我几块黄金作为样品，希望我能够向我国的商人宣传，他说他真诚地愿意与我国商人做生意。时至今日，我才第一次了解到他对阿萨姆的外国人知之甚深。他多年来的夙愿是阿萨姆富有的外国商人能够踏上他的地盘；他认为我的到来或许能够实现他的愿望。

听到腊文全对阿萨姆的了解如此之深，我立即提议，他应该直接派给我一队士兵，穿越国家边界前往苏迪亚或者蛮池，蛮池是阿萨姆边界的一个城镇，离康波 80 英里远；但是他摇头否定了该提议，说由于沿途村落众多，不可能有直接路线通往阿萨姆，我只能要么经过大理或者从巴塘出发到达阿萨姆。

离开这位善良的头人时，他交给我三封信：一封是给他隔壁村寨的内弟，一封是给住在卡卡村的亲戚，另一封是给维西府的旅店老板的。他说，这些信可以保证我在前往之地得到友善的照顾，并且要让人们知道我是腊文全的好朋友。头人思虑如此周全，我真诚地表达了谢意，而后继续沿着澜沧江沿岸前行。不少渔民在澜沧江上用渔网和渔线捕鱼。一整天，我们都在穿越一个大自然鬼斧神工打造的大果园：野生梨、卵形李、桃子、野李子和榛子，令人目不暇接。大约下午五点钟，我们达到了维西村寨，前往腊文全内弟家。一开始他拒绝接待，但是读完腊文全的信之后，立马热情地招待我们。

这个村寨面朝澜沧江西侧，视野相当开阔；小山丘逐渐变成缓坡，上面种着小麦、豌豆、大麦和鸦片等作物，一派大丰收的景象。

我们离开这个村寨不久，道路偏离了澜沧江，继续朝着东南方向前行，最终，在卡卡村停顿下来。在此地，腊文全的信使我们受到一个喇嘛热情的招待。离开高尼村以来，这是我见到的唯一一位喇嘛。当下，整个村洋溢着夏日收获的喜悦。烟草、鸦片和小麦作物长势旺盛；卡卡村民告诉我，他们难得有这样大丰收，种的很多鸦片和烟草可以留下来当种子，殷切地盼望来年再次丰收。蜻蜓随处可见，个头很大，优雅蓝与猩红色相间，它们在暖阳下跳舞。我第一次观察到村庄附近有一种"铲形蚲"或者叫"白蜡"的昆虫，它们能产出一种著名的四川蜡。望上去，矮树和灌木丛的枝丫上面好像被白雪覆盖，实际上，这些雪白的东西是大量的白蛾子似的昆虫。

的确，从小维西和康波附近的景象来看，整个村寨显示出曾遭叛军的入侵，这点是确证无疑的：许多房屋倒塌在一片被大火熏黑的废墟中。

我们经过了一个村寨，寨中三分之二以上的房屋被烧毁，围绕村寨的泥巴墙多处裂开。我决不会这么快就忘记这个村寨的场景，因为我们在这里被一群中国土狗攻击了，驮行李的牲畜被咬伤，而且伤得不轻。我不得不掏出左轮手枪，打死了几只。可以想象，这几只狗的死惹怒了村民，他们过来用棍棒和石头朝我们砸来。幸运的是，碰巧一位路过此地的人告诉村民们，我是腊文全的好朋友。结果，事况发生逆转，所有村民争着溜走了，好像看谁第一个逃回家里。

在离卡卡村不远处，我们改变了原先的路线，走了一条铺砌较好的道路。我们本来沿着道路愉快地前行，结果发现一间间房屋遭到大火烧毁变成废墟，愉悦之情荡然无存。最终，我们赶到了维西府。

维西府坐落在一座陡峭的高山脚下，将维西山谷与澜沧江隔开。城镇的建设一流，人口大约 6000 人，汉人比例很低，几乎都是士兵和官员。之前，维西城内的房屋是由砖墙砌成的，但是几年前，该城曾被叛军占领，砖墙遭到摧毁。人们又用坚固的红泥修补，因此，本地大部分的房屋与邻近村落的房屋都是用这种红泥建造的。

在叛乱发生之前，维西府是极其重要的城市，很多附近村寨的头人每年进贡来修缮这座城市，但是当前的无政府状态只剩下一个优势，即维西府成了政府军的大本营。按理说，政府军应该击败叛军，但实际上，政府军不过是一帮组织骑驴的匪军，人数大概有300人。

一到达腊文全在信上提到的旅店，我们便把信交给店主，店主为我们安排了舒服的住所，旅店里最大的房间留给我单独使用。

一个小时后，民事与军事官员送来了他们的官帖，他们以为我是中国政府官员；于是，我派菲利普给衙门送去了我的通关文书。傍晚，旅店老板来到我房间，犹豫了一会儿告诉我说，我已经陷入了巨大的危险之中。城内的士气低落之至，大部分值得敬重的人早已放弃了此城，剩下的主事者就是一帮强盗。这里的官员已经两年没有领到自己和士兵们的军饷了，军饷都被掌管边防军队军饷的成都官员贪污了。于是，士兵们沦为匪徒之流，他们在各村头人的带领下在各个乡村游荡敛财，名义上是用于与敌人开战，实际上是掠夺百姓；而那些民事和军事官员也因对匪徒首领的纵容而获得大笔赃款。可以想象，这种治理状态常常引发人们的报复。当帝国士兵无视正义，明目张胆地谋杀时，人们会武装自己展开可怕的复仇。正因如此，维西已经两次落入了敌人手中。敌人掠夺完维西府，便会撤退到丽江府（丽江府是他们在云南北部的大本营）。

正如店主老林所说，这便是维西府的现状。老林强烈地建议我要么回去，要么在我到达维西府的消息尚未传到官兵那里之前立刻出发前往大理府。他还进一步提醒我，一定要有武器傍身，尤其是，要大肆宣扬我与腊文全头人之间的深厚友谊。

在这一提议下，我次日前往衙门，拿我的旧通关文书换取一张新的，这能让我在梁宛将军控制下的区域畅通无阻。对于我的申请，梁将军让一个衣衫褴褛的下属转达说，我不能继续前行，而且他也不想接见我。见此情形，我高傲地摆着手说，"什么？不接见我？自北京城出发，一路上我都与地方上的高级官员来往，不接见我是不可能的！你肯定搞错了。把我的通关文书拿给你们大人，说我有很重要的事务与他洽谈。快点！别让我一直站在太阳底下等着"。我的行为举止吓住了这个下属，他立马跑过去汇报，一分钟后回来说，"我们大人要接见你"。紧接着，我被带到了威严的将军面前。

他因拒绝接见我而向我道歉，并且提出希望可以解决我的麻烦事。我对他的善意表示感谢，随后拿出四川总督授予的通关文书，并就前往大理府的事宜咨询他的意见。我向这位资深官员（他是一位善良、睿智的老者，已近花甲之年）寻求意见似乎令其欣喜。他立马告诉我说，我遇到的危险可能来自路上的劫匪。但是在漫长的旅途中，毫无疑问，我早已见识了不少匪徒，所以，我不会在乎他们。这位老者认为，我应该趁双方尚未交战之前继续赶路，他会给我一张他治下区域的通关文书，从维西出发，离开他治下的区域需要两天的行程。但是，离开这一地区便是叛军管辖的地盘，他不负责。处理完公务后，将军令人备茶、蛋糕和烟草，我们聊了很久。他已经离京20载，询问了我很多北京城的事情,.北京城是他钟爱的地方。谈话间，菲利普告诉他说，我经常拜见北京的王公大臣。其实，我并不了解这些，因为我从未到过北京，菲利普的说辞令我相当害怕，尤其是当将军问我中国外交部门在哪里的时候。然而，我立马回答说，"在总理衙门"。他问我在北京我居住何处，我说离总理衙门一里地远的地方。他似乎对我的含糊回答表示满意，并非常礼貌地说，能够见到去过北京这座大城市的人是一件乐事。最后，我们彼此愉快地分别了。

在旅店外面，我们发现聚集了一群人。进入旅店，首先看到的是一名士兵肩上扛着我的来复枪从我房间走出来。他走到院子里，其他人则跟在后面，一人拿着我的一些行李和财物。我走向前去，把那个带头的打倒在地，夺回我的左轮手枪和长柄瑞士猎刀。在出发去衙门之前，我把这两样东西藏到了我的中式外套里。当然，这必然引发一场混战。士兵们拔出他们的刀，我们奋力搏斗，攻击我的人像恶魔一样叫喊着，小心翼翼地挥舞着他们的刀子，但是又不敢让我碰到。很快，我发现自己被四面包围了，于是，我朝地面开了两枪。一见此状，士兵们纷纷向街边逃散。菲利普和我迅速追了出去，一跑到街上，我又冲这群暴徒的头部开了一枪，以此打开了一条通道，飞速跑向衙门，在喊叫的人群的追赶下，到达了衙门口。

我们气喘吁吁地冲进衙门，来找将军。冲进来之后，他站了起来。一听我们的经历，善良的将军变得非常激愤。他咆哮着，在屋里踱来踱去，我以为他要疯了；但是不一会儿，一位下属进来报告说，士兵以为我是一位前往大理府帮助叛军制造枪支的外国人，请求处死我。一听这话，我说等到这些人平静下来，我再离开衙门；将军立马下令，颁布公告，告诉众人我是谁、我是做什么的，任何人胆敢骚扰我都将受到鞭笞。

在衙门等了三个小时，将军告诉我说，我可以安全地返回旅店了。我在旅店的所有财产安然无恙，五个劫掠者将受到惩罚。

将军的下属将我们护送回去。街道上空无一人，在旅店外，我们发现五个暴徒戴着枷锁站在门外。旅店内寂静无声，我们的财产都保存完好。

这就是我第一天到达维西府的惊险经历；在太平天国运动期间，我见识了中国式战争的场景，以及上海周边乡村爆发冲突的情形，加之今天的冒险经历，我能够想到从政府控制区前往叛军控制区可能遇到的危险。然而，尽管我已经了解了摆在我面前的危险，但是我不会放弃。如果未经尝试便主动放弃到达印度的希望，菲利普也会鄙视我。于是，我们决定一得到新的通关文书，便向大理府进发。为了得到通关文书，我们等了三天，其间受到店主老林的悉心照顾。

幸运的是，在这里住宿非常便宜。我们整支队伍（包括四个人和五头牲畜）的日常开销不到 25 钱。但是，耐心等待是煎熬的，尤其是不敢保证那些不讲法律的人是否会遵从将军的命令。然而，我们未受到攻击，只有一次受到几名女子的骚扰，她们是当日戴着枷锁站在旅店门口的那些士兵的妻妾。将军派来的士兵一到，这些女子迅速四散而去。派来的士兵带给我消息说，我们可以次日去取通关文书。

旅店住着不少从事皮毛、铁器交易的小商贩，他们正观察着政府军与叛军在丽江府发生的冲突。他们告诉我说，叛军有一个不变的规则，即他们取得胜利后，喜欢大肆掠夺三天。但是根据叛军首领杜文秀的现行命令，叛军的士兵如被发现劫掠百姓便会被处以极刑。于是，商人们等待第四天能够安全地往返于"白旗"和"红旗"之间。人们往往用白旗与红旗来分别指代叛军控制区和政府军控制区。因此，趁着战争的间歇期，商人们纷纷往返于叛军与帝国所控制的云南地带从事皮毛、鸦片、铁器、棉织品和烟草等交易活动，双方对商品都征收关税。但是，叛军征税较轻，而且推行严格的司法管理，商人都表示白旗领土更安全。事实上，两年前，双方之间的商业交易较为繁荣，帝国政府的人可以自由出入叛军领地，反之亦然。即使在我旅行的这段时间，维西府依然能看到大量来自叛军地区的人，他们披着长发，安全无虞。

次日，菲利普前去衙门，将军送给我一些面粉和火腿作为礼物，还让菲利普传话说，他会派遣一支护卫兵送我到东兰村。但是我谢绝了他的好意，因为根据以往被护卫的经历，我从来没有受到过真正意义上的保护。我也送给将军一只银手表作为回礼，他欣喜非常。这一小小的礼物交换开启了我们之间的友谊。此后，我更加见识到了将军的真诚。

拿到通关文书之后，我们能够合法地途经大理府，在云南境内通行无阻，然后前往缅甸的阿瓦。由于向导在我们到达维西府的当晚神秘消失了，因此我又雇用了一位向导，并决定次日清晨启程。

就寝时，将军的管家来访我，表面上，他是来与我告别的，实际上，是为了讨要礼物。他很健谈，从他那里得知，根据衙门的公告，我被当作了北京政府派遣的官员来调查有关事宜以及当地官员的政绩；我的确相信，大理府与维西府之间长期存在的和平关系因为我的到来而突然中断了；此外，公告是在朝廷官员内部秘密传播的，目的是激发叛军对我的敌意，阻止我前往大理府。将军的管家迫不及待地想知道我到底是不是朝廷官员，如果是的话，我到访的目的是什么。我让他看了我的通关文书，上面写明了我的身份和职业；如果他不相信我的话，他可以向他的政府打报告以了解更多的信息，因为我的确没什么公文可以向他展示的了。就这样，他离开了，我很快抛却了对未来所有的担心，深深入睡了。

第十二章

村　寨

破晓时分，店主将我从睡梦中喊起来。他早早起床，开始准备丰盛的早餐，有炖鸡、土豆和早茶。

　　可怜的老林！如果我是他儿子的话，他不会对我这么友善。什么事情都比不上为"唐大人"效力更重要。吃早餐的时候，他在家里的主神面前焚香祷告，还时不时停下祷告为我添茶倒水。他反复给我讲如何应对未来旅途中遇到的危险。我一并邀请店主和一位商人共进早餐，他们提醒我一定要提防伪装成叛军的政府军队的袭击。他们说，我这次旅行是把刀架在了脖子上，但是或许我祈祷的上帝会保护我，而他们的神祇只喜欢血腥。6月28日，在做好应对各种背叛的准备之后，我离开维西，开启前往大理的旅程，老林和他的兄弟，还有那位商人一起为我送行，大约送了一英里。临别之前，老林语重心长地嘱咐我，到那里要向每个人都宣扬自己与腊文全的友谊。

最后，就剩下我和菲利普了。我俩冒着大雨，并排骑马向前走，讨论着我们当前的位置，直到向导打断我们的对话，他说迷路了。我开始怀疑这个家伙是因为提前领到向导的报酬，打算溜走。果然不出我所料，他开始往回走，并说"走吧，你们自己去找路吧。"我动怒了，骑马冲到他面前，用左轮手枪对准他的脑袋叫喊道，"如果你再这样无赖卑鄙，我就像打死一条狗一样打死你！"那一刻我是认真的。他显然是听懂了我的话，立马跪下来，卑微地求我原谅。我挥舞着马鞭，郑重地警告了他一番，让他站起来继续带路。结果，他很快找到了正确的路。

正午时分，我们刚登上一座植被覆盖的高山山顶，突然被二十来个武装男子包围起来。我当即就认出他们是朝廷的士兵。领头的是一位凶神恶煞的莽夫，他命令我下马，说道："我们是由维西民事官员田大老爷派遣过来检查你们的行李箱。"我们停了下来，我瞥了一眼菲利普，看到他正用来复枪对着领头的。我回答说，他们不应该检查我的箱子，并请他们速速离开。然而，他们坚持要查看我的通关文书和纹银，我平和地说，"我有两张通关文书，一张是给盗贼看的，一张是给政府当局看的"。一边说着一边掏出我的左轮手枪，"这个便是给你们这种盗贼准备的，纹银在手枪里，如果你们不速速离开，便尝尝我子弹的滋味"。这帮人没有多说，迅速离开了，向导也趁机溜走了，消失在树林里。我们继续骑马前行，听到他们的笑声在树林内回响。

离开维西之后，我们朝着东南方向赶路，途经一座村落，与维西北部的风格完全不同。我们穿过了一座座低矮、陡峭的山丘，山丘被成片的竹林覆盖，还有一片地方被人们开垦成耕地，种上了鸦片、小麦、大麦和土豆。这说明了这片土地的肥沃与当地人民的勤劳。

幸运的是，向导离开我们之后，我们所走的这条路直通狮子坨，这是从维西出发后遇到的另一个村寨。我们下午到达这里，中途没有遇到危险。

这座村寨包括六个方形木制房屋群，屋顶是由木材板子铺盖而成。我们不费吹灰之力便找到了头人的住处。走上前去，他正坐在自家门前抽烟，一看到我们，便起身进了家门。看此情形，不容乐观。菲利普跟着他进了家门请求安排住所，不一会儿我们就被赶出来了。起初是拒绝接待我们的，也许是出于好奇，这个乡野之人又出来瞅了我们两个陌生人一眼。他想了解我们冒雨寻找住所的目的何在，我向他出示了共济会（带有宗教色彩的兄弟会组织）的标识，结果立马奏效了。他立刻走出来，抓住我的马鞍，希望我下马进他家。我想当然地以为找到了"一位兄弟"，但是询问之下发现，他好像以为我出示这个牌子是有一些秘密消息告诉他，或者我是叛军的谍报员。

我想起了老林的建议，便询问头人是否认识腊文全。他回复道，"谁不认识腊文全呢？他是我的长兄"。一听如此，菲利普出示了一封腊文全写给老林的信，老林把信给了菲利普以备不时之需。我作为一位要人的地位立马确立起来了。因为头人阅毕信件便指使家人为我们准备晚餐，收拾休息之所。

一到此地，我本应该出示我的通行文书，但是考虑到我们到了叛军附近，应该谨慎地夸耀在政府控制区域内有不少熟人。

我们受到了这位头人的热情招待。第二天清晨，他带着两名士兵陪我前往一个临时营房。在大雨中，我们奔波了一日，非常疲累，我们决定在此过夜。

头人在腰上缠了一条铁链子，有三英尺长，两头有手铐，这是一种权威的象征。头人进屋后，所有人都退出房外，他把链子扔在门口；一个女孩立刻默默地捡起链子离开了房间。我们则在屋里抽了几分钟烟，与一位老妪聊天，他为我们每人端上了一杯蜂蜜酒——我只能这么描述它，它是一种液体，甜甜的，味道有点浓烈，有点像暗淡的麦酒，头人告诉我说，这是由野生蜂蜜酿制而成的。

我们接着察看营房，大约走了一英里的时候，两个人追了上来，上气不接下气，向头人敬礼，然后把链子交还给他。头人鞠躬接过链子，重新绑在了腰上。

晚上，我们在营房住得非常惬意。晚饭过后，喝了点蜂蜜酒。我从头人那里打听了一些信息，包括他的村民及其风俗习惯、与政府的政治关系等。

在靠近这个头人领地边界的最后一个村寨，他与我们道别，但是派遣了两名随从作为我们的向导，带领我们前往住在东兰村寨的头人家。

在离一个村寨还有 10 英里的时候，我们碰到了很多男女老少带着家具跑向山里。我们问了一大圈，他们只回答："当兵的来了。"

这座村寨呈现出一种奇怪的骚动景象。妇孺哭喊着来回跑，男人们从房屋里扔出各种家用器具，女人们则负责携带家用器具逃走。我们经过一些住户的时候，他们从窗户那里瞄准枪眼，向我们发出挑衅的叫喊声，甚至还射出一两发空子弹，显然，他们是想吓唬我们。然后我们经过其他住户时，遇到屋里的男女送给我们烟草和烧酒，说他们是"红旗"，是朝廷臣民，祈求我不要伤害他们。我们一再保证，我们只是和平的过客，但无济于事。所有人都确信，我们是政府军队的先锋。我们的处境每分每秒都很尴尬，于是，我坚持要求拜见头人，最后，在一群战战栗栗的百姓簇拥下，我们来到了头人的家里。见面后我请向导解释我是谁、我的身份是什么。最后，他们知道了我不是朝廷官员手下的士兵，他们还检验了我欧洲人的装束。之后，他们简直欣喜若狂。

头人告诉我，清早有一位来自维西府的朝廷士兵路过此处说，说一位从北京来的高官来到了维西，考察战争的近况。他还说，该高官带领了一支强大的军队要来东兰村寨，他意在带领这支军队攻打叛军。这便是村民恐慌的原因，这更说明了在维西的朝廷官吏利用这种手段来阻止我前往大理。

在狮子坨的时候，我曾经见过这位士兵路过门口，当时我询问头人这位士兵是谁；但是他一看见我，便突然消失了。头人派遣下属去打探，却音信全无。

如今看来，我们想穿过帝国边陲之地，希望也是非常渺茫；我们经过这个村寨，却引起一片骚乱，随之离开此地，继续前往前走。走到下午，我们遇见了一位士兵，他停下来询问我们是谁。一听说我将要去大理，他说，"噢，你来晚了。我们的头人已经投向'红旗'，正准备与伟大的朝廷军队一起攻打叛乱者，如今他们正在路上"。如果这是真的，就摧毁了我前往大理的最后一丝希望。我到达了东兰村，却发现最担心的事情发生了。

到达头人家里，我们受到了最隆重的接待。头人从周围村寨召集了几百位勇士聚集在东兰村。他在自家院里接待我，所有头人都来了。他的长兄把我的小马牵到院子里。我在头人家门口下马，头人走上前来，屈膝说到，欢迎我莅临"奴仆"的家中。我立刻扶起头人，大声说道，"我不是朝廷官吏，也没有北京的军队跟随至此。我是一个打算去缅甸阿瓦城的外国人，希望从你们这里寻找干粮和能够带我们前往大理府的向导。"我的述说在他们之间引起了巨大的骚动，他们立马大声且愤怒地吵嚷起来。其间，我走进了房里，向头人说明了自己的真实情况，同时把四川总督的通关文书拿给他过目。一听我的解释，头人十分震怒，因为他被狡猾的维西官员戏耍了，维西官员利用我的到来传播消息说，从北京下派了一位秘密使者，还带领着一支庞大的部队，目的是让他们放弃与叛军的合作。

前天，这位头人已经宣布不再支持叛军。他告诉我，现在再来为闹剧正名太迟了，因为三天前，他已经允许一支朝廷军队穿过他的领地，前往丽江府了。

我问他是否认识腊文全。我这位老朋友的名字立马让这位头人来了兴致。他说，腊文全和他都是这个国家的和平爱好者。于是，我自然而然地告诉了他我与腊文全之间的关系。腊文全这个名字真是一件法宝，他立刻向我保证他会保护我，后来正是他的保护救了我的命。

在房间吃过晚饭后，头人告诉我，他的村民非常想听我聊聊我来的目的。于是晚上八点左右，我们来到了一个专门召开议事会的大房间，当时有 50 个人聚在那里。我在头人旁边落座，简单地叙述了我的旅行，并解释了我穿越此地的目的，最终，是希望他们能够护送我前往大理府，并承诺可以把所有马匹和金钱作为酬劳。但是我得到的答复却是，我不可能继续前进，我是一位朝廷官员的事情已经盖棺定论，叛军肯定会杀死我，他们也会因此事被追究。

代表朝廷出席会议的人们愁眉不展，有点胁迫意味地看着我。头人的兄弟发表了冗长且愤怒的讲话之后掏出刀子，在我面前晃悠。我轻轻一笑，掏出我的左轮手枪，结果这个动作引发了他们获胜似的大笑。我的行为惹怒了其他人，于是他们起身离开会议室，我和头人一直坐了一个小时。

接下来我了解到，支持朝廷的村民现在是怒不可遏，因为他们之前吹嘘有一支神秘的朝廷军队即将到来。头人解释说，如果继续向叛军占领区前行的话，是一件疯狂至极的事情。我答应头人仔细斟酌他的建议，接着我们和和气气地喝了一杯烧酒，最后，我来到他们为菲利普和我准备的房间休息，房间刚好就在头人自己卧室的隔壁。屋里只剩下我和菲利普俩人，我扑到床上，没有宽衣，也没有卸下武器，躺了两个小时还没有入睡。我对自身当前的处境忧心忡忡，离心心念念的大理只有60英里了，如今遇阻，心情非常沮丧。这导致我睡意全无，十分警惕；这种自然而然的警惕对我是有好处的。当头人房子里所有人都沉醉于梦乡的时候，我的房门突然被撞开了，头人的兄弟和另外两个人冲了进来。我还没来得及从床上爬起来，他的兄弟猛地朝我扑过来，锁住我的喉咙，把我拽到地板上。我费了九牛二虎之力用我的胳膊抱住他的胸，给他来了个熊抱，直到我感觉他的肋骨弯曲了。他疼痛地大叫起来，松开了双手。下一刻，我用膝盖抵住他的背部，使其跪下，并把手枪抵住他的胸膛。与此同时，另外两个恶棍也是忙个不停，一个锁住菲利普的喉咙，几乎要勒死我这个可怜的伙伴，另一个乱翻我的箱子。

头人的兄弟难以忍受我膝盖的压力，大声咆哮，结果吵醒了头人。头人立刻冲进我的房间，后面还有三四个人跟着。见此情形，这三四个人便掏出刀子冲向袭击我的人。在打斗中，一支蜡烛被推倒了，一场混战在黑暗中升级。尽管两个强盗防御很好，砍了随从一两刀，但是自己也身中多刀。最终，他们被赶出房门，蜡烛被重新点燃，我们看到头人的兄弟躺在地上昏迷了。等他醒来，头人把他骂了个狗血淋头，举起他的刀子就要砍他，但突然收手，把他拎出了门外。房内重新恢复平静，头人把强盗掉下的纹银还给了我，为他兄弟的行为向我道歉，并向我们保证，我们无须担心，因为他会在我们屋里一同休息。从他的言辞中可以看出，支持叛军一方的村民虽然没有伤害我，但是对我同样十分恼火，因为他们糊里糊涂就加入帝国政府一方作战。

他继而告诉我说，他曾在大理府见过我几个同胞，有些人为叛军首领杜文秀打造大型枪支，所以他知道我是欧洲人。如果朝廷官员知道我的外国人身份的话，肯定会加害于我。因此，他强烈建议我返回维西，在那里过一段平静的日子，一旦时机成熟，我想回来的话，他会带我去大理府。与此同时，他将我到访一事上报给叛军将军，他居住在离我们20英里远的柯金。他坦承说，如果没有大规模朝廷军队赶来此地的话，他要再次转变为支持叛军。他用手摸过前额，透露出一丝疲惫，叹息着说，为了从朝廷与叛军交替的掠夺中保全自己的家园，他不得不玩艰难的政治手腕。目前，他的确做得非常成功，总是能够站在赢的一方，但是这次，他被狡猾的维西官吏戏要，显然略显下风，但是他发誓，很快他一定会扳回一局。

我们谈话结束后，有两名政府士兵走过来，正是他们传递了维西的错误情报。他们的处境不容乐观，人们发誓要处死他们，因此他们来寻求头人的保护。这两名士兵一出现，头人立刻变得寡言，几乎沉默。天亮后，他把我们交由其他人接待。

头人走之前，我告诉他，返回维西的话，比死亡更可怕，恳求他试着把我送到下一站，我愿意以来复枪和所有牲畜作为回报。一听到这，头人面露喜色，告诉我不要害怕，他会考虑的，如果我足够勇敢，或许他可以把我送过去。我本打算当天早晨返回维西，但是头人给了我一丝希望，加之当日滂沱大雨，我在村寨里一直待到第二天。

下午六点，头人过来找我。一天来，我这才见到他。他说，把我送走的希望不大；风险太大，他不能送我了。我不愿意无功而返，又感觉有头人的保护比较安全，于是，恳求他让我住下来。可以看出，这份信任满足了这位头人的自豪感。他犹豫了一会儿，最后却说不行，因为维西的官员会有所猜疑，为了自身安全，他不敢让我住下来；于是，他决定明天早晨让他手下的士兵护送我返回维西。

这天，几个小头人带着随从来了。一日来，村寨集结了不少勇士，总数有 500 多人。

这个村寨的房子主要是中国风格的木质建筑，也有一些房子是粗糙的原木建造而成。村庄坐落在一个植被茂密的小山丘上，山丘上的植被主要是热带灌木丛。这片土地上种植着大片的云南烟草，该烟草非常著名，烟叶呈黄色，自细茎长出，薄而纤细，长宽约八英寸；晒干后，烟叶呈淡黄色，这种烟抽起来味道非常像上等的马尼拉烟草，但我试吸之后，觉得它的香味更胜一筹；实际上，这是我所知的最上等烟草。就这种烟草的产量和质量而言，只要这一地区能够从叛乱的毁灭性打击中恢复过来，云南贸易向缅甸的欧洲商人开放，那么单单烟草贸易便能一本万利。这场内战导致家园被毁，人们背井离乡，一半的居民被迫离开这个富饶的省份。叛乱影响了中国西部与欧洲之间的交往，对我的直接影响是，他们有充分的理由阻止我进入缅甸。

在这个村寨，我无所作为，心情不畅。头人传话说，要我第二天黎明之前动身。

次日早晨，我们急匆匆地吃了点鸡肉和冷米饭之后，头人带着我走出家门，绕过小路，走到村寨外围，护送人员和驮行李的牲畜已经待命。当时，天色尚早，一片漆黑，我们告别了友善的头人，踏上了返回维西的路。黎明之前，我们离开东兰寨几英里远。

正午时分，我们遇见了一支从丽江府返回的侦查队伍，丽江府离我们大约有 20 英里的路程。侦察兵说，在丽江府爆发了一场小战役，朝廷军队被打得落花流水。我们一起吃了午饭，用烟斗吸了几袋烟，接着赶路。傍晚时，狮子坨的老朋友招待了我们。

在一天的行程中，牲畜一直遭到一种蝎尾虫的骚扰。蝎尾虫的刺痛感令它们近乎发狂，由于刺痛，可怜的牲口把行李颠下来好几回，我们不得不重新装运。我们曾经也被这种虫子咬过，但是程度较轻。那段时间，我们完全无法解释骡子为何表现得如此异常，难以驾驭。骡子把菲利普摔下来两次，我的骡子雅各布一向稳健，也毫无理由地变成狠毒的爱踢鬼。这些飞虫只蛰马匹和骡子的肚子，这导致我们很久没有发现，直到我偶然间发现了它们。有一次，我们在路边休息，我用缰绳牵着骡子，它突然间发出一声尖叫，开始疯狂地乱踢乱蹦，那时我第一次发现一只飞虫在叮它的肚子。飞虫在叮完骡子后，落到了地上，看着精神不济，于是我踩死了它。飞虫的关节处呈红棕色，外面有一层鳞片状的保护壳，尖端是灵活的尾巴，以长长的尖尖的刺为武器。它的外形绝对符合我给它起的名字。中国人叫它蚊子。

7月3日，我们在头人的护送下，从狮子坨返回了维西，又寄宿在老林家。他从没想过还有再见之日，非常高兴地欢迎我回来。

前文讲过，在去的路上，向导已经撒手而去，这次，老林成功地抓住了他，并交由梁将军处置。梁将军还未休息，叫人把他扔到了门前的井里，让他清醒清醒。

老林准备了丰盛的晚餐，吃完之后，我回到自己的房间沉沉地入睡了，把所有失落和焦虑等情绪抛之脑后。

第十三章

被囚禁

夜里的休息无人打扰，一觉醒来，精力又充沛起来。我着手准备返回成都，因为维西已经不安全了。

我派遣菲利普前往将军那里更换通关文书。我们有两个选择，要么前往大理府，要么从江通直接返回四川。江通位于金沙江沿岸，从维西前往那里大概是三天的行程，沿东北方向去往雅州，由此绕过阿墩子和巴塘之间的敌对地带。

这位老将军得知我安然返回甚是欣慰，命令下属备好我们所需的通关文书。他还捎信说，他将在两日内离开此地，因此，我最好在他离开之前启程，因为他一旦离开，恐怕无法管束官兵的行动。对于他的好意，我转达说，我不能即刻启程，但也不会畏惧那些官兵。

说句公道话，老人家肯定是非常担忧我的安危。毫无疑问，他预见了自己离开后可能会发生的事情才建议我早日动身。

傍晚，民政官田大老爷派人请菲利普过府询问，并邀请我前去衙门暂住，他可以保证我们免受袭击。菲利普觉得田大老爷是诚心诚意邀请的，所以一口答应了。田大老爷还让菲利普代为转达，希望他的贵客次日即刻过府。

老林闻此安排，摇头表示田大老爷十足一个卑鄙小人，做此安排肯定有某种不可告人的阴谋。为了试探田大老爷的诚意，老林建议我编一个借口，礼貌谢绝在衙门暂住。他推测，这么做估计会在一定程度上触怒田大老爷。

看老林的反应，显然他所了解的事情远非这些。我决定向田大老爷致歉，拒绝搬到衙门暂住，因为我们住在衙门会给他招致诸多麻烦。

次日清晨，正如老林所料，一群人蜂拥进入旅馆，他们扬言威胁我这个外国人；我的门被撞碎了，一块块木板散落在地上。这群暴徒毫无惧怕之意，肯定是受到当局的煽动，于是，我立刻抽起刀，清理了房间。正值此时，我的朋友将军派遣的一些士兵到达旅店，将蜂拥的人群驱散至门外。等一切回归平静，老林肯定地说，针对我的所有攻击，一定是田大老爷在背后指使，显然，他有某种更深层的动机。这场喧嚣过后，我们几乎没有停歇下来。这时，田大老爷捎信说，他与将军有要事处理，但是要求我次日前去衙门。

晚上七点，田大老爷突然到访，这令我颇感意外。据他说，是来看看我有何需要。接着，他提到今早的袭击说，"嗯，你看，我说过吧，你在衙门之外居住是不安全的，你最好明天搬去衙门住"。田大老爷给人的第一印象非常好：相当年轻，大概27岁，中等身材偏高，手指纤细，举止极其优雅，说话声温柔，慢条斯理的；面容姣好，白皙，皮肤光滑细腻，宛若女性；眼睑长而下垂，看上去精神不济，眼皮上抬，倦怠之态有所缓和；一双明亮的眼睛闪烁着长蛇般的光芒，充满焦躁，但是眼睑下垂便消失了。他继续摆出一副惯性的昏昏欲睡之态，很容易误导粗心的旁观者。

他的双手纤细，修长手指的顶端修成了时尚的长指甲。这表明，他平时的坐姿手肘要么放在桌子上，要么放在椅子扶手上，双手慵懒地交叉在胸前。这便是田大老爷的外貌。尽管他的行为举止令人舒心，充满魅力，但是我仍然觉得他是个危险人物。是该放弃所有到达缅甸的希望？还是冒险去衙门？在两者之间，我犹豫了片刻，最终选择后者。而后我告诉他，明天我会搬到衙门去住。听到我说的话，他抬了抬眼皮凝视着我，眼神像蛇般冷酷，令人战栗，但是我睁大眼睛凝视着他，随后他的眼睛又躲到耷拉的眼皮下面。

田大老爷文质彬彬地告辞了。等他离开后，老林和商人走进屋里来。他们一致认为，这个朝廷官吏心怀不轨，但是如果我真的不打算放弃前往缅甸的希望的话，在衙门暂住比在旅店更安全，在旅店难免受到朝廷爪牙的袭击；再者，如果这个朝廷官员打算抢劫我的话，他大可以等我离开维西之时再动手，这样反而能免受惩处，因为他可以轻易命令他的匪军击毙一名过客，抢劫他的行李，这样还可以逃脱侦查；但是，只要我待在衙门，他就必须负责我的安全。

我的朋友们对这件事的看法证明了去田大老爷府上做客这一决定是正确的。7月7日，我搬进了衙门。当日，我的房东护送将军出城（他是早晨离开的），房东的弟弟隆重地接待了我。衙门是一个宏伟的建筑群，修建了不少房子和庭院，外围由四堵高墙环绕，它起初是一座寺庙，现在被征用为官员的临时住所。从街上看，这里有一个厚重的拱形大门，大门上面有一间房子，之前是用作剧场的。首先映入眼帘的是一个大方形庭院；庭院的对面，正对着第一扇门，另一扇门是大折叠门，通过折叠门，我们来到了第二个庭院。走过一扇门，我们来到一条走廊，走廊两侧都有一间小屋子；再往里走，是一个更小的庭院，四周都是房间，其中一间对着门口的大房子被用作神龛，里面有很多神像，神像面前烧着香。

我们经过内门，右侧是田大老爷的私人卧室。他的弟弟把我的行李放在两扇折叠门之间的走廊上的一间小房间里，牲口被关在外面庭院的马厩里，然后，我们继续朝内院走去。

下午，我和田大老爷的弟弟吃过晚餐，他本人出现了。他热忱地欢迎我的入住。若不是老林的警告以及他对田大老爷的真实意图了如指掌，这种热忱欢迎或许会消除我的怀疑。晚上，他领着我走进面向走廊的一间房里，让我把这里当成自己的家。这间房子很小，大概八平方英尺，光线昏暗，里面只摆了一张单桌和长木凳可供休息。房屋两侧有两扇木制格栅，上面糊着薄薄的白纸，白纸从地面三英尺往上到屋檐下方，朦胧的日光透过白纸照射进来。一扇窗户正对着内庭院，朝着神龛的尽头；另一扇窗户朝中庭院打开；房间的第三面墙则是衙门的主墙。任何一个人，只要站到两扇窗户的外面，在窗户纸上捅破个小洞，就能对房间的一切观察得一清二楚。这立马引起了我的警觉，令我非常不舒坦。但是我不能放弃到达缅甸的一丝希望，因此，尽可能地让自己住得舒服。

在衙门居住了短短数日，我敢肯定他们正在精心筹备攻打叛军。信使们你来我往地传递信函。一伙人带着一个包裹被派遣至怒江流域的村落首领那里。这个包裹里装着一个青辣椒、用红纸包着的三块肥肉和一块动物肝脏；上文已经提及，这个包裹相当于一封电报，指示头人立即带领勇士赶往维西。田大老爷阴沉地告诉我，不出一个月，必将踏平回民叛军。

在衙门住了四天，田大老爷的一番殷勤举动表明，他想赢得我对他的信任。他反复地打友情牌，似乎他的诚心可嘉。

第五天，腊文全与其他头人一道来到了衙门。老友相逢，甚是欢喜，在我的房间里待了大半天。田大老爷表现得尤其得体，并提议来一场小小的来复枪演习以为宾客助兴。

衙门里有一位中国士兵是一个盛名在外的抬枪神枪手。田大老爷把自己的枪交给这位神枪手，与我的来复枪进行切磋，并拿出 1000 文作为彩头。于是，我们移步至外庭院，墙上有一片男人手掌大小的树叶，离我们有 30 步远。众头人及其随从、衙门里的人组成了围观群众，田大老爷和腊文全任裁判。

我们抽签决定谁射第一发，结果士兵先射击。他跪下来射击，就像我们的来复枪手做远程射击时的姿势，结果，他擦到了叶子的边缘。田大老爷笑了笑，问我认为怎么样。显然，我的对手知道怎么射击，其实，我并没有自信，我即使站在这里也没有多大胜算；但不论如何，我走上前准备射击。结果，我的子弹竟然射进了士兵用抬枪射出的洞里。在围观者看来，我们打成了平手。但是，我是认真地对准了目标，觉得这一发射得太差了。士兵再次射击，结果偏离了树叶三英寸，在墙上打出了一个比五先令硬币还大的弹孔。我上前准备第二次射击，突然灵光一闪，决定不朝着树叶射击，而是朝着士兵刚才射击的弹孔开枪，结果，正中弹孔边缘。虽然我知道这纯属偶然，但是我做出对一切了如指掌的样子笑了笑。很多旁观者，包括田大老爷本人都急切地询问我，是不是把弹孔当作了目标，我只是会意地笑了笑。

　　我的士兵朋友再次就位，这次直中树叶中心，引得围观者掌声雷鸣。我走上前，周围的人迫切等待我这次射击的结果。我开枪了，又一次巧合！我的子弹再次射中对手刚才的弹孔。现在看来，这无疑就是我的射击技术。突然，腊文全情绪有些失控，撕碎了一张纸，然后对田大老爷说，他的士兵正在与魔鬼比试射击技术。我最后的一次射击明显对这位神枪手造成了影响。他准备下一次射击，情绪相当不稳定，但还是成功地射中了树叶。三次的侥幸成功极大地增强了我的自信心，我神气地迈步向前，又打出一发子弹，再次把子弹射进了士兵刚刚射出的洞里！上帝已经非常眷顾我了，我差点笑出声来。然而，对于田大老爷和他的勇士来说，我不过是一个旅居者。于是，田大老爷把 1000 文奖赏给我之后，我转而把它打赏赠给了那位情绪低落的士兵。

这次枪法比试让我成了衙门的名人，被封为"枪神"。衙门里的人经常让我展示枪法，但是我总是以不能浪费弹药为由拒绝。

我和两位头人一同与田大老爷进晚餐。休息的时候，我把我的床让给了腊文全，而他抽着鸦片，和我聊着天直到天亮。

在前半夜，田大老爷来到我的房里，抽着烟和我们一起聊天。他对我说，对于即将在我面前打响的战役，他做了一个进攻计划，但他倍感焦虑，想听听我的看法。我回复说，我是个商人，只追求商业利益，我的意见恐怕不值一提。但是他表示不相信，说我是为北京政府服务的外国军官。我向他澄清说，他搞错了。而且，他如此精明睿智，他的进攻计划肯定是天衣无缝。他喝多了，说了很多次"洋鬼子"，后来腊文全说，这种称呼有失礼数。腊文全没多久便离开了我的房间，他建议我最好返回他的村庄，在那里等战争结果。我立即答应了他的邀请，决定跟他一同回去。

第二天早晨，两位头人在衙门公共大厅会见了田大老爷，一起商讨接下来的战争。之后，他们郑重地送给我他们的名帖，衙门的人会将送名帖视为一种特殊对待，随后镇上的一些朝廷军官邀请我和腊文全参加宴席。在宴席上，我们碰见了三个小村落的头人。宴会结束后，在与田大老爷和军官的激烈辩论中，头人们是先锋，他们对这些朝廷官员说，号召村落并肩作战固然很好，但是除非武器和弹药能够到位，否则并肩作战持续不了几天。最终宴会结束，腊文全和我回到我们屋里静静地坐着，真是一种解脱。他告诉我说，他和其他头人达成一致，除非武器齐备，否则不参与战斗，并且建议我最好留在衙门，而不是跟他回去。因为我一旦偏向他一方，可能会引发他与田大老爷之间的纠纷。

这位好伙计提醒我，不要以任何借口独自离开衙门，随身佩带武器。

我们聊到了前一天的枪法比试，我告诉他，那天是全凭运气。但是他说，不能对任何人这么说，因为枪神的称号对我而言是一种很好的保护。

第二天，我招呼那位军官和人称"黑鼻子"的头人进餐，菲利普负责招待衙门的秘书和头人的部下。

那天早上，两个头人与田大老爷发生了激烈的争吵，之后两个头人离开了衙门，返回自己村庄。所以，宴席上田大老爷自然是心情不悦，喝了很多酒。那顿饭吃得非常不舒服，宾客散去，让人有了喘息的机会。我在自己房里抽烟，仔细斟酌行程问题。但是，很快有人打扰；因为"黑鼻子"返回衙门，要和我一起抽斗烟。他逐渐地谈到他的来意，暗示我如果我想去大理府，报酬丰厚的话他可以带我去。菲利普偷偷暗示我要当心，我礼貌地道了谢，拒绝了他的提议，遗憾地表示我全部家当也才100两。黑鼻子抽完烟便离开了，径直去了田大老爷房里。随后菲利普告诉我说，"黑鼻子"是田大老爷进行秘密交易的一个工具而已。衙门的一个师爷暗示菲利普，田大老爷想要钱，如果我能够给"黑鼻子"好价钱的话，他会带我去大理府。放好了笼子，却没逮住鸟。毫无疑问，"黑鼻子"没能在前往大理府的路上悄悄除掉我，这令他非常失望。我后来才知道，他在大理府是一个受攻击的目标。他曾经是叛军，在该城落入叛军手中之时，他在邓川暗杀了朝廷官员，后来又投奔了清政府。但是如今他作为田大老爷得力的狗腿子，设法保住了项上人头。这就是"黑鼻子"这个人，我拒绝了这种人的善意。

田大老爷的真面目已昭然若揭。显然，他想要我的钱，而且是狮子大开口，高估了我的财力。但是，我不相信他会轻易对我动粗。

我躺在床上，心情忐忑。于是，菲利普和我决定轮流守夜，六小时换班。

菲利普留值前半夜，不久便把我从睡梦中喊醒，是田大老爷来了。他跟跟跄跄地走进房间，看来是喝了不少酒。田大老爷喝酒和清醒时完全是两种状态。酒醉时，他吵吵闹闹，粗鲁无礼，脾气暴躁；清醒时，他无精打采，彬彬有礼，纨绔时髦，安安静静。这次，他给我讲了一个冗长的故事：在成都的商品订单问题上，他是如何从商人那里敲诈钱财的。接着，发表激烈的言辞反对头人们，拐弯抹角地把他们称为"你的朋友们"（实际就是说我的朋友），激动地扬言道，战争结束后，他会砍掉他们的脑袋，还有其他人的脑袋。随后，他用一种滑稽的方式问我是不是想掉脑袋。他这种荒谬的问题使我大笑起来，结果好像惹怒了他。他质问道，我觉得自己的脑袋值多少银子。我回答说，我的脑袋和中国皇帝一样价值连城。他一听便站了起来，盯着我看了一会儿，然后转身离开了。

接下来的五天里，我没有见到田大老爷的身影。自从田大老爷醉酒后跟我谈完话之后，士兵一直严守门外，监视我的一举一动，禁止我在外庭院走动。但是大米和猪肉照常供应。菲利普负责在我屋里做饭，我们便在自己屋里吃饭、睡觉。

又是一个同样的夜晚，守卫们严守门外。衙门的大师爷来到我的房间，他说田大老爷要向我借100两银子。他传达的方式俨然像发布命令，我断然拒绝，说我不能照办，因为我所有家当只有100两。然后，门外的看守还禁止我出门，我要求他们给我一个合理的解释。他们的回答很滑稽，说是田大老爷命令他们好好保护我，以免进出衙门的人会对我造成伤害。当然，我知道这句话的意思，并平和地对来访者说，他可以走了。

第二天，田大老爷准许我在神龛前面的内院里活动，但活动范围不超过30码。我踱来踱去，与守卫抽抽烟，聊聊天，三小时过去了。这个当兵的是一个活泼的小伙，非常喜欢各种烟斗。管理似乎不留意菲利普，他获准可以随时离开衙门，以备购物之需；我的仆人洛宗也并未受到监视。

就这样几天过去了，没有什么事发生。的确，别人好像忘了我的存在。有一次，田大老爷来看我，对我客客气气的。他拐弯抹角地提及我门前的守卫，说这纯粹是因为他担心我的安全，我既然住在衙门里，他就要对我的安全负责。至于不让我在外庭院活动，这纯属是误会，应该及时下令改正，因为我不是犯人。他走之前告诉我，他必须要有 15 两或 20 两银子。我说我只剩下 100 两。他告诉我明天必须把银两给他；所以，为了不惹怒他，我宁愿掏出 20 两银子来摆脱他。

　　田大老爷走后，我发现，我的两匹小矮马站在了他的房前，备好了马鞍。他的房门正对着内院打开着。我当即询问这是什么意思，结果被人告知，田大老爷要用我的马去给将军送货。但是我告诉他，我反对这种做法，说着我开始自己卸马鞍。衙门的几个师爷从田大老爷房里走出来，问我这是何意。我简单地对他们说，谁敢动我的牲畜，我便与他拼命相搏，说着便掏出我的刀以示决心。田大老爷最后被迫自己走出来，恳求我借给他一匹马，方便他去拜访镇上的将军。当然，我表示乐意为田大老爷提供马匹。实际上，他随时可以用我的牲畜，但他必须提前知会我一声。

　　这令看守我的士兵非常失望。尽管我每时每刻都能感觉到他的权力，但他似乎不敢干涉我的生活。这种情况一直持续到 7 月 22 日，除了严格监视带来的不便和感到焦虑不安外，其他倒没什么。

　　在这个季节——现在差不多是仲夏——维西的天气不那么

宜人。夏天雨水太多，从六月份开始下，断断续续持续到八月初，因此非常潮湿。只有中午一两个小时偶尔有骄阳，蒸发掉所有水汽。夜晚凉爽怡人。但蚊子多得不计其数，没有蚊帐的话入睡有些困难，尤其是我这个监狱般的小房子通风不畅，我只好在纸窗户上捅破了几个洞。

7月22日凌晨12点到早晨6点，我在值夜，菲利普来换班。当时我刚刚在床板上入睡，突然一只手拍我的肩膀。是菲利普，他在我耳边轻声说有事发生。有两位军官率领了几个士兵来到衙门，说他们有两封将军写给唐大人的信，让菲利普立即把我叫起来。在门口只有一名守卫，他注意到，陪同朝廷官员的士兵把匕首藏在了他们的长筒袜里，其中一名士兵佩带抬枪。菲利普低语说这些，而后用汉语大声说，将军的两封信到了。

我立即起身，准备接见两名军官。自从门前多了守卫，睡觉时我从不敢宽衣解带，武器随时傍身。菲利普把何大老爷和闵大老爷两位官员迎进门。他们煞有介事地进来，自顾自地坐在我的床上，后面还跟着五名士兵，并把信交给菲利普，希望他读一下。第一封信上是这么写的："眼下大战在即。将军林欧汉需要钱，他希望英国商人唐古巴能慷慨解囊，借给他2500两，战争结束后如数奉还。如果唐古巴借了这笔钱，他很快能够前往阿瓦；如果他有钱，不能说没有。"第二封信是这样的："林大人听说英国商人有一杆外国枪支和小巧的手枪。小手枪不需点火，不用放炸药，可以发射五次。出于百姓和城镇的利益，枪支必须借给将军，这或许能吓倒叛军。"菲利普读信的时候发现，两封信只盖有将军的大印，但是没有写明日期。

我苦笑了一番，告诉这帮卑鄙小人我无钱可借，我全身只有 80 两银子，还不够我回国的盘缠呢。何大老爷盛气凌人，说他不相信，要搜查我。于是，他立即命令士兵搜查我的行李。我镇静地告诉他，我不允许他们搜查。眼见他们打算动用武力，我让他们去请田大老爷过来，说如果他让我打开包裹的话，我就同意。他们同意这么做，并照做了。不一会，田大老爷过来了，故作无知地问发生了什么事。一场向他解释事情的来龙去脉的闹剧开始了，当然，气氛很融洽，滔滔不绝地保证绝无恶意。他建议我让将军的信使查看我的确没有那么多钱，并且如果我倾其所有，他们很快会归还。

显然，这就是赤裸裸的抢劫。自然，仅剩的 80 两银子即使送给他们，我也不可能到达缅甸或者巴塘。因此，我决定与他们周旋到底。我假装同意田大老爷的提议，但要求士兵退到房外，由菲利普清点我所有的家当。我狡猾的朋友上当了：他们命令士兵出去守卫。最后一名士兵走出房门时，我迅速跑到门那里，朝门栓开枪，然后掏出我的左轮手枪顶住田大老爷的头。我怒不可遏，盯着那些在我面前弯腰屈膝、战战栗栗的卑鄙小人，当时我冒出一种邪恶的想法，先打爆他们的头，然后再自杀。几秒钟之内，没人敢说话。最后，我对田大老爷说，"啊，你把我软禁在你的衙门里，想着抢劫我更容易。好啊！现在，你听着。我会给你一一展示我的家当，包括那 80 两银子；但是如果你们有人胆敢碰一个子，我就杀光你们所有人，然后自杀。"当我说完话，何大老爷让士兵通过窗户击毙我随后，抬枪的尾端捅破了窗户纸，伸到屋里。我正在犹豫要不要开枪打死田大老爷，发现那个士兵没有开枪，于是仍然用枪顶着田大老爷的头对他说，我被射击的那一刻，我的手枪也会走火打中他的脑袋。一听这话，他恐惧至极，对着士兵（借助打火石和铁块，他正在点燃抬枪的火心）大喊，不要开枪，放下武器。于是，士兵把长蛇般的抬枪收了回去。我松了一口气，房间里那三个龌龊小人祈求我息怒。我看到他们的惊恐之状，极其鄙视他们！内心充满了高人一等的优越感和自豪感。尽管理性提醒我，不要激怒这群胆小鬼，但是我还是戏谑地告诉菲利普，让他们瞧瞧我们的包裹。我太喜欢我这位勇敢的小伙伴了！他看着同胞的眼神充满了蔑视，一样一样地拿出我的行李给他们瞧瞧时，是那么庄严。对他们一点都不需客气，因为他们除了对手枪的枪口感兴趣，对其他都视而不见。当时我仍然用手枪对准他们。小伙伴打开了我的皮箱，把行李都倒出来了。我问那些官吏是否满意，并收起我的手枪。他们三个立马回复说，非常满意，望我息怒，都是他们的错，非常抱歉惹怒了我。我只是回答说，不要这么虚伪，并警告他们，想抢劫我，是既没有意义，又非常危险的。我和菲利普对于怎么处置这些俘虏有点不知所措，因为他们毕竟是朝廷官员。他们不敢挪动分毫，害怕我开枪，都抱团坐着。但是，我们两个一致认为，他们不敢在衙门这个神圣的地方处死我们。这个地方是镇上百姓暂借给朝廷的，正儿八经的衙门被叛军摧毁了，正在重修。此外，所有人都知道我是在四川总督的保护下旅行的。

想通了这点，我告诉田大老爷，他们自由了，可以离开这间屋子了。他们就走了。我鞠躬送他们出门，他们也都郑重向我致意，而后离开。

他们离开后，我瘫坐在床上，好大一会儿都感觉内心压抑。这些官员已经诉诸了暴力行径，他们必定害怕放我走（尤其是我掌握了他们的假冒信件），以防我会向北京控诉。如果我离开衙门返回四川，他们必定在半路上杀了我。因此，继续待在这里是保证安全的唯一途径，当然，在这里可能会被毒死。当前，我们的处境危机四伏，菲利普受到严重打击。一听到这种话，便用手捂住脸，失控痛哭起来。

不到一个小时，田大老爷来到我房间，悔恨万分的样子。他谦卑地走进来，坐在床边说"哈！这事搞得真是糟糕。我得知，何大人和闵大人想趁火打劫你还伪造了将军的手书。我必定会惩治他们；但是我需要用这些手书，好有证据给他们定罪"。我这么回复我的朋友，"我更乐意自己保管这些信件，并希望第二天他能护送我去将军那里，控诉这些官员。"我并没有打算离开衙门，只是为了迷惑田大老爷。他立刻道，我是不可能见到将军的，他也不会理会我。我便告诉他，我次日要去巴塘，把信件带回北京。这下子把这个反派惹怒了，他立刻撕掉伪装咆哮道，"你休想离开这个牢房，除非你跪舔我的鞋底"！我掏出手枪，田大老爷仓皇逃走了。

五天来都没有见到田大老爷的身影。菲利普也被软禁了，他们每天往我们屋子扔一杯生大米、一些腌制的蔬菜、一块生猪肉，像喂狗一样。前两天，我和菲利普都因为害怕饭菜里下毒而拒绝进食。第三天，衙门里的一位文书和一名士兵来到我的房里，他们带了一些熟米饭和鸡汤，坐下来吃，和我一起大口大口地喝汤。焦虑和长期的紧张使我病倒了，但是这反而救了我。在我们被软禁期间，每一餐衙门的一些小吏都与我共进。

　　我时不时地送守卫们银子和烟草，这赢得了守卫们的心，他们大大放松了警戒，允许我早晨在田大老爷起床前在外庭院里活动活动。

　　我毫不畏惧三位朝廷官员，这似乎震撼了衙门里的所有人，也使他们产生了畏惧之心。在这件事发生之前，几乎没有人注意到我；但是现在，每一个见到我或者到我房里的人都会毕恭毕敬地鞠躬致礼，还总是尊称我为"大人"。

　　一位老大爷，也是衙门的文书，每天都来看望我。我常常受他恩惠，他总是会带水果、鸡蛋和烟草等小礼物过来，这些都是我的老朋友老林和镇上居民送我的。老大爷有个儿子，也是个文书，也是每天来拜访。我最期待的访客是老大爷的孙子，一个八岁大的可爱小家伙。小家伙跟他爷爷一起住在衙门，每年下午放学后，就来我的房间，在我面前单腿跪着，掏出他的书本让我看。这是当地的一种尊老礼节，也展现了年轻人知礼节。他经常做一些天真的事情：有时候腼腆地递给我一个桃子或者李子，然后小声向我索要一小张外国的纸张来写字；每次他如获至宝，跳着走出我这间昏暗的房间，跑到爷爷那里。在爷爷的指导下，他会写几行问候语给唐"大人"。可爱的小森！在被软禁在维西府衙的这段时光里，他是我唯一的快乐。

田大爷试图抢劫我的财产计划流产。7月28日，该计划流产过去了六天，衙门爆发了一场巨大的骚乱。我意识到，不寻常之事发生了。守卫给我使眼色，饭来了，他一起和我坐着。我询问今天的不寻常之事，他说阿墩子的官员带着一帮士兵到了这里，想加入将军的队伍。我的房门被锁，防止我出现，一整天我都听到房外有说笑声。傍晚，田大老爷和阿墩子官员共进晚餐。菲利普获准在衙门闲逛，他趁此机会蹑手蹑脚地趴在他们窗户底下，用实际行动验证了一句谚语："隔墙有耳。"过了一会儿，他走到我跟前，脸色苍白如鬼魂一般，然后给我讲偷听到的两位官员之间的对话。

菲利普趴到窗前，听到田大老爷询问阿墩子官员是否见过一位外国人，经过阿墩子要前往大理府。接着说，"我们已经把他软禁在衙门里了"。他的客人回答道："不是吧，这该死的野蛮人。他究竟是谁？我听说，他在我的镇子上一直写写画画，描绘我们的家园。狗娘养的，竟然用一支不需要墨水的笔在写写画画。我想，他是为了勘查我们的国土。他的同胞也会过来，将来都会这么做。你已经扣押了他，为何不杀了他？"我的朋友田大人回复说，"为什么？杀了他也是无济于事，他没有钱。我们已经搜查过了，他一无所有，我们正在考虑如何处置他"。菲利普听到这些，就彻底吓蒙了，以至于手脚僵住了几分钟。等他稍缓了一会儿，继续听这个阿墩子官员做何回答。这个流氓显然非常憎恨外国人。他说，"噢，杀了他。你必须做掉他；等我战场归来，一定杀了这些狗娘养的以及在澜沧江的传教士"。田大老爷不赞同这种想法，他一直在思考，最后提议说，等第二天晚上一起用餐时再协商此事。可怜的小菲利普讲完这些，我坐下来浑身颤抖。我身体的所有神经似乎瘫痪了，连手也抬不起来。但是这种恐惧迅速被愤怒所取代，我有种冲到那些官员面前开枪打死他们再自杀的冲动。但是，我努力地控制自己，坐下来认真筹划。田大老爷及其同僚可能会在次日晚宴上喝酒，可能会有暴力行为。如果我能逃脱的话，可能会逃到腊文全那里。我已经厌倦了囚禁的日子，一想到再次走山路便心情舒畅，于是，我决定在次日晚上逃跑。一想到这一解决途径，我便激动起来，也不再胡思乱想。午夜时刻，田大老爷跌跌撞撞地走进我的房间，发现他的犯人精神状态很好。这是这周他的第一次来访。我想，他定是喝了不少酒才有胆量进来。他开始讨论外国恶魔，法国人和英国人占领北京，他咒骂这些人，因为他们摧毁了皇宫。他还说，皇宫陷落时，他的长兄尚在都城，长兄在那里忍饥挨饿。然后，他对我冷笑，打了个嗝，非常好奇自己怎么会跟一个外国恶魔待在一起。他突然间想起来，他在阿墩子的朋友说过我写了关于这片区域的东西，他要求我交出日志。我把日志用皮带捆住，安全地藏在了我的马甲下面。对于他的要求，我付之一笑，让他自己找。没一会儿，他便忘了此事。

意识到自己抓住了一个外国恶魔，这似乎令他有点得意，一阵阵发笑。见此状，他门口的仆人不禁摇头，严肃地看着。我坐在那里，听着他所有的冷嘲热讽，希望他不要再自言自语了，赶紧回去睡觉。但是他不想这么快便放弃折磨我的乐趣；相反，他以为我安静地坐着是因为我恐惧。他掏出长长的、沉重的银柄大刀，意在让我感受到武器的锋利。我说，这把刀就像一个剃刀那么锋利。这个比喻，他非常赞同，并进一步说，这把刀是用来砍犯人的头、耳朵和鼻子的。说完这些可怕的事情之后，他开始展示中国剑术。剑不停在身体周边飞速旋转，看起来像江湖术士的把戏。舞剑期间，他总是假装砍我一刀，让我害怕以逗乐他自己。但是他没得逞，这令他有点狂怒——非常狂怒，我真担心他会真的砍我一刀。于是我站起来，抽出我的刀。他的随从恳求我不要伤害田大老爷，但是，除了恳求没人敢上来阻止。我安抚他们说，我只是跟田大老爷切磋切磋。我还告诉他们，在我们的家乡，我们有击剑的习俗，击剑时不能造成致命伤，但是可以砍胳膊和腿。我请田大老爷一起来切磋一下，与此同时，我做好了防卫。这使得田大老爷清醒了，他将剑插回了剑鞘中，用酒后伤感的语气讨论与唐的深厚友谊。但是我不会轻易让他走，我把我的刀在他身边晃来晃去，直到他非常害怕，我才大笑着停下来，让这个可怜虫跑了出去。不只这样，我还告诉他，我打算离开衙门，如果谁胆敢阻止我，我便与谁开战。但是他好像把我说的当成了笑话，对我说，如果我离开衙门，必定会死在半路上。

第二天，我们做了一个逃跑计划。在没有被发现的情况下，我们悄悄带走我们的贵重物品。如何躲过门口的守卫是我们面临的最大困难之一，如果他敢反抗的话，我们决定直接把他干倒。但是其实无须大费周章，因为他收了我们 10 两银子便放我们离开衙门了。洛宗在天亮之前就牵着两匹小马在庭院里等着与菲利普会合，如果这时被守卫发现的话，他们俩就先逃到腊文全那里，祈求他来营救我。

但是，另外一个困难便是大门外的门卫。当我们意识到这个问题的时候，已经太迟。他是一位老人家，有鸦片烟瘾。我当即建议让菲利普送给他一包毒品。老人家拿到了鸦片，可以抽一周了。拿到之后，他立马点起鸦片烟抽起来。

守卫告诉我说，晚上七点阿墩子官员与田大老爷共进晚餐。两位要人吃了将近一个小时，吃撑了才去休息。

我们预先设计好逃跑方案，这种兴奋之情令我们不能入眠。大概凌晨三点，我打开了房门，发现守卫在台阶上睡着了。我把手搭他身上时，他立刻跳起来，询问我去哪里。我当即用手枪对着他的脑袋说，"我要去巴塘，不要说话，否则我打死你"。他立刻明白了情形，跟我走到过道对面的房间，他的同伴正在抽烟。我给他看了成都总督的通关文书。他检查通关文书期间，我拿出刀，舔了舔刀片，警告他，如果他胆敢阻止我离开衙门，我便要了他的命，如果他安静地待着，我就送他一个漂亮的礼物。起初他非常惊慌，唤起他的同伴。于是，我突然放下刀，用力对撞两人的脑袋，两人昏过去了。我将他们带在身边，到大门外与菲利普会合，不久到达了城镇的郊区。两个士兵像小羊羔似的跟着我，我们经过街道，他们也没敢发出求救。最后我放了他们，还给了他们 2000 文钱。他们非常高兴，并保证在田大老爷起床之前，不会发出警报。这两个家伙甚至请求我原谅他们曾经看押过我，满怀感激地离开了。我把两封伪造的信给了他们，让他们转交田大老爷，以此希望他们能够免除犯人逃跑之时未及时通报的罪责。

从我逃离小黑屋，到我们逃到小镇之外，一切来得那么快，没有思考的时间。很难想象我已是自由之身。放走了那两个士兵之后，我有点后悔没有带他们一起上路，但是转念一想，他们有可能在我们路过的村庄留下记号，所以，还是离田大老爷越远越好。于是，我们匆忙上路。菲利普说，他将马匹牵到庭院的时候，守夜人在自己房里问什么事这么吵。菲利普把头凑到门上，问他喜不喜欢鸦片，实际上是递给了他一包鸦片烟。这位老人说道，这个好，说着便去抽喜爱的鸦片烟。

我们快马加鞭沿着大路疾驰，一直到天亮。我们扎进了山岭里，从森林里找路，希望能够避开衙门的追兵。但是在崎岖不平的山路上折腾了几个小时之后，我们又回到主路上。下午三点到了卡卡，我们的牲畜已经筋疲力尽。我走进了腊文全的领地，我之前拜访过这里一次。不到一小时，来了个信使，我派遣他带着一封信去康波告诉腊文全我当前的位置，准备日落之前在卡卡休息。我喂了小马一些饲料，开始准备我们的饭菜。大概五点钟，我们整装待发。一位士兵和其他十几个人一同来到此处，他们全副武装，径直向我走来。他们拿着一张唐古巴的逮捕令，逮捕令上面签署了维西到阿墩子之间所有村庄头人和村长的名字，盖着田大老爷的印章。这位士兵文质彬彬地说很抱歉，但必须服从命令，请求我不要反抗，因为他收到的指令是活要见人、死要见尸。当然，抵抗是没有用的，我再次成为了囚犯。可怜的菲利普立刻让路，哀伤地说，我们这次肯定要被砍头。我承认当时非常焦虑不安，但是我相信腊文全，他第二天早上看到信件，肯定快马加鞭来营救我。我安慰着可怜的菲利普。

黎明时分，逮捕我的人很不耐烦地要出发了。我作为一名囚犯，被严密看押着走出卡卡。我敢说，这是一生中最恐怖的旅途，无时无刻不受押解员的阴险袭击；可怜的菲利普痛哭流涕，这让我更加郁闷。他大声祷告，祈求圣母玛利亚和所有圣人保佑我们。

下午，我们回到维西，骑马穿过维西的主路。今天是赶集日，街道上摩肩接踵。在人群中，很多人认出了我向我致敬。路过旅店时，老林挥手引起了我的注意。他激动地捶打着自己的胸口，摇头挺身暗示我要坚持自己的心。说来奇怪，我一进入镇子，便精神振奋。我友好地微笑、鞠躬，以回应这些人友善的致礼。

在一两个商贩的摊位前，我停下来了，很多人都向我伸手，递给我小东西，比如一个苹果、一个李子或者刚下的蛋。这些小小的善意令我情绪有所好转。我傲慢、冷漠地走进了衙门的外庭院，周围的一群下属停止了讨论。我当即下马，穿过人群径直走到官老爷的房里，菲利普晚了一两分钟跟了过来。田大老爷独自坐着，冷笑着问我的旅程如何。我没有在意他的粗鲁，只是平静地说，扣押我非常愚蠢，最好送我去巴塘。他无礼地发笑，拒绝了我的要求。我控制着自己，问他意欲何为。他软弱无力地回答，他正在思考是把我用链子锁上，还是直接砍掉我的头。我苦笑一声，用左手抓住他，掏出手枪准备干掉他结束这种压抑的、提心吊胆的日子。田大老爷挣扎着，想要摆脱我的制伏，在这关键时刻，菲利普进来了，告诉我不要杀死田大人。因为他从外面打听到，这天早晨临近的村落派遣了代表来衙门请求释放我。一听如此，我大笑起来，高呼道，"啊，田大老爷，现在我知道这件事的来龙去脉了。你以为我是叛军的间谍。你不为财，只是想搜查我的行李，看我是否给叛军带去了消息。好吧，我在这等着，你给巴塘写信，询问我是谁。你好像不相信我通关文书的真实性，所以，在你从巴塘官员那里得到确证消息之前，我一直留在维西。巴塘官员已经收到了一封来自四川总督的信，信上已经表明了我的身份"。他听到这些非常开心。他承认我所说的是对的，请求我不要生气，让他去另一间房。他和两名共犯何大老爷和闵大老爷立刻走出房间。军官嘲笑说，他们怎么会把我当成了叛军间谍。但他们觉得我的主意不错，说既然双方知道了彼此的底细，他们会给将军写信，请求放我走。

菲利普意识到，这些朝廷官员害怕让我离开，让我们以为是为了抢劫我。这让我想到，劝服他们相信，他们扣押我只是因为怀疑我是间谍。这点挺让人开心的。他们上当了，这是必然的。因为他们立刻给将军起草信件，称由于怀疑我是叛军间谍，所以被扣押在衙门数日，但是如今误会消除，他们想给我发另一个通关文书，不知将军意下如何。信件很快被派送出去。田大老爷狡诈地告诉我，他必须征得临近所有头人的同意方可准予我离开。如今，事情发生了不可预料的反转。我觉得安全了，兴奋地回到自己房间休息。我巧妙地消除了政府官吏对抢劫未遂的焦虑。菲利普倍觉神奇，勇敢的小家伙洛宗笑着去睡觉了。

睡了六个小时，次日醒来充满活力。衙门里一切都很安静，我在外庭院抽了斗烟，走到哪里都没见个人影，因为所有的守卫都撤走了。

10 点到 11 点之间，我独自一人在吃早餐（菲利普被迫去了何大人家），忽听中庭一阵暴动。我感觉到轻微的颤动，这种颤动声似乎是我的门栓被从外边拉开了。我听见菲利普大叫，"老板!"这令我更加恐惧。但是，一个小时里，没有任何人闯进来，只是听到田大老爷房里传来响亮且愤怒的声音，偶尔还有"唐大人""大英国"传入耳中。显而易见，发生的一些事情与我有关。吵闹声越来越大，我焦虑到极点，突然，我的房门开了。我当即站了起来，抬起手枪对准闯入者。第一个进入我房间的人单膝跪地说，"别害怕，别害怕，唐大人，你不会死在中国。"一时间，我盯着假想的敌人，没认出他们是谁。但是，我认出第一个说话的人是腊文全的内弟。紧张的神经顿时放松了，我对他们寒暄了一番，真诚地欢迎他们的到来。屋外的人接续进屋，对我单膝跪地，反复地让我不要害怕，他们会保护我到阿墩子，我随时可以离开衙门。聊了一会儿，他们纷纷离开，许诺会派他们的人过来照顾我。于是，几个头人的士兵留在了衙门，他们代替了我门口的守卫，把唐古巴当成了皇帝似的伺候。

一小时后，菲利普回来了，他说，何大老爷以想买绿松石为由把他叫过去。但实际上，他是不想菲利普待在衙门里。离开何大老爷家之后，菲利普遇到了那几个人，他们告诉他，他们与田大老爷发生了激烈的争吵。结果田大老爷告诉他们，他本来想从我那里打劫点钱财用来对付叛军，为了顺利达成心愿而使用了暴力。因此，如果准予我回北京的话，我必定会向北京政府如实禀告整个事件的来龙去脉，如此一来，所有的头人包括他自己都将受到惩罚。有鉴于此，他提议神不知鬼不觉地把我做掉。这一提议激怒了这些人，因为田大老爷在某种程度上是想把他们的头人都变成共犯。这些人全都拒绝在这件事情上把他们的头人变成共犯，并且让田大老爷明白不能在他们的地盘上杀掉我。他们相信外国人都是好人，不论走到哪，买什么，他们都会付钱。唐大人回京后，不会说出真相。这些人这么回复田大老爷，突然一拳砸在桌子上，表示对田大老爷拒不服从。他们冲进我的房间，田大老爷突然暴怒了，双方的谈话随之结束。

菲利普对我说完后，我们去了田大老爷的房间，刚好撞见他与闵大老爷密谈。我问道，将军是否下令释放我，头人是否反对。田大老爷反而说，管好我自己的事情吧，只要将军释放我的命令一到，立马放我走。

第二天我发烧了——躺在床上——可能是之前去卡卡的路上受了风寒。傍晚，田大老爷派菲利普过来说，现在事情已经一清二楚，将军下令放我走，所以，我随时可以离开去大理府。我早已放弃了去缅甸的希望，只要经过叛军地盘，田大老爷都能借机报复，我的命还没有一天的花销贵。经历了近五周的囚禁以及带来的痛苦、焦虑，8月5日，我终于可以准备返回故土。

傍晚，我拜访了两个军官，请他们护送我离开。他们都从家里赶来，我把名片留给了他们。这个仪式不过是我的一个小把戏，好让他们相信我的确认为他们把我当成了间谍。

田大老爷昨天深夜来访，给我送来去阿墩子的通关文书，并对我说，"即将失去与唐大人打交道的乐趣，实感遗憾"。我们向彼此告别后，我上床睡觉了，这是在维西衙门的最后一夜。

第十四章

返回打箭炉

8月6日的早晨很美。雨天过去了，长期笼罩着山谷和山峰的迷雾逐渐消散，晨光洒向周围的村子非常妩媚，空气经过漫长的雨季洗礼显得格外清新。

　　早上起来空气极好，我们尽情享受重获的自由。到了六点钟，其他人已经在外院等待了，同时我也收到了衙门官差送来的虚伪的祝愿。最后，我们扭身离开衙门，骑马回到旅店。旅店里站满了人，堵得水泄不通，领头的是老林，我的行程被再次耽搁了。中国人一般在送别时举行盛大仪式，而此刻的送别仪式显得冗长。我在官府里的遭遇他们都知道了，也有不少流言蜚语。不消说我被头人们营救出来的事实，单单我外国人的身份就足以引起了一场骚动。现在我即将安全离开了，许多我以前从未见过的人也急于为唐大人举行一个离别仪式。他们屈膝行礼，念念有词，仪式重复不断。最后我只得提出缩短仪式的请求，随后一大群人陪同到郊外，与我坚定的朋友老林辞别后，我们启程了。

三天后我们到达了腊文全的村子，去见头人腊文全。还没有见到他就遇见了另一个头人，他正前往维西府，由大批士兵护送。头人从我身边经过时微微鞠躬，随后派人过来问我是否一切正常，我让那人替我表达对头人保护我安全的谢意。约半小时后，我遇到了腊文全，他一见到我的队伍就立即下马，走上前迎接我。出于同样的尊重，我也下了马。他看到我安然无恙非常开心，说已经知道了田的所作所为，当时就派手下的头人去了维西。他对关键时刻却不能在家中招待深表歉意，但其实他已安排好了接待。

至于田声称从我这里拿钱是为了镇压叛乱，腊文全向我保证，他和其他头人一次又一次地向他提供战争用款，可这些钱总是被田和他的同伙肆无忌惮地挥霍掉。头人特别请求我将田的行为上报给北京，以便使之受到惩罚。我向他们保证会向有关部门报告他的情况，尽我所能让田受到惩罚。接着，我们就向腊文全这位朋友和他的村民辞行了。因为不能继续停下待太久，甚为遗憾，我们停下来交流打断了士兵的前进步伐。队伍约有400人，精神抖擞，几乎个个配备抬枪。

到了康波村，腊文全妻子和家人等候已久了。离开维西后我就一直发低烧，现在感觉要彻底病倒了。到这里不到两小时我就陷入了昏迷，躺了两天毫无意识。最后我终于苏醒了，头人的妻子和菲利普弯腰看着我，后者轻声祈祷，前者拿掉我头上的湿毛巾并拧干。除了极度虚弱外，我一点也不难受，几小时后便能吃些煮熟的米饭了。菲利普告诉我，当时我突然昏迷不醒，持续剧烈抽搐了很长一段时间，并伴有腹泻和其他症状。屋里的人都怀疑我中毒了，做了盐水给我催吐。情况并没有那么糟糕，因为到第三天早上我就能下床，在饱餐一顿后重新启程。我记录这一事件，以证明女主人的温柔善良和殷切照顾，我当时能够康复完全靠她，她简直就是救人的天使。

走了一段行程之后我们到了去往茨古传教会的溜索桥。我派人去招呼神甫们过河来，但白等了一小时后无果，我们就继续向华丰坪前行，留宿在之前的朋友那里。从他们那儿我得知，被强行征用的士兵在神甫们的帮助下逃到了山里，所以他们也遭到了田对外国人的仇恨。

凌晨大约两点钟，我突然被一个人突然闯入房间惊醒，还听到菲利普大声叱问是谁。令我惊讶的是，闯入者用拉丁语回答。我们点灯来看，原来是两名当地的基督徒，他们送来传教士写的一封信。说是田已派出衙役和士兵到传教会，索要1200两银子，但是被拒绝了。这帮团伙威胁第二天还来索要，除非交上银两，否则会摧毁教会。这种状况迫使善良的比耶神甫和余伯南神甫到山上避难，至少得以逃命。

一些留在传教会的当地基督教徒听到了我的招呼声，但他们不敢回应我，两名神甫知道我来了华丰坪，送信过来解释自己不能到场的原因。

从华丰坪来到阿墩子，我们走了三天。经过高尼寨时，当地村民纷纷恳求给予更多的药膏。可怜的人们！我不想让他们失望，但我储备的药膏早已消耗殆尽。头人亲自护送我去阿墩子，我向他租用了一些骡子，因为我的牲畜已经筋疲力尽了，在维西的时候它们除了一些青草什么也没吃。

从这条路出发，离开澜沧江进入阿墩子的山谷，我发现了洪水泛滥后留下的痕迹，便询问高尼村头人。他告诉我，在我们离开阿墩子大约一个星期之后，一场可怕的洪水袭来，席卷了整个山谷。茂盛的麦田、胡桃树、房子全被淹没了，靠近峡谷的村镇毁坏更严重。大片房屋已经完全消失了，之前走过这条路的时候，两边都有很多房子，此时我们在沿着一条深沟底部的路前行，整条沟仿佛被巨型犁耕过一般。小镇的一部分，联排墙壁的一部分，都被洪水冲走了，洪水在三个小时内持续上涨，造成了所有这些可怕的破坏后水才退去。

我们进入该镇很多人出来观看，因为关于维西事件的流言已经传到了这里。虽然他们非常礼貌，但还是满心欢喜地围着我们，而两名士兵似乎引起了相当多的关注。我们到达旅店让店主陷入了两难。他猜测，我仍然受到官员的监视，马上说如果没有衙门的授意他就不能让我入住。我马上告诉他，他可以去衙门获取许可令，像以前那样安排我住宿，他飞快地去了衙门拿到了许可令，然后说到一切都好办，就开始安排我们的食宿。

我们再次来到这个高海拔的地方，氧气稀薄导致呼吸困难，这与我们离开打箭炉登山时遭受的痛苦一样。虽然很难受，但照以往的经验，缺氧导致的症状会逐渐改善，所以我们决定暂且不管，第二天继续前行。

傍晚，那个极力要求田处死"洋鬼子"的官吏的母亲，过来祈求我给一些膏药，因为腿疼得厉害。我尽力刮药罐内壁，收集了足够她使用的药量。作为回报，她送给我烟草、米饭和鹿肉干，还捎来信息说，唐大人心善，所以现在很安全。她可能不知道她的儿子之前多么希望杀了我，不然她也许不会如此迫切地表达她的恳求。

次日早上，忠实的士兵向我道别，且拒绝为自己的服务而接受任何礼物。他们的离开使我安全感大减，接下来，我们很可能在充满敌意的乡村遇到新的麻烦。然而，在离开之前，他们给带来了两个值得信赖的向导带我们去巴塘。

尽管为了避开阿墩子到巴塘之间的旅程，我已经说服将军更改了通关文书，以便可以选择从金沙江沿岸的江通到雅州这段路线。士兵们也不建议我更换行程，他们认为原来的路更安全，当初田听到我的打算也是反对的。我们决定还是返回巴塘，但要采取快速行走避免停留的策略。为此，我们多带了些便于携带的食物，诸如火腿、熟面粉、干鹿肉等。因此，8月17日这天我们在大雨中离开了阿墩子，在垌格村过夜，房主人非常友好地招待了我们。到达扎里山脚下时，我们发现路被堵塞了，洪水从垌格村沿着河岸漫上路堤，水势上涨得非常可怕，我们要过的那座桥完全被冲毁。由于水势凶猛，我们强行过河的尝试也失败了，就连牲畜也不敢涉水；除了绕行以外别无选择，我们遂从左侧开始登山。在几英里长的路上，我们沿着扎里山的一侧艰难前行，强行穿越前面的森林，因为没有现成的路可循。日落时分，我们穿过长满松树和油茶树的地方，爬过长满青草的斜坡，这才绕过了之前涨水的地方。路上峰峦叠起，最终我们赶在天黑之前来到一个牧民的小屋，它位于山谷高处，山中云雾缭绕，已达雪线附近。最后我们得以借宿在此，牲畜背上的负重卸了下来，和主人家的牦牛一起吃草充饥。

第二天，我们被迫待在牧民家中，因为这次轮到菲利普发高烧了。他一连好几个小时都神志不清，傍晚，泻药的效果和适量的奎宁起了作用，病情有了好转。

这天，我仔细观察房子的内部结构来打发无聊，房子的四面墙由一层牛奶锅一样的铁皮装饰，而地板则大部分被涂满黄油的牛皮覆盖，接着我看到牧民在制作酥油和奶酪。三个男人从早忙到晚，在高约四英尺、直径约一英尺的长桶里一直搅拌。他们使用一种扁圆的木制搅拌器，木头上有一个小孔和一个长手柄。几人一个接一个地上下搅拌，保持频率一致。房主人雇了 10 个人，专门给大约 100 头牦牛挤奶，用来制作酥油和奶酪，另外还有四人每天用牦牛运输乳制品，往返于牧场和峒格村之间。

这里的人消费大量奶酪，但他们的制作方法使奶酪吃起来一点也不美味。他们的铁制牛奶锅从来不洗，因此，做出来的奶油和牛奶总是很酸，以致无法食用。由于酪乳从未经过挤压或这与黄油分离时没有清洗，所以吃起来太酸了，除非是新鲜制作并清洗干净的，我才会买来并把里面的毛发清除后享用。

我们的房主人很好客，让我们随便吃酥油，下午我和他们一起去了距离房屋约四分之一英里的挤奶场。所有牦牛都在等候挤奶，它们看起来非常温顺。每个人随身带了一小袋盐，去了给牦牛喂一小撮。这个方法似乎对这些动物很奏效，因为它们吃完盐之后，就耐心地站着让人挤奶。

这时，已经能和母牛一起出去吃草的小牛被套上了缰绳，绳子由钉子固定，以防它们去吸奶。母牛奶刚挤完，小牛的小脑袋就往前凑，想挣脱缰绳。这些牛群成长环境极好，和栅栏内养出的牛一样肥壮且皮毛光亮。

八九月对牧民来说是最佳时节，他们大概在五月中旬就会把牛群从山谷低处赶上山来放养。这时山上的雪逐渐融化，草开始迅速生长起来，牛群吃着又青又嫩的草长得肥嘟嘟的。大约在 10 月初，山上开始下雪，牦牛会自己往山下找吃的，到 11 月中旬，牛群再次往山谷低处走，因为雪线马上降到这里，牧民继续他们居无定所的生活，与高原冬天的大雪做斗争。

经过一天的休息，菲利普感觉可以继续前行了，我们又上路了。下了一整天的暴雨，晚上我们在另一个绿草覆盖的山谷露宿，就在雪线下方。此处有一座废弃的房屋，仅剩一部分泥墙，因此靠它避雨很困难。然而，旅行者总能找到办法，我的一条毯子很快被制作成了一个相当舒适的帐篷。我们的向导用他的皮大衣蒙在头上，既可以挡雨，又可以防寒。一个凄冷的雨夜之后是个阳光明媚的早晨，我们启程也很早，赶紧动起来锻炼麻木的身体。这个山谷通往扎里山，距离北边的隘口大约十英里。终于登上扎里山山顶，眼前展现了一幅壮丽的景观。正要停下来欣赏山景，向导却催促我们赶紧下山，看他用恐惧的表情指向西方升起的大片乌云。我们匆匆下山，走到一个长满蔓草的山谷，一条小溪沿着谷地平静地流淌。我们在这里停下来吃早餐，正吃着酥油茶，向导提醒我们注意云层就在前头。云层滚到山峰，很快化成了云烟，突然一种奇怪的咆哮声传到了我们耳中。在极短的几分钟内，一道白线从山上跑了下来，并冲入谷间的溪流，距我们营地只有100码远，咆哮声越来越大，洪水从我们身边奔流而下。当洪流冲下山谷时，它摧毁了原始溪流的河床，在原来的河床之上冲凿了一个深约30英尺、宽50英尺的河道，河床的石头和泥土被挤到岸边，仿佛是由人工堆积起来的。在不到一个小时的时间里，所有的一切又恢复了，溪水在其扩大的河床底部静静地流淌。吃过早餐，我吩咐其他人继续赶路，我骑马回到山脚下，周边浓雾笼罩。费了一个小时我到达了隘口，令我惊讶的是，发现这座山峰好像被压缩了，比原来矮了三分之二，而山的东坡和西坡都满是散落的碎石块。尽管如此，这座山峰仍然矗立在那里，我也得以观察这些巍峨的山峰是如何逐渐被洪水的破坏力所改变的。

　　在这里的群山中，一些高地的圆形外观非常引人注目。毫无疑问，这种外形应该是由于洪水冲刷而形成的，对其威力我们深有体会。

　　大自然的鬼斧神工不免让人肃然起敬。然而幸运的是，我还是逃离了这里。我急忙下山搜寻队友的踪迹，并很快就在扎里村附近追上了他们。我们决定在户外宿营，因此在村子未做停留，宿营地离则杉德的麝鹿猎人家只有几英里远。第二天，我们去他家拜访，却不料他出门了，门也锁着。从则杉德村离开后，我们没有走大路，而是拐到了一条通往帕穆村的小路，并在当地的一个居民家过夜。这个居民是我们一个向导的朋友，他热情款待我们，卖给我们半只约36磅重的肥羊，但却只要了不到半两银子。翌日早上出发前，我的六个队友已经把这半只肥羊消灭掉了。房主人的家坐落在一个美丽肥沃的山谷里，游客可以时常在这里看到茁壮成长的豌豆、芜菁以及小麦；我们储备物里还新添了很多核桃。

　　晚上，房主人告诉我们，尼泊尔使臣将在明天返回拉萨的途中抵达帕穆村。这无疑是个好消息。在成都时，沙雷·朱格特曾让我陪他一道回拉萨。但当时他还要待一段时间，而我又没办法等到那个时候。不过，在所有希望都破灭后，我再也没有丝毫理由能拒绝他的邀请了，这已成为我们到达印度的一个良机。为此我激动得难以入睡，菲利普和我索性起来一直抽烟。直到天亮，我们才把大家都叫起来，动身前往帕穆村。下午我们早早到了那里，并在头人家留宿。头人不在家，但他家仆人通知我，使臣还有一天就到贡则丁村了。在度过又一个辗转难眠的夜晚后，第二天我们重新启程。

这时，我那可怜的牲畜都已经累坏了。两匹小马骨瘦如柴，跛足而行，已经不能再负重。实在没有办法，我只得把重物转到骡子雅各布背上，自己也一连两天都是徒步而行。所幸的是，菲利普的骡子还能驮着他。由于生病的影响，菲利普的身体非常虚弱，而我已经完全康复了。我们打算在贡则丁租一些牲畜，结果却徒劳无获，村上所有的牲畜都被用来运送使臣及其随行人员了。所以我们只能拖着沉重的步伐再次蹒跚前行。下午，我们到了贡则丁，接待的民众很是热情。使臣一行的车已经到了，许多人穿着欧式服装站在那里，非常有趣。他们都对我说："你好啊，先生！"他们中的几个人陪我去见房主人。整座房子都是给使臣用的，但房主人还是在一个仆人的房间里给我安排了一个舒服的床铺。不管我去哪里，尼泊尔人都如影随形，问这问那。

约一小时后，村寨里不远处出现一阵骚动，这说明沙雷·朱格特已经到了。不到十分钟，使馆的一位主要官员带来了使臣的口信，说他很高兴在用餐后见我。毫无疑问，见到沙雷·朱格特的那一刻将会是我离开汉口后最开心的时刻。相信我随后就可以去拉萨，再到印度了。皇天不负苦心人，这样的话我遭遇的所有麻烦和困苦也就终于有了回报。

当我还沉浸在美好的期待中时，一个廓尔喀人进来说使臣要召见我。于是，我立即前往（使臣的房间和其他人的大不相同）。使臣在门口迎接了我。房间内和大使密谈时，我讲述了沿途的不幸遭遇，并请求加入他的队伍一道去拉萨。使臣面露遗憾，告诉我说他不敢让我和他同行，因为西藏当局已经警告过他不允许任何陌生人加入。然而，他还是友好地告诉我，如果需要钱的话尽管向他开口，而且还可以送给我一匹马。就这样，我的希望再次泡汤了。那一刻，我简直失望透顶，以至完全说不出话来。在成都时，使臣曾那么真诚地邀请我和他同行，以至于我做梦都想不到现在他竟然会拒绝我。我的请求显然已经无望，因为藏人的确害怕尼泊尔人。而且，如果没有尼泊尔国君巴哈叨·荣格的许可，使臣也断然不敢带上我。英国入侵尼泊尔让巴哈叨·荣格很不高兴，他绝不可能让一个英国人入藏，毕竟他和中国人一起在这里发现了很多黄金。[①] 然而，后面发生的事使我相信，如果沙雷·朱格特胆子够大的话他也可以答应我的请求。我记录此事也是想借此表达对他的感激之情。

我下午大部分时间都和使臣待在一起，他安排我在贡则丁再待一天。我们互相告知了前行的目的地以方便通信。一回到住处，菲利普就追问我何时能去拉萨。当得知我们无法成行时，菲利普失望至极。然而，事已至此，伤心也无济于事。当天的晚餐是酥油炒蘑菇，这是当地人最爱的一道菜。秋天，山上有许多美味的食用菌，外形酷似我们英国的蘑菇，但却比我们的蘑菇大很多。

---

① 公平地说，这并非巴哈叨·荣格的责任。必须说明的是，当我返回上海时我才听说印度政府当时已经指示巴哈叨·荣格将我带到拉萨，并继续护送到大吉岭。我想当我在贡则丁见到沙雷·朱格特时，他可能还没有收到这一消息。

翌日清晨，我简单收拾了下就拿着纸笔去沙雷·朱格特的住处找他。见面后，我们都开始写信。我给女王陛下在加德满都的代表写信，向他讲述自己遭囚禁和被迫折返的事。大使臣给巴哈叨·荣格·拉纳写信。由于中国人截留了他所有的信件，所以他已经有好几个月没有巴哈叨·荣格·拉纳的音信了。交谈时，沙雷·朱格特以有趣的方式表达了他的诧异之情。因为我全身的欧式打扮，所以他时不时地看着我，并自言自语："哦，你们英国人真了不起！除了你们英国人，还有谁会只身前往这么可怕的地方旅行，远离自己的同胞呢？"类似这样的话，平日里他和其他官员也经常说。我知道无论尼泊尔人对印度的英国人有多厌恶，他们都会尊重"先生们"的勇气。最后到吃晚饭的时间了，但沙雷·朱格特礼貌地表达了歉意，他说由于"种姓"的原因不能留我一起吃饭。尽管如此，他还是很周到地送了一只羊到我的住处。早上，我们从村寨经过时，我和他约好要书信往来，并就此别过。使臣的几个部下在我用餐后来访。由于在中国寄居了两年，他们基本上都会讲汉语。虽然也有几个不会讲汉语的，但他们能听懂印度斯坦语，于是印度斯坦语便成为我们交谈的媒介。

我打算第二天就出发，于是很快就和菲利普上床睡觉了。但不幸的是，美味的蘑菇使我们严重消化不良，以至整夜难以入睡。第二天一大早我们就开始赶路。由于羊群的加入，我们的队伍变得越来越庞大。那些小羊像小狗一样高高兴兴地跟在我们后面，特别招人喜爱。不过，尽管不忍，在三周后我们还是不得不把这些羊杀了做食物。在使臣的住处，我们看到使臣及其随行人员已经等着为我们送行。我接过使臣的信件，并对他前一天送我的骏马表示感谢。道别时，大使提醒我小心强盗山的强盗，不久前他的先头队伍就曾遇袭。分别后，我骑马出了村子。强盗山是我们的必经之路，白天我们一定会从那里经过。一想到有可能会遇上蒙古强盗，我不禁激动不已，甚至心生盼念。照经验来说，要是真的和他们对抗起来应该也没什么好怕的。

中午，我们到了著名的强盗山，但却连强盗的影子也没看到。我们继续沿着金沙江支流的小河岸赶路，在河岸尽头进入了一个峡谷。突然，几个手握火绳枪的人从一块巨大的花岗岩后面走了出来，拦住了路。我走在队伍前面，三头牲畜在我身后，小羊比利紧跟在菲利普和洛宗后面。看到他们摆出一副不怀好意的架势，我举起来复枪做出瞄准的姿势，然后骑着马继续向前。在离他们只有不到一码远的距离时，我竖起枪，（用中文）叫他们让到一边。还没等他们回应，我已经走到了他们跟前。他们看架势不对，马上让开了。从他们面前经过后，我抓住缰绳往前走，其他成员随后也跟了上来。

那些强壮的人眼看煮熟的鸭子就要飞了，于心不甘，立即又把我包围了起来，并恶狠狠地指着不远处拴起来的羊说："我们饿了，要带走它们。"听了他们的话，我抬起枪说："你们不至于饿到要吃这么多羊吧，我这把洋枪里倒是有一些茶，可以让你们永远免除饥饿之苦。不想吃的话，最好马上给我滚远点儿！"这群无耻之徒听完我的话立即赔笑道："您从哪里来？要往何处去？"我告诉他们这不关他们的事，随即就骑上马往前走。有两个强盗向前跟了几步，但一看我拿出枪，就又后退了。我扔给他们一个装有半磅烟草的小袋子，随后就跟在队友后面疾驰而去。那些匪徒随后没有再生事。

穿过峡谷后，我们沿金沙江右岸继续前行，去竹巴龙赶渡船。

下午晚些时候，我们赶上了一群人，他们赶着一大群买来的羊，准备把它们转手卖给每年去打箭炉进羊的商人。由于我裹着大衣，这些可怜的朋友误把我当成政府要员了，马上向我行礼，并向我埋怨早上在"强盗山"山脚被抢走半筐茶和五只羊的事。当他们知道我只是普通游客，并且和他们一样都遇到了强盗但却毫发无损的事情后，不禁惊讶异常。

他们告诉我，他们本来在工卡附近买了近 2000 只羊，每只约三钱，相当于一先令 10 便士。考虑到死亡以及可能出现的其他意外事故，他们原本希望能把大约 1000 只羊安全送到打箭炉。那样的话，每只羊就可以卖到 2.5 两银子。这些羊个大、腿短，羊毛浓密且细长柔滑。但愿这些朋友以后能交好运吧。分别后我们继续赶路，下午五点，我们终于到了竹巴龙附近的渡口。因为水位涨得太高，渡船已经从村子对面搬到了一英里以下的地方。没有官方的命令，船家不敢载我们。但在我们有理有据地跟他解释一番后，他终于消除了疑虑，将我们和牲畜都送到了对岸。我们过河时，正好一群骡子也正在泅渡。

这些骡子的数量约莫有 500 多头，身上驮着高如房屋的茶砖。这些茶是运往内地的，剩下的茶还在对岸放着，等往返的皮筏运过来。有个骡夫想坐在小马的背上过河。但不幸的是，小马承受不了他的体重，结果掉到水里淹死了。而这个可怜的骡夫则被一个皮筏上的人搭救了上来，当时他已经昏迷不醒了。渡口非常繁忙，有数不尽的船只，堆积如山的茶叶，熙熙攘攘的商人，以及成群结队的牛。现在正是交易旺季，商人要去巴塘买茶，对渡船的需求量很大。

我们在竹巴龙逗留了一夜，第二天前往巴塘。约中午时分，我们停下来在胡桃林附近的一户人家吃早餐。之前在这个地方我曾稀里糊涂地娶了小姑娘劳琼。

这户人家立马认出了我，并问我婚后的情况。当他们得知新娘已经离开我回他叔叔家了时，女主人开始拿我让新娘回娘家的事打趣我。

在此逗留期间，房间里还有几个喇嘛，他们不时用怀疑的眼神打量我。其中一个喇嘛看到了我放在旁边地板上的笔记本就立马捡了起来。在他拿起笔记本的时候，里面夹着的大使的信件掉了出来。这些信件是当时我为了安全起见夹在笔记本里的。这人马上认出信件上是尼泊尔人的笔迹，于是叫他的同伴过来一起看信。他们耳语几分钟后，最开始捡起信的人把信塞到腰间后转身就走。见此情景我赶紧起身问他索要信件。他却跟我说这些信与我无关，所以不能还给我，并说他会亲自把信带到巴塘。我掏出左轮手枪，把左轮拨动得咔咔作响，并伸手拿回了放在他腰间的信，放进我的口袋。吃完晚饭，我向房东和女主人道别后，便前往巴塘。晚上六点左右，我们到了巴塘。在经过巴塘近郊一条小溪的桥上时，我们看到那群强盗首领的头颅挂在桥头。他因为在强盗山抢劫而在早上被处决了。

我们穿过小镇到达旅店。这里有很多认识我的人，但出乎意料的是，他们都没注意到我。到了旅店，店主坚决不愿让我入住。我甚为惊讶。最后，我实在受不了就把他拉到旁边的房间，拿出之前的住店凭证给他看。随后不到一个小时，梓大老爷派人送给我一张证明，并对我被迫返程的事情表示关切。萧法日、古特尔以及刚从打箭炉回来的我的朋友卡瑞欧教父也前来看我。他们从茨古的神甫那里得知我在维西被囚禁的事，并祝贺我脱离险境。他们离开后不久，教堂那边派人送来一瓶葡萄酒和一些美味的发酵面包。葡萄酒的味道好极了，喝了一大杯后，我举起酒杯向法国使节敬酒，祝他身体健康。好心的神甫第二天又从教堂的药房送来他们最珍贵的烈酒，给我们作为礼物。实事求是地说，美酒可真是恢复精力的良品，即便滴酒不沾者也会对此深有体会。梓大老爷还送给我一顿丰盛的晚餐，菜品有燕窝羹、海参鸽蛋汤、鹿筋冻等 20 多道中国美味。就这样，我和菲利普享受了一天的美食盛宴。

到巴塘的第二天，闵大老爷前来拜访。他表现得彬彬有礼，但当我讲到去阿墩子的路上人们对待我的态度时，他看起来就明显有点不自在了。而在我谈及他的手下拿走我的粮食逃跑的事情时，他辩解说他已经狠狠地惩罚了那些人。他的话当然不能信以为真，不过为了支开他，我也没有继续再纠缠这件事。之后，我去拜访了另一位官员。他接待了我，说他对维西当地官吏的行为很生气，叫人把我所说的都记录下来，并会马上派人呈送四川总督。信写完后，他把送信的人叫来，派他前往理塘，命令他在巴塘到理塘间的每个驿站或每段路上都备好三头驮畜。由于我的另一匹小马不能继续赶路已经被处理掉了，这样的安排对我来说实在是一个巨大的恩惠。

　　下午似乎是一个合适的时机可以让我履行之前在帕穆村就下定决心要做的一件事。我在维西雇了一个汉人苦力老罗，去巴塘的这一路他负责为我做饭，但他慢慢地开始变得粗鲁无礼了。到了帕穆村后的晚上，他坐在我房间的炭火前烤火，一动不动。我命令他离开房间，他却反驳道：“你以为自己是老几啊，凭什么把我当你的佣人使唤？记住，你只不过是维西的一个囚犯，如果我把这件事告诉房里的人，大家就会把你赶出去。”听了这话，虽然怒不可遏，但我还是告诉这家伙等到了巴塘再揍他。显然，老罗已经忘了这件事。我从衙门回来的时候他露面了，过来向我索要五两银子，他说这是我之前答应过他的，说只要一到巴塘就会给他。这番厚颜无耻的话让我想起了帕穆村的事。于是，我就把他痛扁了一顿。最后他双膝跪地朝我磕头，表示会服从我的命令。还求我让他陪着我去他的老家重庆，并向我保证如果我给他东西吃，他就会像以前一样为我做任何事。我答应了他的请求，也不想再吹毛求疵为难他。当天晚上，我又另外雇了一个汉人苦力陪我去打箭炉。他的加入让我和菲利普都轻松了不少。

就寝前传教士过来看我，说当地的街上正传播流言，大意是说圣书里曾写道，如果让外国人进入此地就会出现大饥荒；因此巴塘的人们刚才对外国人的态度特别冷淡。我猜他们对我的态度也会大变，所以决定赶紧准备好行李，第二天就前往打箭炉。

我看到我的行李均已打点完毕，准备好次日清晨出发，于是与洛宗一起出去在城镇上溜达。镇上都是来自各地的商人。我们穿过街道非常费劲，因为街道上挤满了络绎不绝的牦牛和骡子，它们驮着茶叶，运往中国内地和西藏等遥远的地区。

在城镇郊区堆满了大量的茶叶，大家对茶叶的需求量之大可想而知。当前茶叶完全由雅州府地区的汉人供应。我离开打箭炉，前往西藏的路上，运茶的人寥寥无几，因为山上积雪尚未充分融化，草木稀疏。如今，除了山顶残留的积雪，其他积雪已经完全融化，青草出土发芽了，每天有上百头牦牛和骡子驮着茶叶到达巴塘。

等我散步回来，闵大老爷跟三四个跟随者在旅店等我。三四个跟随者之一是一位喇嘛，正如之前所描述的，这位喇嘛作为沙雷·朱格特的信使。我一进旅店，所有的访客文质彬彬地起立迎接。但是我一认出这位喇嘛，便立刻猜出了他们登门造访的目的。我按照中国礼仪向他们回礼，叫人奉茶、点烟。显然，我的朋友闵大人着急表达登门之意，但是我想为难他们一下。于是，每次闵大人要讲话，我便打断他，说些无关痛痒的话。这样持续了一个多小时：喇嘛一直盯着闵大人，闵大人半压着怒火，坐立不安，又不得不礼貌地坐着。我尽情地玩弄了他们一番，然后问他找我是否有什么事。他急急忙忙地回答说，巴塘官吏已经得知，尼泊尔大使托我把信带回他的国家，但是我赶路太慢，如果我愿意把信给他们的话，他们会派遣速递员帮我带信。我真诚地感谢他们提供帮助，但是告诉闵大老爷我还是希望亲自把信带过去。过了一两分钟，闵大老爷似乎不知道该说些什么。然后，他友好地说，"在我们国家，商人是不允许从事这些活动的，他们不干涉政治事务。因此，如果你不想卷入麻烦的话，最好把这些信交给当局政府"。我答复道，"闵大老爷，你很聪明，但是你务必明白，我不会把信转交给你。此外，任何想拿走信件的人都得死"。为了更明确地表达我的意思，我拔出左轮手枪。于是，这群人退出房外，狼狈中还维持着礼貌之仪。

傍晚，传教士过来跟我道别。我的老朋友卡瑞欧神甫情绪不佳。我在巴塘做短暂停留，这位年轻的神甫每天都来拜访我两三次，他过来道别让我甚是心伤。

当地官吏许诺给我三头牲畜，次日清晨，这三头牲畜比预定时间早了一个小时出现，于是我们前往打箭炉。街上空无一人，但是每家每户都从窗户的小洞里窥探。这显然表明了他们的恐惧之情，让人心中不悦。显然，这里面必有玄机。之前我到访之时，他们非常友善，但是如今态度发生了180度大转弯。

我们再次穿过积雪覆盖的达索山和赞巴山脉，毫不费力，也没有太多艰辛。离开巴塘的第五天，我们到达了理塘小平原。当时离巴塘还有几英里，突然，电闪雷鸣，我们拼命赶路。夜幕降临，乌云密布，我们迷路了。更令我们困惑的是，前方不远处，平原上搭建了一些商人们的帐篷，每一个帐篷有一盏小灯闪烁。我们继续走了一个多小时，大雨滂沱，电闪雷鸣，闪电划过天际，时不时照亮整个小平原。我们看到茶商们的成群牦牛在黑暗中疯狂地乱跑；离群的牦牛有一两次冲进我们的队伍，造成一阵恐慌，最终我们到达了帐篷那里，我内心无比喜悦。

　　三个粗犷的人出来招呼我们，我请求其中一人做我们去巴塘的向导。这个伙计有所迟疑，最终同意了，但索要五两银子，并坚持要提前支付费用。菲利普把银子给了他，这个无赖就冷酷地让我们离开，否则他会放狗咬我们。当时有几只狗用链子锁在帐篷旁。我没有看到它们，坚持要让他履行承诺，但是他置之不理，直接放出了三只大凶狗，它们在黑暗中像野兽一样冲我们而来。我们的几只牲畜和男孩被严重咬伤，牲畜开始乱踢乱跳，直到驮的行李都滚落下来了。出于自卫，我被迫射杀了一只狗，它正在撕扯雅各布的肋腹。菲利普拿着我的来复枪朝另一只狗开枪，因为那只狗显然是要把小洛宗当成晚餐。在帐篷昏暗的火光下，整个场面非常血腥。在朦胧的灯光下，那人魁梧的身材，狗不停地野蛮撕扯和吠叫、小马和骡子的拼死挣扎，这个场面难以忘怀。突然之间，好像战事发生，枪声阵阵，响彻平原，人们为之恐慌。其中一个人立刻带走没死的那只狗，以防被打死。而他的同伴跪在我的小马旁边，恳求做我们的向导。现在我们的敌人屈服了，我下马拿着刀子，挽住这个人长长的黑发，带着胜利的喜悦离开战场前往巴塘。最终，我们到达了城镇的大门，我的向导又跪下来求我放他离开。我很高兴能够摆脱这个俘虏，于是让他走了。在大门敲了一阵子门，几个士兵用怀疑的眼神瞅着我，检查我的通关文书，让我等了将近半个小时，全身都淋湿了。最后，他们发现我就是唐古巴，知道我回来了，大为惊讶，立刻带领我去旅店。我在旅店换了衣服，喝了一点热酒和热水，喝的这最后一瓶酒是巴塘善良的传教士送给我的。这立刻令人精神舒爽。

翌日清晨，我们检查行李和牲畜，发现一些行李在夜间的混乱中丢失，而几只牲畜被咬伤；幸好不是很严重，不会耽误了上路。中国苦力和可怜的洛宗（虽然被严重咬伤，但似乎不在意）去寻找丢失的行李。幸好，丢失的行李都找到了，这些行李是因为动物受到惊吓而掉落的，我们夜里击退的敌人早就造之夭夭，显然是害怕碰我的财产。

人和牲畜有必要在理塘修整。这一天，我们准备干粮洗澡净身。这些事情只能在旅店才能做，但是总有好奇心强的人盯着我们，想研究外国人的风俗习惯，所以，在旅店的活动颇不自在。

我们从理塘出发，走了五天抵达河口镇。在此处，我们要再次乘船穿过雅砻江。但是中国船夫在吃晚饭，无休无止地等待令我恼火。船夫用中国式的态度沉着地说，我们不过等了两盏茶的时间。这种用喝几盏热茶和吃几碗米饭来计算时间，对于着急赶路的人来说，会非常恼火。但这正是中国人的特点：没有时间观念。

离开巴塘的第二天晚上，与我们一路同行的一位卖羊人带着他的羊群在村庄外面宿营。结果，他半夜遭到盗匪的袭击，被抢劫了很多山羊。第二天早上，这些强盗又沿路抢劫了草甸山谷里牧羊人的一些帐篷，前一天我们刚经过那里。但是，从强盗手中要回帐篷是不可能的，因为这些帐篷的主人非常恐惧，赶走了卖羊人和羊群。其实，住这些帐篷的游牧民也都是抢劫者，他们没有固定的居所，赶着牛羊逐水草而居。他们抢劫路人和定居的百姓，却无人追究。

从河口出发，第六天我们到达了打箭炉。我担心我们一行人会有危险，甚至是致命的危险发生。我们到达的前夜在折多山脚的草甸山谷停留。那是一个美丽的秋夜，宛有一种"空山新雨后，天气晚来秋"之感。我们寄宿在农家，那天他们收割了最后一片有芒小麦，他们的牛羊群肥壮，这表明山谷和山地缓坡的牧草肥美。日落之前，我去麦田看了看，惊讶地发现，一群像松鸡一样的鸟儿在田里跳舞。鸟儿非常温驯，从我脚前飞起。我向房东的家人提起这些鸟儿，他们告诉我说，鸟儿成群结队是冬天到来的信号。那天是 9 月 17 日，于是我想农人的这种说法大概只是当地的一种迷信。次日清晨我惊奇地发现，山谷和山上已经覆盖了一英尺厚的雪。冬天真是突然来临，我有些不安，害怕大雪封山影响行程。这家人建议我不要立即动身赶往打箭炉，因为白天会接着下雪，我们容易在折多山里迷路。没人愿意做我们的向导，因此，我们要么继续无期等待，要么直面风雪立即上路。我选择了后者，于是，我们一行人不久便动身了。不到中午，我们走到半山腰上，能够看到山顶的高地，这里有很多杆子和小旗子，于是稍有安慰，觉得大概不会迷路。然而，我忘记了房东的嘱托，不久云层从山的东面压下来了，狂风大作，追着山的西坡，大雪纷飞。很快，离我们前方10码远的地方就开始视线模糊。我们的牲畜不愿冒风雪而行，变得难以驾驭，在山坡上乱作一团。两位苦力费尽心思将它们聚拢，但是最终绝望地放弃了。我的藏族男孩洛宗第一次表示胆怯，求我原路返回，最后他自己离开了，我离开打箭炉的前夜才又出现。我不得不负责把走失的牲畜聚拢起来。最终，我费尽心思将这些牲畜赶成一队，继续上山赶路。风暴愈加强劲，雪花片越来越大，前方道路的视线完全模糊。我们吃力地向上爬了两小时。可怕的事情发生了，我们迷路了，因为我们突然爬到山涧的边缘，它就在我们右边山口的下面。我们进退维谷，苦力惊慌失措，坐在雪地里像孩子一样大哭起来。连菲利普也饱含眼泪地祈求我原路下山。但是，下山与往前走同样危险，因为我们能否返回昨晚的休息地只能靠运气。毕竟，我们当前位置离昨晚休息地至少有10英里，我们或许晃荡到深夜也未必能回到昨晚的落脚地，我们一路而来的印迹已经因暴风雪而消失。我想，路标应该在我们不远处，于是把大篷车的缰绳递给菲利普，命令他在我回来之前不许挪动地方。我沿着山一侧走了大约两三百码，清除了路上积雪，仔细寻找驮着茶叶的牦牛群留下来的深深的足印。我感觉路面不平，于是跪下来经仔细查探。结果我发现了一条路，令人喜出望外。我立刻起身，用我的帽子做了路标，沿着原路返回，带领我的队伍走到正路上来。但是其中一位苦力在我离开后失去理智，突然动身下山。菲利普和另一位苦力不敢追随他，因为我下令在原地等待。我知道情况之后，开始大声喊叫，但无回应，也没再见过他。我的队伍还需要我的照顾，所以我不可能去找他。我跟着感觉走，谨慎前行，最后到达了山顶的路标处。从东面下山的路相对容易，这边的道路呈之字形，一直向下延伸几英里。道路尽管有雪覆盖，但是道路两边是粗糙巨石，与对面山上光滑的斜坡形成对比，因此道路容易辨识。往下走了几英里，我们走出了雪山。晚上到达打箭炉后，我又饿又累。

次日早上，我去拜访主教肖沃，我的朋友豪格给我来了封信。信里说，英国驻北京的使臣送给我300两银子，正打算送到打箭炉，以防我因为钱不够用而被迫返回。阿礼国勋爵真是及时雨。我当时只剩下10两银子，不想再给善良的老主教添麻烦，打算把骡子、马匹和武器典当，走着回汉口。

我现在决定放弃离开西藏，前往中华腹地。这里数月来的旅行惊险、刺激、缺乏安全，而所要前往的腹地是在四川总督的绝对管辖下，旅行单调却很安全。在那里，我的通关文书是受到尊重的。这样一来，我有必要脱掉欧洲装束，改穿长袍，编上辫子。在旅店修整了几天之后，我叫来了理发师，整了发型，刮了脸，用一缕头发编进辫子里，又换上长袍，再次变成了中国人。

接下来要做的就是处理我多余的牲畜。一匹小马已经筋疲力尽，我只好残忍地把它卖了。大使送给我的另一只，我送给了巴塘的神甫卡瑞欧。我用自己的一件西藏羊皮大衣换了一头骡子，这样牲畜开支减少了，我自己的负担也减轻了。

我到达打箭炉几天后，与主教一起用餐。他告诉我说，他收到一封来自成都的信，实际上是从拉萨传至巴塘的指令，不允许我进入卫藏地区。北京政府和喇嘛发出的指令是相一致的，即让他们无论如何也要阻止我前往卫藏①，但不能伤到我。主教的消息正确无误，请愿书从拉萨呈交给了北京皇上那里。毫无疑问，指令的内容是让他们务必阻止我前进，同时又担心我这个英国人受伤。从主教家回去的路上，我见到了一个喇嘛，他身穿黄色衣裳，脸用面纱遮着，在普通人看来非常神圣，因为面容是佛法精神的本质，这种精神境界只有经过数年潜心修行才能达到，信徒应该提高自己的精神境界，达到令人景仰的神圣之境。

我们在打箭炉待了愉快的两周，便准备穿越中国的返程之旅了。菲利普被叫去衙门写一份苦力走失的报告，然后取出10

---

① 卫藏，又称前藏，东起怛达拉山，西到岗巴拉山，大致相当于今天的拉萨市、那曲市、阿里地区、山南市和林芝市西部——译者注。

两银子和苦力的一包衣服，要是他再出现的话就给他。晚上，我最后一次和心善的主教共餐后，便向他告辞。他令人终身难忘，因为他是我在中国西部遇到的最优秀、最善良的朋友。深夜时分，一个藏人带了很多刀来旅馆卖，声称这些刀是著名的波密制造，换而言之，是在西藏一个叫波密的地方制造的，它位于阿萨姆北部。这里生产的钢铁是最上乘的，并且此地富含金、银、铜、汞资源。卖刀人确信，他卖的刀质量很好，都能把我的瑞士猎刀劈成两半，每把刀的售价为 10 两银子。当他说可以把我的刀劈成两半的话，我提议说，如果他的刀比我的好，我就给他 10 两银子外加我这把刀，但如果我的刀比他的好，他需要把两把他的刀给我外加半两银子。听到这话，他欣然同意。我们叫了很多人过来看，看到底谁能第一个把对方的刀砍断，结果我赢了，我把西藏刀劈成了两半，再回看我的刀，丝毫未损。这个可怜的藏人输得很彻底，我走过去给他 2.5 两银子拿走他的刀时，他眼里含着泪水，愤怒地看着我。几个看比赛的旁观者很是惊讶，外国刀的质量竟如此之好，他们认为这是一把有魔力的刀，但同时也对卖刀商人所受的损失尽情地嘲笑了一番。我胜利地离开了，听说后来卖刀商人把刀卖得极便宜。我承认我害怕卖刀商人在大人面前控诉我，说我用带魔力的刀拿走他的刀，于是我打算在天亮时带上我的刀离开打箭炉。

第十五章

归　程

10 月 6 日，我们又一次穿过了打箭炉峡谷。夏天已过，冬季尚未来临，峡谷没那么幽暗，但是低处的峡谷已有暗影投射。

　　经过了两天的跋涉，大约傍晚六点，我们走到泸定桥。此时，午后的风还很猛烈，看守桥梁的人允许我们经过。跨过这座桥可谓一大壮举，因为桥面晃荡得厉害，我们举步维艰。两匹骡子是我们从箭炉带来的，打算到四川后卖掉。看到这些聪明的骡子从晃动的木板上走过真是让人叹为观止。它们稳住身子，小心翼翼地向前挪动，防止桥梁的摇晃。至于菲利普和我，我们还没走到 20 码远，就不得不请几个苦力来帮忙。这些苦力一直守在大桥的入口处，他们以带人过桥为生。经过长期的训练，这些家伙的双脚可以说已经习惯了这种危险的晃动，他们对那些难以维持平衡的旅客提供了很大帮助。

我们在泸定州的小镇暂住一晚。深夜，抬轿子的苦力们开始互相厮打起来，吵吵闹闹的，一群匪徒趁机闯入抢劫。不一会儿，大家都涌进旅馆里，这里面住满了有钱的旅客。这些匪徒似乎要洗劫此处，但包括我在内的房客虽被困于此，却在他们刚开始打斗时就做好了防御措施。我们把通向外面大厅的大门关上，并用苦力和乘客的所有物品堆放成路障。他们多次撞门，但是无果而终。我和20多个房客在门后严阵以待，准备为保卫自己的财产作战。一片吵嚷中，始终没有官员在场，人群的叫喊声逐渐减小。消停了一个小时，我们再次沉入梦乡。不久，一个盛气凌人的芝麻小官带着一群中国士兵闯入了旅馆。这群官兵粗鲁的敲门声吵醒了我们，他们逐个进入大家的房间，以制造骚乱为名把房客羁押起来。他们觊觎我们的行李，就像觊觎其他房客的行李一样。两个最靠前的匪徒突然溜出房外。听那个北方佬说，其中一个从走廊逃到门口的时候和那个芝麻小官撞在一起，朝廷官吏猝不及防地被撞倒在地。他立刻站起来，却一时被气得说不出话来。谁料，他突然大叫起来，声嘶力竭地对我大骂起来，其行为简直像是一个疯子。我也和他一样，提高我的嗓门，手舞足蹈地和他对骂起来，这竟然使他消停下来。然后，菲利普拿出了成都总督的印章，这使他惊慌失措了，这个恃强凌弱之徒显然从未如此惊恐过。不待查验通关文书，他就命令士兵全部出去。于是，他请求（唐）大人宽恕他的行为，并让我告诉他这场骚乱的来龙去脉。我告诉他这是由两个醉酒的抬轿苦力发生口角而引起的骚乱。这位官员向我鞠躬以示礼貌，问我是否想惩罚那些肇事者。我拒绝了他的好意，因为我打算第二天离开小镇，惩罚肇事者会影响我的行程。但是，经过一番讨论后，我决定让那些闹事者赔偿房主2000文钱作为家具破损的赔偿金。这位姓付的官员起身向房客们致意。房客们则认为是唐大人让他们虎口脱险，于是俯身向我行礼，对我赞不绝口。

我们从泸定州出发，经过一个盛产玉米的丘陵地区。那里仍有洪水过后的痕迹；有几个村庄被完全冲毁了。第五天，我们再次跨越了飞跃岭。隘口上没有雪迹，但山顶上却是白雪皑皑。这是中国的一个庞大山系，它荒无人烟、危崖凌厉，与藏东的山系狰狞以对。我们从山的西坡下来时，遇上了一位中国老人，他凭借一根长棍择路而下，一袭白色长髯显得他的身材更加纤长。他佝偻着身躯，气色羸弱，像是一个古代的贤者。我们赶上他时，他正要放下沉重的负荷，气喘吁吁地休息。他虚弱的形态很是惹人同情。因而我对他说："父亲，我看您很疲惫，您把包裹给我们后面的轿夫吧，他会帮您扛着。"没想到，我的善意却没有使得老人高兴，他用眼睛瞪了我一下，用羸弱的声音愤怒地说道："你管每个遇到的人都叫父亲，这能是对你父亲的尊重吗？你只管自己走，我不是你父亲，也不需要你的帮助。"对他来说这种新的孝敬方式不但不应予以尊重，而且被认为是一种伤害和激怒。我只好继续前行，不过确实为老大爷这种不礼貌的行为而感到窝火。从理论上讲，中国人的确尊敬师长，他们经常说某某对自己像是父亲一样，某某对自己像是兄长一样，儿女应该供养父母；但是就我的经验而言，在他们这种对父母的义务或行为中，很少有真正的爱。这种义务很少是出于感情，而是出于财产的继承和法律上的传承关系。这种法律上的关系可以确保一家之长在过世之前具有某种权利和特权。的确，没有什么比感情的冷漠更可怕，更残酷的是，孩子们获得继承权所必须赖以维系的是孩子对年迈父母的话要唯命是从，还要向世人展示自己对父母有多好。久而久之，这种行为变成了一种必要的美德。但同时，他们又让可怜的老人（只要他们可以工作）在平日里做苦力。

我们逐渐从飞跃岭上下来，来到一个更为富裕的县城，这里可以看到一块块的稻田，又经过两天的行程，我们到了雅州府。我们的回程是非常漫长的，因为我要沿着雅河而下，去参观嘉定府，而不是由成都返回。我们一直沿着雅河走了两天，来到一个地势起伏的美丽乡村，整个乡村都是茶叶产区，西藏最好的砖茶就产自此地。整个村庄都建造了一个个花园，而没有任何栅栏把种植区划分开来，却按照严格的规则种植着。树木都被整齐地修剪过，并被相隔四米成行种植。家舍都被茶树环绕着，这些茶树高达 12 至 15 英尺。

第三天我们进入了白蜡村，它的名称由来是生产著名的四川白蜡，这种蜡在过去曾被错误地认为是植物蜡。这里地形不像茶园那样起伏，我们看到的是被丘陵所包围的宽广平原。平原上种着白蜡树和稻谷，白蜡树种在小片稻田的路堤旁，这些稻田的面积往往不超过 30 平方米。村庄所展示出的是这样一种景致：树林里的每一个树桩都如男人大腿一般粗，全部被整齐地砍至八英尺高，没有一根分枝。

种植白蜡树为四川带来了巨大财富，其重要程度仅次于丝绸。白蜡树种植无须耗费太多劳动力也无须承担太大风险。白蜡虫虫卵每年被某些商人从云南昭通或景洪以及武定州买进（在这些地方培育虫卵成为了一种特定的职业），这些商人不做其他生意，只卖白蜡卵。据说虫卵约为豌豆大小，运输时用白蜡树叶小心包裹起来放进篮子，白蜡树形似女贞树。三月份白蜡卵送达四川，这里每篮白蜡卵售价约为 20 两银子。三月中旬，白蜡树吐细枝、散嫩芽，球形的白蜡虫卵附于嫩叶之上，成串悬于嫩芽之间。三月底，虫卵孵化成幼虫，它们以枝叶为食，不久后便有小毛虫大小，更准确地说是无翼家蝇，它们从尾部到后背都布满精美的羽状白色绒毛。正如我在云南所见的一样，白蜡虫为数众多，布满白树枝，使其看上去仿佛盖上了一层鹅毛雪。幼虫在七月份继续演化，蜕变为蛹，并将自己裹进白蜡树的分泌物中，恰如成茧之蚕。这样，所有树枝都覆盖上一层一英尺厚的白蜡。在八月初，这些树枝被从树干砍下后，切成小长条，然后扎成捆，并带至沸腾室，无须太多工序，只是放入大沸水锅中煮。直到颗粒状蜡质溶化，浮于水面。农民将它们放入模具，成形的白蜡便被销往帝国各地。

种植白蜡者发现，蜡虫可再生且无须花钱保存，所以有必要从云南购买虫卵。在昭通以及武定州，白蜡虫卵单独培育，经历霜雪时日，所以在欧洲培育起来也不会太难。而且考虑到其多产的特性，白蜡的生产可能是值得付出一定辛劳的。

在白蜡村行走了一天半之后，我们到了洪雅县，它位于雅河边大约一英里的地方。我叫一个苦力去河边租一个竹筏，这些竹筏常往返于雅州府和嘉定府之间的雅河水面。它结构简单，由一些约30英尺长、直径三英尺的大竹竿并排捆绑，组成一个约七英尺宽的底板，中间立起一个两英尺宽的平台——它也是由竹子制作而成，比底板高出两英尺，用来放行李。大一点的竹筏可以装一吨半的货物，装满货物以后，其沉入水面不过三英尺。竹筏由三个人操控，两个拿着短桨在船头，一个拿长桨在床尾，这样可以使竹筏在深水中行驶，在浅滩和激流中穿过。竹筏顺流而下，易于操作，被制作得相当完美。它们浮力较大且非常轻便，即使在急流中撞到石头或大岩石也不会有危险。因为竹子一直浸在水中，所以变得很滑，如果恰巧碰到石头，它们也能从多石的底部滑过，不会有丝毫损坏。

在等苦力回来的时候，我和菲利普在一个上等茶铺吃早餐。店主以为我是官员，精心张罗了一顿包括好多道菜的好饭，其中有一道炒狗腿。当老板出来把这些美味端上桌，他告诉我说我很幸运，因为这些狗肉是他几天前在重庆得到的，刚切好我就来了。虽然我知道中国人认为狗肉是一种精美菜肴，但我还是很害怕，根本不想碰它。因此，可以想象，当我知道面前放了这些肉时，我受到了多大的惊恐，更糟的是，它可口的味道让我直流口水。几分钟后，我的偏见控制了一切，我准备叫老板把这道可怕的菜拿开。但菲利普似乎却很喜欢，他劝我把它放在跟前，强烈反对我的成见，并强调说我作为一个旅行者，应该用公正的眼光看待一切。为了证明我如何能在理智和偏见之间做出公正判断，我开始重新鼓起勇气去试吃狗肉，吃完一口我就忍不住再吃一口，所以做出了理智的决断。总的说来，我享用过这顿佳肴后，就觉得狗肉的味道极佳，它熏得很好，鲜嫩多汁。老板知道我吃了狗肉并且摈弃了自己的偏见，就试图把狗肉拿过来给我看。狗腿肉非常少——并没有比一只大乳猪大多少，它的肉是黑色的，毛被仔细地剔除，但爪子还留着。正像老板所说的，这才是真货的标志。中国人认为狗肉是佳肴，所以价格不菲，每磅要五两银子。在湖南狗肉主要用来腌制，他们把狗养肥以后以为此用。湖南的猪肉也很有名气，有大量的熏肉和腊肠贸易，它们尤其会把猪腿和狗腿放到同一个盆里进行熏制，并认为这是美味佳肴。

早饭后，我给打箭炉的主教写了一封信（虽然我现在可以使用汉语，但还不会写汉字），由菲利普帮我代写，然后找到一个邮局寄了出去。在中国，邮局在每个城镇都很常见，它主要由私人或公司经营，不受政府监督。虽然信件通常要数月才能到达目的地，但即使是要寄到帝国的偏远地区，也不会被误投。邮局并不为官员所重视，主要为普通百姓提供便利。政府很少或几乎用不到它，他们自己有需要的话会派加急信使送信。就此而言，邮局老板的业务范围不仅仅是邮递业务，老板还要对其雇员的忠诚负责，只有这样，公众才能等到信件。邮资属于中等，我寄到打箭炉的费用为250文钱。不久后，苦力回来告诉我们竹筏已经准备好了，我步行到河边，并派两个苦力带着我的骡子由陆路到嘉定，也就是两天的路程。

不久我们便舒舒服服地搭上了竹筏，由雅河顺流直下。竹筏载着我们沿河道穿过了一个布满美丽的白蜡树与稻谷的乡村。在第二天早上到达嘉定府的途中，我们看到成百上千只竹筏装载着白酒、食用油、棉布、烟草以及糖果等前往雅州府。船由两个男人在前面拉着，我们偶尔给他们递一根长绳子。嘉定府周围地区盛产石膏，我们沿河岸经过了许多坑坑洼洼的石灰坑。石膏是中国大型贸易的主要产品，广泛应用于豆饼的制作。豌豆粉在研磨过程中与粉状石膏混合，存放好直至成形，然后可以和着米饭一起吃，这种混合的味道非常像高度腐烂的奶酪。

我们的竹筏快驶到嘉定府口岸时，一位军官询问我的姓名、目的地和职业。我们回答说："大英国，唐古巴，去北京。"他听完我的回答充满疑惑，于是又问了一遍："大英国，那是一个怎样的国家，离北京近吗？""不近，在海外。""哦，我明白了，洋人，能把身份证明拿给我看吗？"他看过以后便离开了。下了船，我们经过海关，一路上没什么可说的，最后在一家旅馆里住了下来。

旅途中，我早已耳闻嘉定府的盛名，于是决定停留三天，欣赏一下这座名城的景色。但不幸的是，我们抵达后天天阴雨，一直下了三天，导致我们不能登览佛教圣地峨眉山。峨眉山在嘉定府南边，走路大概需要两天。据我所知，峨眉山呈锥形，海拔高，山顶上终年覆盖着积雪。中国人说，朝圣者攀登高峰需要四周时间，沿路可以经历四季风光。甚至每年六月、七月和八月间，高耸的山峰仍被积雪覆盖，而山脚夏意正浓，绿树如茵。山上点缀着数十座宏伟的佛教寺庙，每年都有成千上万的朝圣者从蒙古、朝鲜半岛、北京、拉萨以及中国其他地方前来朝拜。他们需要经过嘉定府，也使这座城市名扬天下。

站在岷江河岸望去，嘉定宛然一幅美丽的画卷，刚好位于一座山的分水岭处，把成都河（城内流域称为岷河）与雅河、大渡河分开。该城建立在较低的砂岩峭壁上，四周砌有坚固的石墙。有些峭壁上雕刻着巨大的佛教神像，而墙壁覆盖着四季常青的匍匐类植物，城垛依稀可见，形成了一幅风景画。眼前风景不禁令人想起英国古老的常春藤塔。这座城市的内部街道狭窄而肮脏，两旁的房屋破败不堪，中国城镇大多如此。洋布店和药铺随处可见，嘉定府的药商与来自岷江河岸的罗罗人以及其他村落之间的药草贸易频繁。城里的旅店住满了各地的朝圣者。然而，作为四川平原蜡和丝绸的主要产区，嘉定府的贸易量没有想象的那么大；很少或根本没有丝绸或蜡外销。岷江和雅河岸上的洪崖镇和其他市镇将该地区的产品销往重庆和中国其他地区，而嘉定府只不过征收个运输税罢了。

第二天，一位中国基督徒来访我，我从他那里获悉，一位新教传教士在今年年初来到这座城市，发放了许多宗教书籍。旅店老板得到了一本书，是中文版的《新约》。老板拿出书，戴好眼镜，显得很有学识，把书翻到其中一页，写着"一头骆驼穿过针眼比富人进天堂要容易"。读完这句话,他透过眼镜看我,用一种非常轻蔑的语调问道:有人相信这种说法吗?外国人真的相信书中的这种论调吗?自从来中国旅行,我养成了一个习惯,那就是避免谈论宗教,而且总是宣称自己是孔子的门徒。因此,针对旅店老板的问话,我回答说,我不是教宗教的老师,而只是一个谦逊的孔圣人门徒,但关于骡子穿过针眼的说法,我想我可以解释。于是,我给他解释这句话里"针眼"的意思。我的解释让店老板有所释怀。他说他毫不怀疑英语老师用华丽的语言编译《圣经》遇到了很大的困难,在这种情况下,他们不为中国人编写宗教书籍也是很好的。嘉定府的居民非常善良,温和有礼,我独自在城市周边无拘无束地闲逛。在逗留的最后一天下午,我还去城里的丝绸街闲情漫步。嘉定的丝绸在上海的欧洲商人眼中是驰名产品,所以我希望闲情漫步之余能看到除了织布机以外的其他奥秘。然而,这里仅仅织造劣质的丝绸,最好的原料都被送到了成都和重庆织成美丽的纺织品,称为嘉定丝绸。所以说,产品名称只是与丝绸原料的产区有关。至此,我对嘉定生产的丝绸产品没有了那么高的期待。我在外面闲逛,菲利普待在了旅店,打算为骡子找到新的主人,还试图把鹿茸卖给顾客。正如我已经说过的那样,中国人食用又嫩又软的鹿茸来强身健体。人们把鹿茸碾碎制成药丸,供老年人和体弱者食用,据说有恢复青春活力的功效。

菲利普希望以 3% 或 4% 的利润出售他的商品,但不幸的是,药商检查一看,发现不少是假冒伪劣的。鹿茸不是摘自幼鹿身上，而是老朽的鹿茸裹了一层嫩鹿皮，为了伪造得更真实，上面还涂了薄薄的污泥，因为幼鹿经常弄脏自己的鹿角以保护自己。可怜的菲利普成了笑柄，还好，他带来的牛角是真货，卖得很好，为他的投资赚取了可观的利润。但他还是为此事耿耿于怀，骂卖给他鹿茸的人是骗子。我被他逗乐了，其实，我反对他倒卖鹿茸，也不希望增加牲畜脚力的负担，而且，我早就觉得这些鹿茸来路不正，怀疑它们的真实性，但是菲利普不相信会被骗，认为人没有那么狡猾。

在嘉定府停留了三天，我们又启程了，乘坐一艘小船，沿着岷江向重庆航去。船上还有其他六名乘客。小船顺流而下，一个个美丽的乡村被抛在了后面。我注意到红砂岩的河岸两旁分布着很多盐井。这些盐井是中国的奇迹之一。傍晚，我们被带到河岸边过夜。我得以参观几处船只系泊处的盐井。其中一只盐井有 1400 英尺深，凹陷在红色砂岩上，而盐井口的直径只有三四英尺宽。我对这个狭窄的井口起了好奇心，想了解这些盐井是怎么开采的。正值此时，站在井边的人指着另一口井，这口井正在下沉，仅有 100 英尺深。我也受到了启发。古伯察曾在他的《中华帝国》中对这些盐和火井做了详细的描述。

河流两岸的乡村种着大面积的甘蔗和藏红花，虽然秋天到了，但这里并没有秋天的萧索。白天阳光普照，晚上凉风习习。沿途我们经过的几个大城镇和村庄都非常繁荣，尽管在岷江右岸一些被毁坏的地区还能看出 10 年前叛乱分子破坏的痕迹。1860 年，当时第一批英国探险家布莱基斯顿等人正在长江上游探险，叛乱分子在叙州府起事，沿着岷江右岸向嘉定府进发，一路烧杀抢掠。他们到了嘉定府，但是很快被团结起来的民众击退了。为了抵抗叛乱分子的袭击，当地人民建了无数的防御工事，时不时地还能在河岸两边看到。其中最引人注目的是金桥旗村的工事，村子坐落在险要的山顶上，除了一条从岩石上凿出的羊肠小道，否则无法接近村子。

我们顺着岷江又赶了两天半的路程，此处岷江水面宽阔，大约一英里宽，没有激流。我们到达了岷江右岸的城市——叙州府，也是岷江与长江交汇处。叙州府是长江上游的最后一个重要城市，再往上行驶，大约 100 英里的地方无法通船。当汉族人与居住在岷江和金沙江之间的村落战争期间，叙州府是汉族大本营，之后很多年，是用被征服村落每年上交贡赋来修复的一座城市。叙州府生产油和糖，销往重庆这个中国西部超大中心市场。我们在叙州府休整了一个小时，补充了给养很快就启程了，进入了长江支流，以一小时五海里的速度沿江而下。长江水位很高，在这个季节有点异常。我在重庆迫不及待地打听湖北洪水异常的状况，今年的特大洪水已经对西藏和川西地区造成重大灾害。

乘坐深舷的船在岷江里航行是相对平稳的，也很安全，但是驶入长江流域，水流加快，漩涡暗生，安全感就消失了，变成了一刻不能放松的警觉。我们航行过程中时不时地遇到暗礁，水流马上要沸腾似的，并爆发出震耳欲聋的声响，又仿佛水下发生了爆炸。巨大的金字塔形波浪掀起了我们的小船，由于船体吃水也就三英寸左右，造成小船前后上下颠簸，让人心惊胆战。离开叙州府后的第二天，我们的交通工具遭遇漩涡，船以极快的速度旋转，让人感到头晕目眩。船里也进了不少水，慌乱中还丢失了四只桨。幸运的是，漩涡不是静止的，船旋转了一段时间之后，突然被抛到了平静的水面。然后，我们设法及时靠岸停泊，船上的货物（主要是油和草药）也要卸下来。货物的主人——也就是我们同行的乘客——起初一言不发，等安全靠岸后，开始大骂船老大粗心大意。货物打开晾晒了一个下午，船老大和他的船员与乘客之间的争吵越来越激烈，最后请我解决他们的问题。船老大发誓说，运货商人装得货物太多，挤满了他的船，这无疑增加了他开船的难度。商人们承认船是过载了，建议卸下部分货物放到另一艘去重庆的船上，条件是船老大支付费用，因为当初他是许可商人们装满一船的货物。当然，船老大拒绝这样做，说他曾警告他们不要再往船上装了，已经不安全了，他们根本不理会。双方争论的焦点是谁为额外的运费负责，请我仲裁，同意尊重我的决定。我们到岸边的茶馆里边休息边讨论此事。我调整一下自己的大绿框眼镜，摆出一副经历岁月洗礼的智者姿态（读者们请注意，我的辫子和长袍给我一个令人尊敬的外表），装得像个司法人员。我事先表明不会偏袒任何一方，而是理性裁决。仲裁的结果是，商人花 30 两银子雇船运货物到重庆，根本不管是否超载，船老大既不能从超载中获益，还会危及他的安全，他有理由反对装载过多的货物，因此，商人应该支付额外的运费。他们立即按照我的仲裁结果执行，把我们的一部分货物转运到另一艘船上，我也感到宽慰。

第二天早上，我们继续航行，小船载重减轻了，吃水深度上浮了三英寸，现在非常安全。第三天就从叙州府到达了重庆，我和菲利普很快找到了之前住宿的地方。

我的老朋友基督徒商人范，很快从他的商店里赶来，激动地拥抱了我，还秘密地告诉我说，他以为我离开重庆之后就死了，经常向圣母为我祈祷。然后他从悬挂在腰间的宽大口袋里小心翼翼地摸出一个（他拿着的样子好像是很珍贵的物品）棕色温莎香皂递给我，清清楚楚地说，"看！这是什么"？好兄弟真是思虑周全，这下我可以好好洗个澡了。我的最后一块香皂上次在打箭炉神秘地消失了，自此，再也没有享用过这种奢侈品了。

第二天，主教的助手德尚神甫来看我，从他那里得知，斯莱登少校领导一支从巴莫前往大理的探险队已经从勐缅退回来了，就当地的状况，他不可能到达大理。当时我正在维西府衙门，斯莱登与他的部队就在离我不到120英里的地方。早知如此，我真应该想方设法与那军官取得联系，这样就很有可能与斯莱登会合了。从神甫那里，我进一步了解到，法国探险队最终到达云南，我应该庆幸自己听了头人的话没去大理府，否则我将命丧此地。不知什么原因，法国远征军军官内部产生了分裂，副官卡尼尔少尉离开了停留在云南府的指挥官，继续前往大理府，在那儿他差点被叛军逮捕，幸亏法国传教士及时发出警告，并协助他逃离此地。如果没有法国传教士的帮助，他将被作为间谍处死。探险队的指挥官可能没有意识到他正在与一位叛军的盟友交谈，也不知道卡尼尔少尉向云南总督提议派遣一批法国士兵来云南剿灭当地的叛军。关于这个提议的消息立即传到了叛军首领杜文秀那里，卡尼尔少尉因此才遭此厄运。他不知道叛军加害他的原因，仓皇逃离大理府。我在维西府看到的商人也告诉了我这个故事，但我没太在意此事，以为它可能是谣传。现在看来，这解开了一个一直困扰我的疑惑，即虽然我在去大理的路上停留了几周，但是从来没有听到法国人的任何信息。

德尚神甫离开后，一位中国将军住进了他的房间，刚好在我隔壁。这位将军派他的士兵过来说希望看看我的步枪和左轮手枪。我一向不待见给我惹麻烦的人，所以回复说，他可以亲自过来看看洋枪，或者我带枪去见将军，因为它们一直没有离开过我。士兵很快返回来，谦逊地请我拿枪去见他，于是我前去拜会这位将军。我已经做好充分的准备去见识一位中国绅士的谦逊，但是丁将军却超出了我对中国人谦逊好礼的认识。只见这位中国将军五短身材，皮肤白皙而精致，着装考究，辫子不长但很光亮，指甲修长，不像其他官员那样大腹便便。得体的举止和轻柔的声音立刻让我对他产生好感。然而，这俊俏的外表难掩满族人的骄傲，能看出他尽量在一个洋人面前克制他的骄傲。我先前并不知道，这个人过着极度奢华的生活，欠下了大笔账款，靠赊账滞留在旅店。我因此得以窥见满人与汉人性格之不同。因为，当他问我是否会出售步枪时，我说可以作为礼物送给他，看到他的脸上马上充盈着骄傲的血红色，但是他拒绝了，并说："我会留下枪支，你敬请开价，我的部下会一分不少地给你。"我不甘示弱，傲慢地回答说，除非你收下这个礼物，否则我是不会出售枪支的。我的态度令这位将军感到窘迫，他指责我太狂妄，并且委婉地解释现在财务状况不佳，不能回报一个等价的礼物，所以不愿接受我的枪。一番交谈中，我们成了好朋友，随着交往的深入，我发现丁将军举手投足间无不散发着迷人的魅力，与这样的儒雅绅士交往是人生乐事。事实上，我必须承认，中国各阶层的礼让精神与任何一个民族相比毫不逊色，值得每个民族尊重。

在重庆雇船遇到了困难，我们不得不多逗留几日。最后，一艘小型客船的船老大同意把我们送到沙市，但要我们支付35000文。10月31日，我准备启程，我的老朋友范前来送行，丁将军也派士兵护送到河岸。出发前，根据我的授意，菲利普让士兵把步枪转送给丁将军作为友谊的见证。

离开重庆，我们航行了大约12英里，途经一艘关税巡逻炮艇，我们的船只径直超船而过。这种无礼的行为引起对方的不满，巡逻炮艇向我们鸣炮，令人讨厌的声音向我袭来。听到炮声，船老大立即停船，等候满载官员的炮艇。这些官员上了我们的船，船老大被五花大绑，几名男子掌控了我们的船。整个事件发生得如此突然，以至于我来不及出示总督大人批示的通关文书。然而，当我把它交给绑架者时，情势发生逆转，他们赶忙释放我们，还一直道歉。他们的头儿刚才向我吐口水，骂我是外国狗。他一上船，我便告诉他我得带他去趟夔府，并假装要这么做，载着他向下航行了大约五英里，他却很乐意坐在船上打发这一天。离开重庆的第四天，我们到达夔府。过关口时我们也是遇到百般阻挠，但是很快有人认出了唐大人，急忙放行。刚进入风室峡，我们的船就与一只载满货物的船相撞了，几乎倾覆在江里，船遭到了严重的破损。离开重庆后，我们的旅途似乎变得乏味，越是接近夔府，越是感觉日子煎熬。船上没有书或游戏等可供娱乐消遣；我不能像往常那样闲庭阔步。因为我们是顺流而下，水流的速度很快，每小时 5 英里。因此，在船上无所事事百无聊赖，只能吃、喝、睡觉，或者玩中国象棋消遣。我和菲利普玩一局要花几个小时。在中国人中，象棋被认为是宫廷游戏；但下过棋后，你会发现它与我们的国际象棋有很大的不同。象棋棋子数量比国际象棋多，棋子里有将帅、士、象（相）、炮、马、兵（卒）。马对应于我们的骑士，炮对应于我们的车，相（象）对应于我们的王。中国棋盘也有点不同，他们用线将棋盘分为许多方格，但棋子不在方格内移动，而是沿着线移动到交叉点。下象棋需要认真研究，与欧洲的棋局比赛一样，博弈讲究策略。菲利普讲了一个古代国王的故事，显示了中国棋艺的悠久历史。我们的读者可能对下述故事并不陌生。他说在远古时代，中华帝国分为八个独立的王国，其中，统治陕西省和山西省的国王以王位为赌注与邻国的国王博弈，结果输掉了王位。中国人自己说这个游戏是从西方引入的，最终有证据表明它是从印度传入中国：这似乎可以通过其中一个棋子"象"来证实。毫无疑问，它的历史非常古老，并且被公认为是高智力的娱乐。离开夔府到我们到达沙市后的第四天，我发烧瘫倒了，所以，我改乘了湖船，这样可以坐在轿子里。这引起了一群旁观者的注意，他们看到外国人，开始大吼"洋鬼子"和其他侮辱性的话。苦力抬着轿子往前走，他们朝我投掷石头块儿，其中一块石头隔着厚帘击中了我的头部。他们用这种方式来宣泄对洋鬼子的敌意，很是满足，也幸亏如此我们才得以摆脱，安全上了新船。我们的行李是由一种奇怪的双把双人独轮车运输的，这种独轮车在湖北很常见，速度也很快，一会儿就上了船。上船之后比较顺利，日落时分我的行程离沙市还有几英里的距离。

我们停靠在了一条装满了大量螃蟹的船旁边，它是去往重庆的。春秋两季，螃蟹从湖泊捞出来被送往四川，变成了一道美味佳肴。船上配有无数的木盆，木盆放在多层多排的架子上，盆内装有约一品托半的水，每只螃蟹一个单独的盆，盆内的水每日一换，水里放一些螃蟹食用的肉末。到四川需四五十天，用这种方式保养，也只有不超过百分之一的螃蟹死亡。在湖岸的水乡，螃蟹的价格每只三文钱，到了重庆每只能卖到三两。除了螃蟹外，还有一种小龟，中国人称之为绿毛龟。这种奇怪的小生物大约两英寸长，背部长满了长长的绿色丝绒状的毛发。

乌龟在中国是一个神圣的象征，中国人视之宠物。中国人夏季把它们放在水盆里饲养，冬天则把它们卖掉。江西省有一个小湖盛产长毛乌龟，许多人通过出售这些好玩儿的小宠物来谋生。离开沙市的第二天，我就可以起床了，在甲板上呼吸新鲜的空气。此时进入了湖泊区，每个湖泊水都是满的，一队队的小船忙着打捞水草。工作人员使用长双耙像一对钳子一样收集水草，水草被运到周边的农田作为肥料使用。

我们现在已接近漫长旅程的终点，旅行马上就要结束了。我和菲利普都很高兴。但是，我们又为到达汉口后要分别而遗憾。十多个月来，我们攻克艰难险阻，他的勇敢、忠诚和恩德值得我永远怀念和感激。因为很多次，如果没有菲利普善良和热忱的帮助，我将承受更大的困难。

离开沙市第五天，我们清理完湖里的障碍物，于 1869 年 11 月 11 日晚上 10 点左右重新进入长江，扬起风帆，江风阵阵。很快到了汉口的码头，我的朋友迪亚斯代尔先生和林格先生张开双臂迎接我。哦，那天晚上的温水澡、晚餐和英式床太棒了！你很难想象，一个人像中国人一样去旅行后突然享受到了欧式的奢侈品位他会是多么的愉悦。

在汉口休息了几天，当地人的热情好客令我难忘。我告别菲利普，他答应我一个月内和我在上海重聚，然后陪我实现从阿萨姆到巴塘的新探险计划。我很快动身去上海，在维西府我被监禁的消息早已通过法国传教士传到了上海。

我们路过江苏省的扬州时遇到一支英国舰队，正要求当地政府为殴打和凌辱新教传教士提供赔偿。驻扎在长江港口的英国舰队为了这个目的到了扬州。这让我想起那些耐心的法国传教士遇到这种情景的唯一办法是躲进大山村寨。到了上海，我受到了许多知心朋友的热烈欢迎，他们的善意很快让我忘了这么长时间旅途的艰辛和危险，并为进一步筹划从印度到巴塘的旅行任务，以此证明把阿萨姆的茶叶销往藏区的可行性。

没到一个月，菲利普和我在上海重聚，我们再次出发前往巴塘，但是路线改为经过加尔各答，沿着布拉马普特拉河行进。也许在将来的某一天，我可以向读者诸君呈现这次旅程的详细记录，现在只能述及概略：到达布拉马普特拉河口，我们沿河而上，穿过米什米村落，成功到达阿萨姆邦北境，最终到了离巴塘不足120英里的藏区边境，在那儿被察隅的政府官员阻止，又被迫忍着饥饿、顶着丛林的热浪回到了加尔各答。然而，我们并没有放弃希望，希望终有一天能够成功地找到从阿萨姆到藏区的路线，从而弥补我们地理知识和商贸信息中长久缺失的一环。

图书在版编目（CIP）数据

拓商先锋中国行／（英）T. T. 库珀著；魏孝稷译
著．—北京：中国文史出版社，2018.11
（近代世界对华印象／韩淑芳主编）
ISBN 978 - 7 - 5205 - 0815 - 5

Ⅰ. ①拓… Ⅱ. ①T… ②魏… Ⅲ. ①中国历史—近代
史—史料 Ⅳ. ①K250.6

中国版本图书馆 CIP 数据核字（2018）第 264632 号

责任编辑：李军政

出版发行：**中国文史出版社**
社　　址：北京市海淀区西八里庄 69 号院　　邮编：100142
电　　话：010 - 81136606　81136602　81136603（发行部）
传　　真：010 - 81136655
印　　装：北京地大彩印有限公司
经　　销：全国新华书店
开　　本：710×1020　1/16
印　　张：23.25
字　　数：200 千字
版　　次：2019 年 1 月北京第 1 版
印　　次：2019 年 1 月第 1 次印刷
定　　价：68.00 元